貴族社会と古典文化

目崎徳衛著

吉川弘文館

目次

Ⅲ　鎌倉幕府と後鳥羽院

I　平安初期の天皇・上皇

政治史上の嵯峨上皇

はじめに

平安時代の政治史といえば、ただちに藤原氏の摂関政治を想起するのが旧来の常識である。それは外戚関係を軸として、天皇の国政上の権限を侵すものであった。しかし律令制という整然たる国家機構が解体してゆく過程で、体制の頂点をなす天皇の権威を動揺させる方向に働いた力は、摂政・関白だけではなかった。太上天皇の強大な家父長的地位・権力もまた見逃すことができない。それが最も強力に発動したのは勿論院政期であるが、奈良・平安時代を通じて上皇の存在は多少なりとも影響を政治上に及ぼしていた。それら上皇全般についての考察は別に行う必要があるが(1)、本稿では、持統・孝謙・宇多諸上皇とともに最も巨大な存在の嵯峨上皇について、二、三の点を述べたいと思う。

1　譲位の事情

まず嵯峨天皇が在位一五年目にして、三十八歳の壮齢にもかかわらず、位を同齢の皇太弟大伴親王（淳和天皇）に譲った事情を考えてみよう。弘仁十四年（八二三）は『日本後紀』の欠失部分であるが、幸いに『日本紀略』はこの間の経緯を比較的詳細に録している。念のため『紀略』の必要部分を掲げる。

(A)　(四月)甲午(十日)、帝遷二于冷然院一。詔二右大臣藤原朝臣冬嗣一曰、朕思レ伝二位于皇太弟一矣、今将レ果二宿心一、故避レ宮、冬嗣言曰、聖唯知レ聖、今陛下以二万機一付二託聖人(淳和)一、天下幸甚、但比年之間、豊稔未レ復、若奉二一帝二太上皇一、臣恐天下難レ堪、臣願暫待二年復一、然後伝レ位、於レ事不レ晩、帝曰、朕心素定、又推レ賢譲レ位、唯為二天下一、賢君臨レ政、何憂二年之未一レ復乎、

(B)　庚子(十六日)、帝御二前殿一、引二今上(淳和)一曰、朕本諸公子也、始望不レ及於・・(脱アラム)、太上天皇(平城)曲垂二褒飾一、超登二儲弐一、遂遜二位于朕一、躬辞不レ獲レ免、日慎二一日一、(中略)、朕以二寡昧一、在位十有四年、太弟与レ朕、春秋亦同、朕雖レ乏二知レ人之鑑一、与二太弟一周旋年久、太弟之賢明仁孝、朕之所レ察、仍欲レ伝二位於太弟一、已経二数年一、今果二宿心一、宜レ知レ之、今上(淳和)避レ座跪言、(中略)、心魂迷惑、不二敢承一レ勅、帝不レ許、仍答曰、今日以前、朕遇二太弟一如レ子、今日以後、遇レ朕亦如レ子耳、(下略)

(C)　壬寅(十八日)、出レ自二東宮一、遷二御内裏一、先立二侍従々四位下恒世王一為二皇太子一、々々上表固辞、仍立二正良親王一為二皇太子一、(下略)

史料(A)によると、譲位について嵯峨天皇と腹心藤原冬嗣は、完全な意見の一致をみるに至らなかった。勿論この日以前にしばしば密議はあったと思われるが、天皇がすでに冷然院に遷御するという行動に出た後も、冬嗣はなお反対し続けたらしい。しかも冬嗣の奏言は単に儀礼的なものではない。年来凶作のつづく中で、平城上皇のほかさらに一上皇をいただくことになっては天下の負担は堪えがたいと、最もせちがらい財政上の理由を示して、強く延期を要請したのである。

この冬嗣の意見の背景には、凶作と国費消耗による桓武朝後半以降の国家財政の危機があったと考えられる。財政

危機に対処する緊縮政策は、延暦二十四年（八〇五）の藤原緒嗣・菅野真道の徳政相論に端を発し、平城朝の一連の非常処置を経て、弘仁初頭の藤原園人・同緒嗣等に引き継がれた。(2) そして藤原氏主流は、律令体制維持のかなめである財政緊縮にはすこぶる真剣であった。内麻呂・園人・緒嗣・冬嗣が一万五〇〇〇戸にのぼる莫大な功封返上をしばしば申請し、ついに弘仁十一年（八二〇）に勅許されたことなども、藤原氏全体の雑役免除を見返りとして獲得しているとはいえ、率先垂範を示した壮挙であろう。(3) なお、天長二年（八二五）に冬嗣・緒嗣が相次いで職封減省を申請し、緒嗣の二〇〇〇戸が収公を認められたのも（『日本紀略』）、考え合わすべきである。

以上の背景をかえりみれば、譲位に対する冬嗣の奏言は国政的見地から内廷費の膨張を批判したもので、単に儀礼的な慰留ではなかった。その立場は淳和天皇の大嘗会に対する冬嗣・緒嗣の意見にも貫徹している。『類聚国史』（神祇八）によれば、弘仁十四年十一月癸亥（十二日）右大臣冬嗣・大納言緒嗣は淳和天皇に対して、「聖王相続、大嘗頻御、天下騒動、人民多レ弊、然神態不レ得レ已、須下此度大嘗会停レ飾省上レ弊」と口奏して勅許を得た。そして緒嗣みずから行事を検校し、治部・宮内・中務各省庁を行事所・悠紀所・主基所に代用し、一切の装飾を排した結果、正税二〇万束をもって足らせ、後に国司の請によって一〇万束を加えるという異例の省約となり、しかも反面では雑物担夫には路粮を支給する民生的配慮をしたのである。

さて、もう一度史料(A)をみると、こうした国政的立場に立った冬嗣の奏言に対する嵯峨天皇の勅答は、いかにも空疎な観念論に過ぎず、これを文字どおりに受けとることはできない。天皇がこの時点で譲位を断行した真意は、別にあったのではなかろうか。その真意は史料(B)における天皇の言、「朕本諸公子也、始望不レ及二於・一、太上天皇曲垂二褒飾一、超登二儲弐一、遂遜二位于朕一」に、はしなくもあらわれていると思われる。たしかに嵯峨天皇は、皇后藤原乙牟漏の所生で、皇太子安殿親王（平城天皇）の同母弟であったとはいえ、伊予親王以下数多の桓武天皇の「諸公子」の一人に過ぎなかった。大同元年（八〇六）五月壬午神野親王（嵯峨天皇）が皇太弟に定まったのは、前日即位したばかりの兄平城天皇の意志ではなく、桓武天皇の遺詔であろう。しかも平城天皇にはすでに高丘・阿保二皇子があったから、皇太弟の地位は安定したものではなかった。『扶桑略記』（延暦二十五年十一月）にみえる廃太子の謀計はもとよりそのまま史実と見ることはできないが、(4)こうした記事を生み出す材料が全く無かったとはいえない。

井上光貞氏によれば、古代の皇位継承の慣習は、天皇の長子もしくは唯一人の子である「大兄《おおえ》」が皇位を継ぎ、大兄の弟たちに及び、その世代が終ると大兄の長子以下に降ってゆくものであった。兄弟相承から直系相承への過渡期にあらわれたこの複雑な様相は、律令制とともに導入された男子嫡系相承主義に移ったが、光仁以後の天智系に至って、再び古来の継承法に戻ったという。(5)これより後皇太子（弟）の地位はまことに不安定となり、他戸・早良両親王の悲劇を生んだ。

この悲劇は神野親王にとって他人事とは考えられなかったろうが、現実はかえって早良親王の怨霊に悩む平城天皇の早期譲位となり、さらに薬子の変によって「大兄」の系統なる皇太子高丘親王が廃されて、大伴親王（淳和天皇）が皇太弟となった。皇太子の位はここに他戸親王・山部親王・早良親王と次の安殿親王・神野親王・大伴親王と、二世代にわたる兄弟相承となり、しかも第三世代の皇太子は御破算になったわけだから、将来皇位継承について不測の事態が発生する可能性は十分にあった。すなわち平城上皇系が完全に皇位継承から除外されたか否かが問題として残され、またひとしく嫡長子でない嵯峨天皇・大伴親王両系のいずれに継承されるかも自明のことではなかった。

薬子の変後の平城上皇は平城旧京に閑日月を送っていたが、太上天皇の尊号と礼遇を受けており、廃太子高丘親王も弘仁十三年（八二二）四品を授けられ（以上『日本紀略』）、また大宰権帥に貶謫された阿保親王も四品親王の身分を失っていない。後に嵯峨上皇の死に際して起こる承和の変が、阿保親王に対する春宮坊帯刀伴健岑の「国家之乱在レ可レ待也、請奉二皇子一入二東国一」（『続日本後紀』承和九年七月己酉）という誘惑に端を発したことを思えば、親王自身の謀反の意志の有無にかかわらず[6]、その存在が十分の利用価値を持っていたことは明らかであろう。高丘親王が四品を授けられた後間もなく仏門に入ったのも、皇位継承から完全に自由でありえない微妙な立場への嫌悪が、発心の一部に存したのかも知れない。

要するに平城上皇系皇親の意志如何にかかわらず、その存在自体が皇位継承にからむ政治危機を醸成する要素を持っていた。嵯峨天皇にとっては、不測の事態を未然に防ぎ皇位を自己の子孫に確実に伝えるためには、健在のうちに計画的に譲位することによって新帝の皇太子を自己の意志どおりに決定することが、最良の方策であったのではなかろうか。そして事実は正にそのとおりとなって、正良親王（仁明天皇）の立太子が決定したのである[7]。

なお淳和天皇は嵯峨上皇とは母を異にするとはいえ、温厚篤実な人柄で嵯峨上皇に兄事し、両者の関係は終始円満であった。しかし、正良親王立太子に当たってはまず淳和の皇子恒世王を候補とし、その上表固辞によって正良親王を立てるという挨拶が行われた[8]（前掲史料Ⓒ）。このことは、後に淳和天皇の譲位に当たって恒貞親王（恒世親王はすでに薨去）の立太子をみる伏線となったと思われる。このように両上皇の間が一応円満であっても、なおかつ後に承和の変によって恒貞親王は廃太子の厄に遭った。皇位継承をめぐって起こったこの紛糾は、嵯峨天皇の譲位についての如上の推測を裏付けるものではなかろうか。

私はもとより譲位の動機として、それ以外に儒教の禅譲思想の影響や皇位の拘束を離れて風流韻事にふけろうとする念願のあったことを否定しない。後者は嵯峨上皇の遺詔、「思下欲無位無号、詣二山水一而逍遙、無事無為、翫二琴書一以澹泊上」（『続日本後紀』承和九年七月丁未）にもみえているが、譲位がそうしたいわば内面的契機だけによらなかったことは、その後の上皇の家父長的立場と国政への関与を見れば、さらに明らかになる。上皇は決してひたすら世外に優遊したのではなく、陰に陽に朝廷に圧力を及ぼしつづけたのである。

2　上皇の地位と権力

平城上皇が「二所朝廷」の対立と薬子の変をひき起こしたのに対して、嵯峨上皇は淳和・仁明天皇の朝廷と終始順調な関係を保った。その限りでは両上皇のあり方はまことに対照的であるが、しかし律令制解体に対する「上皇」の影響は嵯峨上皇の方がはるかに大きかった。以下にこの点を具体的に述べてみよう。

上皇の最初の居所冷然院は、「大炊御門南堀川西」（『拾芥抄』宮城部十九）すなわち大内裏の東南端に接する位置を占め、「方四丁にて四面に大路ある京中の家は、冷泉院のみとこそ思候つれ」（『大鏡』二）という特別の規模を誇っていた。詩文をはじめ何事にもすぐれた才能を持ち、「藩邸」にあった若き日から数多くの有能な貴族子弟をその身辺に引きつけた(9)嵯峨上皇が、この位置とこの規模をもつ離宮にいたことが、日々朝廷に出入する官人に対する無言の威圧となったことは推察に難くない。

しかし淳和朝における嵯峨上皇の国政への関与の徴証は多くはない。『日本紀略』天長元年（八二四）八月乙酉条に、「太上天皇有㆑勅、弘仁元年権任流人等皆尽聴㆓入京㆒。」とある記事が、中では注目すべきである。これは前月甲寅の平城上皇の崩御（『類聚国史』二十五）を機として、薬子の変に連坐した流人を召喚する処置をとったものである。この重大な決定が太上天皇の勅によって行われたのは異例で、かつて孝謙上皇が「小事波今帝行給部、国家大事、賞罰二柄波、朕行牟」（『続日本紀』宝字六年六月庚戌）と宣言した先例を想起させる。ただし嵯峨・淳和両帝の関係は孝謙・淳仁両帝の不和とは異なり、また平城上皇との「二所朝廷」の対立という辛い体験がおそらく抑制効果をもたらしたから、こうした異例がくり返されるには至らなかった。[10]またこの場合、上皇の「勅」が淳和朝の太政官機構を通じて発せられたことは、いうまでもあるまい。

嵯峨上皇の国政関与は、仁明朝に入ると顕著になった。その例を挙げれば、

①　承和元年（八三四）四月辛丑、「先太上天皇降二臨右大臣清原真人夏野双岡山荘一愛二賞水木一、大臣奉献慇懃、用展二情礼一、是日勅、増二授大臣男息三人栄爵一（下略）」（『続日本後紀』）

②　承和四年十月戊午、「授二従五位上百済王慶仲正五位下、正六位上百済王忠誠従五位下一、先太上天皇自二交野遊猟処一、有二諷旨一、因所レ叙也」（同上）

③　承和五年十二月己亥、「是日勅曰、小野篁、内含二綸旨一、出使二外境一、而称二病故一、不レ遂二国命一、准二拠律条一、可レ処二絞刑一、宜下降二死一等一、処中之遠流上、仍配二流隠岐国一、（中略）副使篁怨懟、陽レ病而留、遂懐二幽憤一、作二西道謡一以刺二遣唐之役一也、其詞率興多犯二忌諱一、嵯峨太上天皇覧レ之、大怒令レ論二其罪一、故有二此竄謫一」（同上）

④　承和七年五月辛巳(六)、「後太上天皇(淳和)顧二命皇太子(恒貞)一曰、（中略）今宜三砕レ骨為レ粉、散二之山中一、於レ是中納言藤原朝臣吉野奏言、（中略）縦無二宗廟一者、臣子何処仰、於レ是更報命曰、予気力綿惙、不レ能二論決一、卿等奏二聞嵯峨聖皇一、以蒙レ裁耳、[11]癸未(八)、後太上天皇崩二于淳和院一、春秋五十五」（同上）

①・②は上皇の遊猟に奉仕した者に対して、上皇の意向によって叙位が行われたのである。②に「諷旨」とあり、①にはそのように明記されていないが、同様であろう。④は淳和上皇の葬送儀礼について、垂死の上皇が嵯峨上皇の決裁に委ねたものである。以上三例とも、天皇または皇室の私事をめぐって嵯峨上皇の家父長的権威が強く発動され、それが官人の昇進のような国政に影響を及ぼしたことを示す。③は、篁の「作二西道謡一、以刺二遣唐之役二」った行動が上皇の逆鱗に触れたのであるが、上皇は「令レ論二其罪二」めて配流を決定する強大な圧力を国政上に及ぼしたので

ある。この篁配流は上皇の「大怒」という非常の場合であって、[12] 意志の発動はほぼ内廷に関連する事柄に限定され、しかも「諷旨」を受けて太政官が執行する形式が守られた。とはいえ、嵯峨上皇による賞罰がこのように多くなったのは、上皇と天皇との父子関係に基づくものであろう。

ここで律令制における天皇と上皇の上下関係の変遷について素描すれば、たとえば天平十五年（七四三）五月癸卯の内裏の宴に、右大臣橘諸兄は聖武天皇の「奉レ詔、奏ニ太上天皇(元正)ニ」し、「於レ是太上天皇詔報」するところがあった（『続日本紀』）。天皇が直接上皇に奏しなかったことは、その公的地位の絶対性によるものと考えられる。また天平宝字二年（七五八）八月朔孝謙天皇譲位の詔に、「加之掛畏朕婆婆皇太后(光明)朝爾母人子之理爾不レ得ニ定省一波、朕情母日夜不レ安、是以此位避氐、間乃人爾在氐之如理婆婆爾波仕奉倍自止所念氐奈母」云々とあるのは、在位の天皇が「人子之理」つまり孝という私人的道徳を実践しえないという、公的原理が確立していたことを示すものである。

この原理が平安初期に至って変化する経緯をみれば、まず弘仁十四年（八二三）四月嵯峨天皇譲位の際における平城・嵯峨・淳和三者の尊号・礼遇の辞退をめぐる勅書の応酬がある。戊申（二十四日）嵯峨上皇は新帝に「上書」し、翌日新帝は上皇に対して、「臣諱淳和言」云々と勅答した。上皇の自称は分らないが、天皇が明白に「臣」と自称したことは注目すべきである。次に平城上皇が五月甲子（十一日）淳和天皇に送った書には、「臣諱平城太上天皇言」云々とあり、これを受けた淳和は勅して「此書首尾称レ臣、此表体也、不レ可ニ敢開一、宜附レ使早奉レ返」として、平城上皇の側近藤原真夏の許に返送した。次に平城上皇と嵯峨上皇の間では、平城の自称は不明であるが、嵯峨は「臣諱嵯峨太上天皇言」云々と称している（以上『類聚国史』巻二十五、太上天皇）。ここに至って父子・兄弟の家族的秩序が公的観念に優越した結果、天皇が「臣」礼をとることになったのである。[13]

平城上皇がこの時天皇に対して臣と称したのは、保守的な上皇があえて伝統を尊んだもののようであるが、しかしこれより先大同四年（八〇九）八月癸卯平城上皇が嵯峨天皇の朝覲を受けたのは注目すべきで、『類聚国史』はこれを朝覲行幸の濫觴と見做している（巻二十八、天皇朝覲太上天皇）[14]。在位の際しきりに令制を強調した平城上皇が、譲位後このような儀礼を受けたのは矛盾であり、その赴くところ「二所朝廷」の対立を惹起したのであった。したがって薬子の変後は勿論平城上皇への朝覲などはありえなかったが、嵯峨上皇と太皇太后（橘嘉智子）が天長十年（八三三）八月癸巳冷然院に仁明天皇の朝覲を受けたことによって、この儀礼は復活した（『続日本後紀』）。翌承和元年以後、毎年正月（恒例は三日）天皇が父上皇あるいは母后に朝覲する儀が、年中行事として確立する。もっとも承和元年には二日より四日にかけて、嵯峨・淳和・仁明三者相互に訪問があったが（ただし嵯峨の仁明訪問はない）、これは仁明天皇が父母に朝覲する新例を開くについて、まず淳和上皇に形式的了解を求めたものであろう。なぜならば朝覲行事の理念は、「孝敬之道、自天子達二庶人一」（『続日本後紀』嘉祥三年正月癸未）という父子間の道徳意識に基づくからである。したがって翌承和二年以後には、勿論淳和上皇への朝覲はみられなかった。

この新しい行事の成立は、天皇の国政的権威が上皇の家父長的権威より下におかれるに至った変化を象徴するのである。それは、「承和以往、皇帝毎日御二紫宸殿一、視二政事一、仁寿以降、絶無二此儀一」（『三代実録』貞観十三年二月十四日）というような、律令的朝政の衰退と表裏する現象であった。こうして、天長・承和年間における一帝二上皇による宮廷の繁栄、なかんずく嵯峨上皇という家父長的権威の存在は、国政への直接干渉によって劇的な政治危機をもたらすことはなかったが、かえって深く潜かに律令天皇制解体の気運を醸成したのである。

3　冷然院・嵯峨院と後院

嵯峨上皇の生活を、その居所冷然院と嵯峨院を通じて、より具体的に概観しよう。まず冷然院の初見は、『類聚国史』（巻三十一、天皇行幸）に弘仁七年（八一六）八月丁巳「幸二冷然院一、命二文人一賦レ詩、賜二侍臣禄一有レ差」とある記事である。八代国治氏が[15]『拾芥抄』（諸名所部第二十）に「弘仁亭、本名冷然院云云」とあるのを引いて、「弘仁年中の御造営」とみられたのは、従うべきであろう。以後の沿革を略述すれば、①弘仁七年（八一六）八月丁巳～弘仁十四年四月甲午＝「文人賦詩」等の場所、②～承和元年（八三四）八月丁亥＝嵯峨上皇・太皇太后嘉智子の居所、③～承和九年十二月乙丑＝臨時の皇居・催物の場所、④～嘉祥三年（八五〇）五月辛巳＝太皇太后嘉智子の居所である。その後一時文徳天皇あるいは陽成上皇などの居所となった。貞観十七年（八七五）一月二十八日焼亡したが（『三代実録』）、元慶年間にはすでに再建されている。

次に嵯峨院の初見は『日本紀略』に、延暦二十一年（八〇二）八月辛亥「遊二猟于的野一、便御二親王諱嵯峨荘一、賜二五位已上衣被一」とあり、次いで『日本後紀』に弘仁五年七月「辛丑、遊二猟北野一、日晩御二嵯峨院一、賜二侍臣衣被一」とある。同様な記事は弘仁八、九、十年各八月にもみえる（『類聚国史』巻三十一、三十二）。ところがまた弘仁七、八年に数回「幸二嵯峨別館一」とみえ（『類聚国史』巻三十一）、また弘仁十四年九月「太上天皇幸二嵯峨荘一」ともみえる（同上）。これらの嵯峨院・嵯峨別館・嵯峨荘はほぼ同一施設であろう。[16]嵯峨の地は上皇の即位以前から、その風致を賞でて遊猟・詩宴に愛用されたようである。

天長十年（八三三）二月仁明天皇が受禅すると、嵯峨院には十月に寝殿が新造され（『続日本後紀』承和元年十月甲申）、その八月に遷御していた嵯峨上皇と太皇太后嘉智子の居所となった。この時院には「南北両宮」があったらしく（『三代実録』貞観十五年八月二十八日）、北宮は嘉智子の居所であろう。また「別館」を築いて「小院」（上皇の「大院」に対して）と号し、上皇の寵愛する尚侍百済王慶命が住んだ（『三代実録』貞観五年一月三日）。更衣秋篠康子・山田近子等が嵯峨院にいた形跡もあるから（『続日本後紀』承和九年一月三日）、上皇は侍臣・後宮をこぞって率いて嵯峨に移転したのであった。[17] おそらく仁明天皇の即位実現によって、上皇は心おきなくはるかな京外に安住する心境に達したのであろう。

冷然院・嵯峨院にはそれぞれ別当以下の院司が勤仕した。この点については渡辺直彦氏の精到な研究がある。[18] 氏は冷然院別当南淵永河と嵯峨院別当安倍安仁等八名などを挙げ、これらが「坊官系・蔵人系及び御傍親系に集約される」こと、また「文人・学者や糸竹の才人」が多いことを特色として認められた。

これらの上皇に重用される院司の勤仕に対して、朝廷は特別な便宜を与えた。たとえば藤原三守は弘仁十四年（八二三）嵯峨天皇の譲位に際して左兵衛督を辞して冷然院に仕えることを請い、淳和天皇はこれを許したが、なお権中納言を帯させた（『公卿補任』）。ただし『公卿補任』には翌弘仁十五年から天長四年（八二七）まで「前中納言」と記され、しかもこの間宮内・刑部・兵部各省の卿に任じられたことがみえる。三守は八省卿として職事官の地位を保ちながら朝政に預ることは免ぜられ、もっぱら冷然院に仕えたのであろう。

しかるに天長五年（八二八）三月、三守はこの致仕に近い身をもって異例にも大納言に昇任された。『公卿補任』には「天皇以二旧徳一拝レ之」とあり、嵯峨上皇との関係によることが明らかである。しかも上皇の嵯峨院移転によって、いよいよ太政官との兼務が困難になると、「雖二身不参一、猶賜二上日一、不レ可三更収二仮文一」との宣旨が出された（『類聚符宣抄』第十所収承和二年四月二十五日宣旨）。もっとも『類聚符宣抄』によれば、この宣旨は上皇・三守の辞退によってか、あるいは公卿などの反対によってか、「計二参日一給、但不レ収二仮文一尚同二先宣旨一」と改められたようであるが、それにしてもなお格別の便宜にはちがいない。五位以上の上日は、延暦十一年（七九二）はじめて「通二計内裏上日一」ときびすることとなったが、大同元年（八〇六）の宣旨によって「参議已上不レ着二庁坐一、雖レ侍二内裏一、莫レ給二上日一」

しく規制された。しかしこの規制も嵯峨朝以後は励行されなかったようで、天長九年には、内裏に行事のある場合を除いて大同の宣旨によるべき旨を強調した宣旨が出ている（『類聚符宣抄』第十）。こうした宮中・府中一体化の傾向の中で、さらに院司としての勤務に対しても賜上日の殊遇が与えられようとしたのは、上皇の存在が律令制の根幹ともいうべき官人考課を紊乱させたことを示すものである。

上皇の存在が律令制維持の障害となったもう一つの顕著な事象は、院の所領経営である。冷然院には承和元年（八三四）武蔵国播羅郡荒廃田一二三町が充てられ（『続日本後紀』承和元年二月戊戌）、嘉祥三年（八五〇）摂津国荒廃田六一町が寄せられた（同嘉祥三年二月丙子）[19]。また嵯峨院にも、承和八年武蔵国田五〇七町が充てられた（同承和八年二月己酉）。所領はこの他にも設定されたかも知れない。両院が広大な空閑荒廃地を開発することによって獲得した収入は、封戸からの収入[20]とともに上皇・皇太后の供御を弁じ、華麗な御遊の財源ともなったものであろう。ただしそれらが班田の実施、調庸の収取などに対して、多かれ少なかれ悪影響を及ぼしたことも容易に推察される。

次に一言触れておきたいのは、冷然院と後院との関係である。後院については早く八代国治氏の注(15)論文に、冷然院を「始めて後院とせられたのは、嵯峨天皇の御代である」と記述された。これは『拾芥抄』（諸名所部第二十）に、冷泉院について「嵯峨天皇御宇、此院累代後院」とあるのを根拠としたのである。しかし近ごろ橋本義彦氏[21]は、右の『拾芥抄』の記事を「『宇』は衍字かまたは『于』の誤字で、『御㆓（于）此院㆒』と読むべき」であろうとし、「嵯峨朝に累代の後院に定めたと解釈するのは無理であろう」と批判された。従うべきである。そして氏は、国史等に「残された僅かな史料を出来るだけ合理的に解釈」して、「仁明朝に冷然院が後院に点定されたことだけは確言できる」とされた。橋本氏の合理的解釈といわれるのは、『類聚国史』（巻五十九、勅旨田）承和二年（八三五）三月癸丑条の「以㆓備前国御野郡空閑地百町㆒、為㆓後院勅旨田㆒」以下頻出する「後院勅旨田」「後院牧」「後院開田」等の「後院」が嵯峨院にも淳和院にも比定できないことから、後院とは「具体的には冷然院を指すものと考え」たのである。

橋本氏はなお朱雀院についても、これを「太皇太后後院」（『続日本紀』承和四年七月辛卯）と同一と解し、それが後に清和・光孝・宇多天皇の後院となったとし、さらに、「御在位中の後院をもって譲位後の御在所とした確実な初例は、宇多上皇の朱雀院である」ことをも指摘された。かくて氏によれば、「後院の機能として先ず指摘し得るのは、内裏の『本宮』に対する仮御所としてのそれであり、第二に譲位後の御所としての機能であり、第三に天皇の私的な所領・財産を管理する機関としてのそれである」との結論になる。

橋本氏の論証は例によってまことに明快堅実であり、特にその第三の機能についての記述および摂関制期・院政期における三つの機能の記述については、教えられるところ多大である。ただ私は、少なくとも平安前期において、果して氏のいわゆる第一・第二の機能が「後院」にあったか否かについては、否定せざるを得ない。その根拠は、次のきわめて素朴な疑問にある。すなわち『類聚国史』『日本紀略』『続日本後紀』『文徳実録』『三代実録』等における「後院」を、直ちに冷然院なり朱雀院なりに比定した八代・橋本説には果して不動の根拠があるのか、そうではなくて後院は後院として全く別個に独立した存在ではなかったのかという疑問である。二、三の手掛りを挙げてみよう。

たとえば、貞観十七年（八七五）正月二十八日夜冷然院は火災を起こした。『三代実録』には、「延㆓焼舎五十四宇㆒、秘閣収蔵図籍文書為㆓灰燼㆒、自余財宝無㆑有㆓孑遺㆒、唯御願書写一切経、因㆓縁衆救㆒、僅得㆓全存㆒」とあって、翌日も猛炎はなお消えず、「積㆓布物於院北頭㆒、募㆓四方人㆒、令㆑救㆑火、有㆑功者以㆑布賜㆑之」、大内裏への延焼を辛くも防いだほどの大火であった。このため二月四日の祈年祭は一ヵ月延期され、春日祭・大原野祭等も停止されたほどである（『三代実録』）。しかるに二月十一日に、「分㆓遣使者於近京、及平城諸寺㆒、修善諷誦、以㆓内蔵寮後院銭㆒、充㆓其嚫物㆒」（『三代実録』）とある。そこでもし冷然院＝後院とすれば、全焼した冷然院がわずか十日ばかり後に所蔵の銭をもって諷誦の用途を弁進したことになる。これはどうも考えにくい。しからば、八代氏の推定（橋本氏も賛同）の如く後院＝朱雀院とみなしうるかといえば、その根拠として挙げられた『三代実録』の記事二ヵ条は、

丁丑、公卿設二宴会於侍従局一（中略）終日酣賞、詔二後院一賜二新銭十貫一、令レ充二手談賭物一（貞観十六年八月二十一日）

甲子、京師飢饉、遣レ使賑恤、以二後院物一給レ之（同貞観十八年六月十九日）

とあるだけで別に朱雀院と明記されているわけではなく、これを朱雀院に比定されたのは推量に過ぎないようである。

次は『類聚三代格』（巻十、供御事）に、

太政官符

停二廃後院一事

右左大臣（時平）宣、奉レ勅、件院宜レ従二停廃一

延喜五年六月二日

とみえる記事である。(22) 八代氏はこの官符と、『公事根源』（正月供若菜）に「延喜十一年正月七日に後院より七種の若菜を供ず」云々とみえる記事を引いて、後院がいったん廃されて後復興したことを述べ、「此の時の後院は何所であつたか詳でないが、此の時冷泉院は陽成院が御所として住せられ、朱雀院には宇多上皇仁和寺に移られた後であるから、恐くは朱雀院であらうと思はれる」と推定された。(23) しかし、朱雀院が後院停廃の直後に厳として存在したことは、延喜六年（九〇六）十一月七日醍醐天皇が朱雀院に行幸し、宇多上皇の四十賀によって、上皇の院司に加爵している一事（『日本紀略』）をもってしても明瞭である。後院＝朱雀院とすれば、これははなはだ不審である。

次に『九暦』（九条殿記荷前条）天慶九年（九四六）十二月二十六日条に、

（前略）下官為二山階陵使一、勧二酒於次官以下一、日来依三坊城家有二修善事一、饗処相塞也、因レ之執二申事由於殿（忠平）一、而後院東対設二件饗一、申時進発、次官民部大輔高階師尚真人同車而参、事畢戌時還来、不レ帰レ家而便進二参於朱雀院一、依レ有二御仏名一也、（後略）

とある。すなわち師輔は自邸が仏事のため塞っているので、父忠平に訴えて後院を饗の場に用いたが、荷前使を果して後朱雀院の御仏名に直行したのである。いうまでもなく朱雀院は、この年四月譲位した朱雀上皇の伝領する所で、その御在所ともなっていた。ところが師輔が後院使用の許可を求めたのは、上皇にではなく忠平に対してであった。ゆえに後院＝朱雀院でないことは明瞭であるが、しからば後院＝冷然院かといえば、冷然院は当時も陽成上皇の御在所であった（『日本紀略』天慶三年十一月二十七日等参照）。これも忠平・師輔がほしいままに使用できる状態では無かったはずである。素直にみれば後院は冷然院でも朱雀院でもなく、その建物は当時忠平の支配するところであったとしなければならない。

私はこれらの徴証から、朱雀朝以前の後院についてはこれを冷然院・朱雀院などに直ちに比定することをせずに、史料に即して見直す必要があると考えるに至った。そこで六国史等にみえる三院の記事を拾い上げて、これを儀式・行幸、天皇・上皇の居所、経済関係記事、その他の四者に分類したところ、別表の結果となった。

これを要するに、後院に関する国史の記事はすべて経済関係に限られる。具体的にいえば、荒廃田・乗田などを後院勅旨田・後院牧などに充てたこと、あるいは後院の銭を行事のために支出したこと等である。そして、後院に天皇・上皇等が幸した事実や、これを居所とした事実は全く見られない。[24]これに対して、冷然院は圧倒的に儀式・宴飲・行幸の場として記されている。ただし前述の如く荒廃田を充てられた記事も数ヵ所あるが、これはむしろ国史撰者が儀式・居所の記事に対しては冷然院の名称を、また経済記事では後院の名称を、同一物に対して使い分けているのではないかとの危惧を払拭させてくれる。

以上のように顕著に機能の異なる後院は、他の諸院と別個の独立機関ではあるまいか。もしそれ後院を他の諸院と区別する立場に立つならば、たとえば橋本氏が「宇多天皇が御在位中に後院を置いたことは、『日本紀略』寛平元年（八八九）十月二十八日条や『年中行事秘抄』所引の『寛平御記』などによって知り得るが、その後院は朱雀院を指すものとみてよいであろう」とされた見解の二つの根拠にしても、前者は、

廿八日丙戌、以㆓河内国大縣郡大丸岐山小野三百町㆒、為㆓後院地㆒[25]

であって、私のいわゆる後院の経済関係記事であるし、後者は、

御記云、寛平二年二月卅日丙戌、仰㆑善曰、正月十七日七種粥（中略）等、俗間行来以為㆓歳事㆒、自今以後、毎色

冷然院・朱雀院・後院対照表

		儀式・行幸	居所	経済	その他
嵯峨朝	冷	6	1		
	朱				
	後				
淳和朝	冷	5	1	2	
	朱				
	後			1	
仁明朝	冷	14	4	2	3
	朱	1		1	
	後			8	
文徳朝	冷	14	2		3
	朱				
	後				
清和朝	冷	2	3	3	4
	朱				
	後			3	4
陽成朝	冷			1	
	朱				
	後				
光孝朝	冷			1	
	朱				
	後			1	
宇多朝	冷				
	朱				
	後			1	
醍醐朝	冷		1		1
	朱	10	5		
	後				1
計	冷然院	41	12	18	11
	朱雀院	11	5	1	
	後院			14	5

注(1) 嵯峨・淳和朝は『類聚国史』『日本紀略』、仁明朝までは国史、宇多・醍醐朝は『日本紀略』によって作成（国史については、『六国史索引』三・四の恩恵に預った）。『西宮記』等からは、後の観念の混入を慮ってわざと拾わない

(2) 「その他」の項は火災等の記事

(3) 冷然院・朱雀院が上皇その人を呼称する場合は拾わない

弁調、宜㆓供奉㆒之、于㆑時善為㆓後院別当㆒、故有㆓此仰㆒

とあって、別当源善に粥・餅・粽・索麪等を調進させたもの、つまりはこれも供御を弁進する経済的機能の証とみるべきものである。[26] 朱雀院にこれを結びつける理由はあるまい。そもそも朱雀院は、『続日本後紀』に、「以㆓平城京内空閑地二百卅町㆒、奉㆑充㆓太皇太后朱雀院㆒」（承和三年五月癸亥）とあるのを初見とし、ついで「嵯峨太皇太后御㆓朱雀院㆒、宴㆓五位已上㆒、賜㆑禄有㆑差」（承和五年十一月甲申）とみえ、太皇太后橘嘉智子の離宮として設定・経営されたようであって、この二つの記事以外には朱雀院の名は国史には全く見えないのである（表参照）。それが再び史上にあらわれるのは、『日本紀略』（寛平八年閏正月二十五日）に「丁未、天皇（宇多）幸㆓朱雀院㆒、覧㆓諸工造作㆒」とある記事で、この間実に約六十年を経過している。素直にみれば嘉智子の死後朱雀院は永らく退転していたのであって、宇多天皇がこれを譲位後の居所に充てることを期して造営に努めた結果、柏梁殿等が成って面目を一新し、所領もおそらく多く寄せられた。やがて儀式・遊宴の場や御在所に用いるべき離宮として、醍醐天皇・朱雀天皇に伝領されるに至ったのであろう。[27] この面目一新後の朱雀院をもってそれ以前を類推することは妥当ではあるまい。

『新儀式』以下の諸史料を検討するのは、本稿の主題と余りにも離れるので、別の機会に譲ることにしたい。円融天皇が頼忠の四条坊門大宮第や兼通の堀河第を「後院」としたことなどは（『日本紀略』天元四年七月七日、同五年十二月二十五日）、たしかに後院が天皇の仮御所としての機能を備えた明証であろう。しかしそれは橋本氏の述べられたように、「天皇の仮御所としての機能が、廷臣の私第に吸収されて行く過程の一つの段階に現われた、いわば私的な後院」である。この後院変質後の諸史料から十世紀初頭以前の後院に溯るには、かなり吟味を要するように思う。そこで私は後院の「仮御所としての機能」を「後院が本来もつ」機能と考えることを止めて、本来後院はひとえに天皇または上皇・皇太后等の「所領や財物を管掌する機関」であったと見ておきたいのである。したがってそれは冷然院・

朱雀院その他の離宮とは全く異質の独立官司ということにもなる。(28)

以上の私見は、八代・橋本両氏が断片的史料を「できるだけ合理的に解釈」しようとされたのに対して、逆にこれをできるだけ杓子定規に扱ってみた結果、到達せざるを得なかった見解である。橋本氏をはじめ先学の示教を得て、さらに検討を加えたいと思う。

以上、冷然院を論じるに当たって、後院に深入りしてしまったが、仁明朝に「後院」および「太皇太后後院」が設定・経営されたことが、嵯峨上皇の意志によるものであったか否かは明証がないが、在位中に冷然院・嵯峨院を設定・経営していた上皇の関与がなかったとは考えられまい。そしてこれら諸院の活潑な経済活動が、勅旨所や淳和上皇の淳和院などのそれとともに厖大な皇室領を集積し、律令財政の崩壊を促進したことは、嵯峨上皇の家父長的権威が律令的天皇権威の解体を導いたことと相呼応する現象であろう。私はそこに、嵯峨上皇が「平安朝的なもの」の成立に果した大きな役割の一面を見るのである。嵯峨上皇のすぐれた文化的活動は古くから衆目一致であるが、その文化史的意義もこの政治史上のあり方との関連で再検討することが必要であろう。

注

(1) 平城上皇については、「平城朝の政治史的考察」(拙著『平安文化史論』所収)で、清和上皇については、「文徳・清和両天皇の御在所をめぐって」(本書所収)第3節で、また宇多上皇については、「宇多上皇の院と国政」(本書所収)で論及した。なお、「円融上皇と宇多源氏」(本書所収)の冒頭に「古代の太上天皇について」と副題して私見の概要を略述した。

(2) 拙稿「平城朝の政治史的考察」(注(1)前掲書所収)。

(3) 竹内理三「貴族政治とその背景」(『律令制と貴族政権』Ⅱ所収)

(4) 注(2)前掲論文。

(5) 井上光貞「古代の皇太子」(『日本古代国家の研究』所収)。

（6）　拙稿「在原業平の歌人的形成―良房・基経執政期の政治情勢における―」（『平安文化史論』所収）。

（7）　この時平城上皇は、「上多下苦、豈謂レ礼乎、加之、一国之内有二両太皇一、瀛表寰中未二詳前聞一」として、強く尊号と服御物との辞退、および平城宮諸司の停止を要請している（『類聚国史』二十五）。この強い語調には嵯峨天皇の譲位に対する平城上皇の不満と批判がうかがわれる。

（8）　滝川政次郎氏は、嵯峨上皇・淳和天皇の「御仲むつまじく」と認めながらも、なお上皇は平城上皇との不和の体験からして皇太弟に対しても「猜疑心が強く」、「まず皇太弟の心を試さんとして、皇太弟の御子である恒世王を次代の皇太子となさんとする御意志を洩らされた」ものと考えられた（「右大臣清原夏野伝」『国学院大学紀要』所収）。この辺の解釈は、氏の言われるごとく「事は秘中の秘であって、史料は何も遺されていない」ので、はなはだむずかしい。

（9）　国史の薨卒伝を中心に、嵯峨上皇の藩邸・内裏・院に仕えた侍臣を抽出すると、ほぼ四〇人にも上る。

（10）　福井俊彦氏は「淳和朝の官人」（『早稲田大学高等学院研究年誌』十二）に、嵯峨上皇・淳和天皇「両者をとりまく官人各層にさまざまな暗闘が展開されていたものと思われる」と述べ、また「嵯峨朝から淳和朝への天皇の交替は嵯峨派の一部にかなりの没落者を生ぜしめる結果になり、一方淳和派の急速な抬頭がみられた」とも述べられた。両朝の官人の変化を詳細に分析されたのは有益であるが、この変化は君主個人と官人との私的結び付きの大きさを示すものであっても、「暗闘」とまでいいうるかは疑問で、嵯峨派・淳和派といった語も、承和の変当時の事態は別として、淳和・仁明両朝を通じて用いることには慎重を要すると思う。

（11）　嵯峨上皇を「聖皇」と呼んだ例は、他に『続日本後紀』嘉祥三年三月癸卯、『文徳実録』天安二年五月乙亥にもみえる。『続後紀』には仁明天皇を「聖王」と呼んだ一例もあるが（承和十二年二月丁酉）、特に嵯峨上皇にはこのような尊称をとらせるほどの特殊な権威があったのであろう。

（12）　篁は年少の時から嵯峨上皇の格別な寵愛を受けていた（『文徳実録』仁寿二年十二月癸未薨伝等）。上皇の「大怒」は可愛さ余って憎さ百倍、我を忘れた行動ともみられる。

（13）　天皇・上皇往復文書の形式は、後に清和・陽成両者の間でまた問題となるが（『三代実録』元慶元年閏二月十五日以下参照）、ここでは詳述を省く。

（14）　『類聚国史』には、「帝朝二于太上皇后一、右大臣従二位藤原朝臣内麿奉献、宴飲終日、賜レ物有レ差」とある。当時皇太后はいないから「后」は衍であろう。

(15)「後院の考」(『国史叢説』所収)。

(16)他に皇女有智子内親王の「嵯峨西荘」があった(『続日本後紀』承和十四年十月戊午)。

(17)ちなみに承和九年上皇の崩後、院は皇女正子内親王(淳和后)に伝領され、内親王はこれを捨てて精舎とした。すなわち大覚寺である(『三代実録』元慶三年三月二十三日)。

(18)渡辺直彦「嵯峨院司の研究」(『日本歴史』二一〇)。

(19)なお『日本紀略』(天長五年二月庚子)に、「左京三条一坊山城国愛宕郡白田・段収充二院一」とある記事は、誤脱があるらしくて文意不明であるが、朝日本も国史大系も冷然院であろうと頭注している。しかしその証はない。そもそも左京三条一坊は、『拾芥抄』所収京図にはその四保に「後院」と記し、また『九条家本延喜式』左京図には、三・四保に「後院朱雀院」と記している(この小書は勿論誤りである)。左京三条一坊には後述の「後院」が置かれていたのではあるまいか。したがって右の紀略の記事は後院に畠若干を充てたことを示すのであろう。ゆえに別表ではこの記事を後院の欄に加えておいた。

なお、冷然院に田地が充てられた記事は、別表の如くその後も『続日本後紀』に二例、三代実録に三例と、しばしばみえる。

(20)嵯峨上皇の封戸は、弘仁十四年六月千五百戸、天長元年八月さらに五百戸、皇太后にも弘仁十四年六月千戸が充てられた(『日本紀略』)。しかしそれは大臣等に比べて決して多くない。別途の財源を必要とした所以であろう。

(21)橋本義彦「後院について」(『日本歴史』二一七)。

(22)なお『日本紀略』にはこの記事なく、ただ五月二十八日条に、「廃二後院鷹一」とみえる。しかし、私も八代・橋本両氏と同様に、後院全体が停廃された事実を疑うつもりはない。後院の停廃は、八代氏も述べられた如く延喜荘園整理令に関連する政策であろう。ただし氏は「或は御経済向上より、廃したのではなからふか」と見られたが、私は反対に、左大臣時平の律令制振粛方針によって勅旨田とともに打撃を受けたものと理解する。したがって後院が復活したとしても、それは延喜九年の時平の死より後であろう。

(23)なお八代氏が後院復活の根拠とされた『公事根源』の記事は何によったものか明らかでない。速水房常の『公事根源愚考』（故実叢書所収）は、『師光年中行事』に「醍醐天皇延喜十八年正月七日辛巳後院進二七種若菜一」とあるのを引き、延喜十一年の例は「未レ得二所見一」としている。しかし室町時代の一条兼良はもとより鎌倉時代の中原師光にも、平安前期の後院について正確な知識があったかどうか、いささか心許ない。あるいは師光は、宇多院のような宇多上皇の供御を弁じた機関を「後院」と呼んだものかも知れない（宇多院については本書所収「宇多上皇の院と国政」参照）。後院が復活したか否かについては、後考を待つこととする。

(24) 後院の経済関係以外の記事は、「後院隼神」に叙位のあった記事だけである。

(25) 『拾芥抄』および『九条家本延喜式』の京図には、五条坊門南大宮東の辺にも「後院地」と記されている（両図には位置に若干の相違あり）。ここには後院の別納でもあったのであろうか。

(26) ここに引用された『寛平御記』は、『師光年中行事』にみえる逸文である。「于レ時善為二後院別当一、故有二此仰一」の部分は、後人おそらく師光の注とみるべきものである。ゆえに源善が果して後院の別当であったか、または宇多院などの別当であったのかも、確かではない（注(23)参照）。

(27) 拙稿「宇多天皇の院と国政」（本書所収）参照。

(28) その院司等の具体的な点については不明である。ただしその位置については、本稿注(19)(25)で言及した絵図によって朧気には推定できる。

文徳・清和両天皇の御在所をめぐって

――律令政治衰退過程の一分析――

はじめに

『三代実録』貞観十三年（八七一）二月十四日条は、律令政治の推移を考える上に注目すべき内容を含んでいる。

庚寅、天皇御二紫宸殿一視レ事、承和以往、皇帝毎日御二紫宸殿一視二政事一、仁寿以降、絶無二此儀一、是日、帝初聴レ政、当時慶レ之、

ここには、紫宸殿における朝政が「承和以往」すなわち仁明朝以前と「仁寿以降」すなわち文徳朝以降とでは明確に様相を異にすることが指摘されている。清和天皇が幼冲ないしは病弱であったために、外戚藤原良房が天下の政を摂行し、天皇親政の実が失われたとするのは通説であるが、それが文徳朝の初期にさかのぼるという証左がみられるのである。思うに、十一世紀を中心とするいわゆる摂関期において、権力の根源が外戚たるにあったことは勿論であるが、この事実を良房・基経執政期にそのまま持ち込むことはできない。藤原氏の経済的基礎が平安前期と後期では異なること竹内理三氏の説かれたとおりであるし[1]、藤原氏主流の律令政治に対する自覚もまたおのずから異なっていた。単に良房・基経が外戚であったことだけに注目するとすれば、平安前期には平城・嵯峨・淳和三天皇もまた藤原

氏を外戚としたので、文徳・清和朝と変わりはない。律令的朝政あるいは天皇親政の衰退が文徳朝以後に顕著にあらわれた過程を知るためには、外戚の良房・基経と彼等を外戚とした文徳・清和両天皇との関係について検討を加えることが必要であろう。

一般に古代政治史の分析には、免れがたい困難がある。今も昔も政治史的事件のいわゆる真相は陰微にして把握しがたいという性格をもつが、特に当代は六国史がほとんど唯一の史料で傍証に欠け、しかも国史編纂の事業が藤原氏の制約のもとに進められたために、故意あるいは無意識の歪曲または隠蔽無きを保証しがたい。この欠陥を回避するためには、国史の記事に従って表面の経緯を述べるのではなく、むしろ国史編纂者が何の下心もなく列挙している多様な記事の断片を総合することによって、水面下の事実を浮かび上がらせる方法が必要であろう。[2] 本稿が文徳・清和両天皇の御在所を主題としたのは、六国史だけを史料と頼らざるを得ない当代の政治史に対して、史料批判の試みを示したいからである。

1　文徳天皇の御在所

文徳天皇の御在所について注目すべき点は、在位八年半の間、天皇がついに内裏に常住することの無かったという、まことに奇異な事実である。

『文徳実録』（以下『文徳実録』『三代実録』による場合は一々明記しない）によれば、嘉祥三年（八五〇）三月乙亥仁明天皇の崩御に当たって、二十四歳の皇太子道康親王は神璽宝剣符節鈴印を受け、「須臾駕㆓輦車㆒、移㆓御東宮雅院㆒」した。東宮雅院は『拾芥抄』宮城部第十九に、「東前坊中御門北匣東（中略）西前坊中御門北匣東」とみえ、大内裏の待賢門を入った北側に東西に並んで建てられた皇太子の曹司であった。以後仁寿三年（八五三）二月まで天皇は引きつづいて東宮を御在所とした。そのことは大般若経転読の記事によって推定することができる。

大般若経転読の行事は、「消除災害、安寧国家」（『続日本紀』天平七年五月己卯）の目的をもって、奈良時代にも宮中・諸大寺・諸国においてしばしば行われていたが、平安時代に入っても桓武朝より仁明朝に至る間には、大極殿を場とする国家的行事の性格が顕著であった。ところが、『続日本後紀』承和六年（八三九）七月甲申条に、「延二僧六十口於紫宸殿常寧殿一、令レ転二読大般若経一、以三禁中有二物怪一也」とみえてより、内裏特に清涼殿・常寧殿等天皇の身辺において玉体安穏のために盛行されるに至った。記事は①嘉祥三年（八五〇）五月庚寅、②同年十月丁卯、③仁寿元年（八五一）三月戊寅、④仁寿二年三月壬午、⑤同年十月己丑にみえる。このうち①は僧五〇口を「分二配東宮中宮一」し、②は七〇僧を東宮に転読させ、別に七僧を清涼殿に請じて「修法印咒」させているが、いずれも東宮が主たる場となっている。帝が東宮を去るのを機として東宮における転読記事もみえなくなるのであって、これを御在所の指標とすることができると思う。

ただし嘉祥三年四月戊午には「帝自二雅院一移二御中殿一」とある。『拾芥抄』に「清涼殿云二中殿一又云二御殿一七間四面」とあるによってこの中殿はすなわち清涼殿と考えるならば、この時天皇は清涼殿に移御したものとなるが、しかし『延喜春宮坊式』に「於二北殿一者、進迎引参入、至二中殿前一、進更参上供」（十二月晦日、神祇官神麻）とみえるように、この中殿は雅院すなわち前坊・前殿と北殿との中間に建てられた、東宮内の一殿舎であろう。そもそも「先皇之讌寝」清涼殿は、仁明天皇がここに崩じたため文徳天皇は御すに忍びず、仁寿元年（八五一）二月丙辰移して嘉祥寺の堂としたので、文徳天皇が清涼殿を御在所としたことはありえない。

では、文徳天皇は何故三年間も内裏に入らず、東宮に住んだのであろうか。別稿「仁寿殿と清涼殿」（本書所収）に述べたように、当時はまだ後世のごとく清涼殿が天皇の常の住居と決まっていたわけではなく、仁寿殿・常寧殿等が諸天皇に用いられている。ゆえに清涼殿を用いなくても内裏居住はできたはずだから、文徳天皇を即位後も東宮に居らせた理由は別にあるのであろう。ここに考え合わされるのは、宇多天皇が仁和三年（八八七）八月二十六日践祚してその翌日東宮に移御、以後寛平三年（八九一）二月十九日内裏に遷御するまで、三年半にわたって東宮を御在所としたことである（『日本紀略』）。その内裏遷御が関白基経の死の直後であったことは、宇多天皇を東宮に止めた理由がどこにあったかを推測させるものである(3)。これによって類推するならば、文徳天皇もまた十善の帝王たる資格に欠けるような処遇に甘んじたものと考えられる。それが右大臣良房等群臣の意向であったか、帝みずからの遠慮であったかは分らないにしても。

さて仁寿三年（八五三）二月庚辰、文徳天皇は「自二東宮一移二幸梨下院一」した。梨下院は、天長九年（八三二）四月甲子淳和天皇が大内裏修理のため遷御したとあるのを初見とし（『類聚国史』二十八）、『文徳実録』に「此院先代（仁明）別館也」とあるごとく、大内裏内にあるとはいえ離宮的な殿舎であった。帝が梨下院に移った理由は不明であるが、さらに一年二ヵ月後には、ついに大内裏をも去ることになった。斉衡元年（八五四）四月丁卯「帝自二梨下院一移御二冷然院一、五位已上扈従者、賜二宴於釣台一」とある。以後崩御まで一貫して冷然院を御在所としたことは、頻出する大般若経転読記事によって推定できる。『文徳実録』には、冷然院における当該行事が八回みえる。もっとも、内裏における転読も天安元年（八五七）十二月辛巳と同二年三月丁卯の二度行われているが、前者の場合はその直前の十一月丙辰に五節の舞を冷然院で行わせていること、後者の場合も直前の二月庚辰に冷然院南殿において転読が行われていることを参照すれば、仮に短期間内裏に入ることがあったとしても、冷然院から内裏への本格的な遷御があったとは見られない。

冷然院には、移御の後間もなく「新成殿」が造営されたようである。その名は斉衡二年（八五五）正月壬寅「帝御二新成殿一、内宴」とあるのを初見とする。内宴は従前仁寿殿で行われる例であったから、[4] この新成殿は内裏における仁寿殿に相当するわけである。以後、内宴・賭射・相撲等の行事はこの殿舎を場とした。ただしそのようなみやびの場であったにもかかわらず、新成殿には最後まで雅名が付けられなかった。天皇は天安二年（八五八）八月乙卯ここに崩じたので、新成殿は行事の場にとどまらず常の住居であったと見られる。両者が同一であったところに、冷然院における天皇の生活が内裏における諸天皇のそれに比して簡素化されたことを看取できよう。しかも冷然院は元来嵯峨天皇の設定した宴飲・遊楽・休養のための離宮であり、政務を離れた太上天皇の御在所ともなった。[5] 東西に「釣台」を備えた形式は、[6] 寝殿造の萌芽とも考えられ、風雅な別業的形観がみられたに相違ない。

文徳天皇が在位後半の四年半にわたってこのような離宮に常住したことは、親政への意志を放棄した（または放棄させられた）ことを示すものではなかろうか。大内裏外の院居住が「毎日御二紫宸殿一視二政事一」ことを不便にしたことは言うまでもない。勿論太政官尋常の政は公卿以下によって行われ、上卿より蔵人頭を経て一々奏聞されたであろう。しかし親臨・勅裁が無い場合、廟堂の実力者の意向が決定的に比重を増したことは推定に難くない。当時の実力者は左大臣ながら資性温厚な源常ではなく、しかも彼は冷然院遷御の二ヵ月後に薨じているから、政治の実権が右大臣藤原良房に握られたことは明らかである。

文徳天皇が大内裏を出て冷然院に常住するに至った原因は何であろうか。良房の後継者基経を中心として撰述された『文徳実録』は、この点について片言隻句も言及しない。しかし同様に『文徳実録』の全く言及しない事実として、惟仁親王の皇太子辞譲をめぐる文徳天皇と良房の対立があったことを、ここに想起することができる。この一件については、かつて『大鏡』裏書所引『李部王記』を根拠として概要を述べたが、[7] 即位の際に何らの自発的意志もなく当歳の惟仁親王を皇太子に立てざるをえなかった文徳天皇が、やがて君主として経験を積み惟喬親王の聡明を愛するに至って、惟仁親王をいったん辞譲させて惟喬親王を立てようとし、左大臣源信に諫止されたものである。この一件は文徳天皇が「無レ幾」くして崩ずる晩年に起こったが、当然良房とのきびしい対立を招いたと推定される。天皇と良房が外戚関係にあったにもかかわらず、天皇は良房の傀儡に甘んじていたわけではなく、陰微な対立が存在した。後に摂関の権力が全盛にさしかかった時期にさえ、円融上皇や一条天皇はかなり独自の意志を発動していることを参照すれば、このことは怪しむに足りない。

この辞譲一件と天皇の冷然院遷御とに、直接の因果関係があるか否かは容易に判断できない。また天安元年（八五七）二月丁亥、良房が右大臣より一躍太政大臣に昇進した前例を見ない人事が、外戚への殊遇か天皇の屈服の結果かも、軽々しくは判断できない。ただしその後一年半にして文徳天皇が急病によって崩じた後、良房が人臣としてはじめて大政を摂行するのは、制度的には任太政大臣によって可能になっていたはずである。この重大な結果と両者の対立とを思い合わせる時、任太政大臣が天皇の積極的かつ自発的な殊遇であったとは推定しがたいように思う（8）。

文徳朝において天皇と良房との間には陰微ながら深刻な摩擦・対立があり、それが天皇の長期間の東宮居住と冷然院遷御、皇太子をめぐる紛糾、良房の太政大臣昇進等の一連の事実を引き起こし、延いては親政の衰退をもたらしたことを結論したい。

2　清和天皇の御在所

清和天皇は良房の女明子を生母として生れ、当歳で皇太子に立てられ、九歳で即位し、成人の後もなお良房に大政を摂行させるなど、正に外戚の傀儡そのものの君主であった。しかし清和天皇と外戚との関係を具体的に追跡することは、必ずしも無用ではないと思う。

清和天皇は天安二年（八五八）八月二十七日文徳天皇が冷然院新成殿に崩ずると、同院の皇太子直曹において神璽宝剣節符鈴印を受けたが、翌々二十九日、「皇太夫人[9]」明子と同輿、東宮に遷御した。明子はこれより先二十七日、おそらく死穢に触れる前に東五条宮に移ったが、『三代実録』には、「欲レ令レ擁二護幼冲太子一也」と移御の目的を明記している。以後明子は貞観八年（八六六）十一月十七日まで、おそらく引き続いて東宮にあったから、天皇がその前年内裏に移る（後述）まで、継続して母后の「擁護」の下にあったことを推定できる。

しかも、天皇の身辺には皇太后順子も同居していた。『三代実録』貞観元年（八五九）四月十八日に、

癸卯、皇太后遷レ自二東宮一、御二右大臣西京三条第一、去年八月二十九日、与二今上一同輿、遷レ自二冷然院一、御二於東宮一、擬レ還二五条宮一、暫御二大臣第一、為レ避レ忌也

とみえる。そして滞在約八ヵ月後順子は本宮東五条宮に還るが、この祖母が当初半年余も天皇・明子と同居したのは、幼帝に対する良房の慎重をきわめた配慮を示すものであろう。

清和天皇は貞観六年（八六四）正月朔、東宮前殿において元服したが（十五歳）、なお引き続いて東宮に居住した。天皇の内裏仁寿殿への遷御は貞観七年十一月四日であって、元服後実に満一年になろうとする時であった。この時明子の方は引続いて東宮に留まったことが、『三代実録』貞観八年十一月十七日条に「皇太后遷レ自二東宮一、御二常寧殿一」とあるによって知られる。

元服後二年間も天皇が東宮に母后明子と同居する生活を変えなかったことは、元服前後における親政の実態に付いて、一つの示唆を与えるものではなかろうか。そもそも清和天皇即位直後よりの良房の摂政については、旧説は明確

でない。まず『三代実録』には、天安二年（八五八）の践祚および即位記事に良房について特記なく、下って応天門の変勃発直後の貞観八年（八六六）八月十九日に「勅㆓太政大臣㆒、摂㆓行天下之政㆒」と明記するだけである。ところが『公卿補任』は天安二年の「十一月七日宣旨為㆓摂政㆒」と記す。以後毎年一貫して良房を「摂政太政大臣」としてその辞任を記さず、しかも貞観八年条に「八月十九日重勅摂㆓行天下之政㆒者」とする。これは即位の際の「宣旨」による摂政が元服前後には変化しなかったという見解と解釈される。

『大鏡』裏書（忠仁公事）には、「（天安）二年十一月七日為㆓摂政㆒」とする点は『公卿補任』とほぼ同じであるが、一方「貞観六年正月一日辞㆓摂政㆒依㆓帝御元服㆒也」と明記する点で『補任』と相違する（八年「重勅」云々は補任と同様）。

次に『愚管抄』はその「皇帝年代記」には「日本国摂政此時始也、天安二年十一月七日即位日也、五十五、貞観八年八月十九日摂政詔云云、可㆑勘㆑之」と、天安二年説をとりながら、本文では「ソレモハジメハタヽ内覧臣ニヲカレテ、マコトシク摂政ノ詔クダサルヽコトハ、七年ヲ経テ後、貞観八年八月十九日ニテアリケルトゾ日記ニハ侍ナル」として、当初は「内覧」にすぎなかったと解している。続いて「ソノアヒダニハ良相ト申右大臣ハ良房ノオトヽニテ、イリコモラレテ後天下ノマツリコト良相ニウチマカセテアリケルニ、天皇伴大納言ガ申コトヲマコトヽオボシメシテ、カウカウトオホセラレケルヲウタガヒオモハデ、ユヽシキ失錯セラレタリケリ」とあるのは、良房がある時点で引退して、天皇が親政を行ったことを認めているように読み取れる。[10]

『大日本史』巻二十八、本紀の分注には、『公卿補任』『大鏡』裏書ともに元服によって摂政を辞した記事を載せていると述べているが、これは読み誤りであろう。しかし、『大日本史』が『三代実録』を根拠として、「蓋帝幼冲即位、良房以㆓外戚大臣㆒、摂㆓行庶政㆒、猶未㆑有㆓摂政之名㆒、其後帝年稍長、加㆓元服㆒、親㆓機務㆒、始特有㆓摂行之勅㆒也」と推定したのは、当初に摂政の「名」がなかったとする点は『愚管抄』の内覧説とほぼ同じく、また元服によって親政となったとする点は（文意やや曖昧であるが、こう読み取れる）、『大鏡』裏書と相通ずる。

近代に入ると、戦前の説は和田英松氏[11]を代表とすべきであろう。氏は、即位の際の摂政が正史にみえないこと、元服の詔が良房に言及しないこと、貞観八年の詔に「重ねての文字」がないことを理由として、清和朝初頭から「彼が専ら摂政して居ったか、其辺は不明であります」と断案を控えられた。これに対して戦後の代表的学説は竹内理三氏であろうが[12]、氏は『大日本史』の前引の文を「蓋し従うべきであろう」と肯定された。もっとも氏は、この文を元服によって親政となったとは読みとられなかったようで、むしろ「元来、後の摂政の性格からいえば、天皇の元服があればこれを止めるべきであるのに、却ってその勅があるのは、摂政がアスカ時代における如き執政官的性格をなおのこしたものといわざるを得ない」と述べておられる。

こまかく見ると一説ごとに多少の差があり、誤解・混乱をも含むが、ともかくも貞観八年応天門の変以前の良房が天皇の政務を代行するの実を有しながらも、摂政の名もまた後世の摂政のような独立の地位をも有さなかったとする点でほぼ一致している。ただしそうした執政官ないしは内覧的役割が天皇の元服または他のある時点で変化したかどうかは、『大鏡』裏書を除いてほとんど明快な推定がなされていない。その『大鏡』裏書の記事も独断的で、無条件に賛成することはできない。

諸説の紹介に手間取ったが、ここで清和天皇が元服後もほぼ二年間東宮に母后明子と同居しつづけた事実に立ち戻れば、天皇が元服後ただちに成年の天子として活動を始めたのでなくて、太政大臣良房の内覧的活動が元服後も続けられたと推測する余地がある。そして元服二年後に天皇が実に祖父仁明天皇崩御以来二代一五年ぶりに内裏に入ったことは、この時点でようやく太政大臣良房が如上の活動を止め、令制本来の「師㆓範一人㆒、儀㆓形四海㆒」（職員令）すなわち政務を離れた礼遇に納まったものと推測すべきであろう。ところがそれはただちに大納言伴善男の乗ずるところとなった。『愚管抄』にいわゆる天皇の「ユ、シキ失錯」に乗じて、良房は今度は正式に「勅」を受け、改めて天下の政を摂行することになったのである。

この勅の下った二ヵ月後の十一月十七日、明子が東宮より常寧殿に入った。このことは十二月八日基経が手勅により七人を超えて中納言に任ぜられ、同二十七日高子が入内して女御となったことと合わせて、良房一門がきびしく天皇の身辺を固め、また廟堂を掌握したことを示すものであろう。この体制がいつ解消されたかは明証がない。本稿冒頭に引用した貞観十三年（八七一）二月十四日の国史記事は、良房薨去の前年ようやく朝政が仁明朝までの旧態に復したことを示すが、おそらくそれは著しく形式的儀礼的なものに過ぎなかったであろう。ただし良房の死後、基経がただちに良房と同様な権力を獲得することは勿論できなかった。『公卿補任』に基経が貞観十四年十一月二十九日「良房替」として「為二摂政一」とするのは、誤りであろう。この点については旧稿[13]に述べたので繰り返さないが、愚見を要約すれば、良房薨去の後ただちに基経が摂政の「実」を継いだのではなく、太政官を掌握するに止まったと考える方が穏当ではあるまいか。ただし清和天皇がその後、内的外的事情によって親政への意欲を喪失して行ったことは認められ[14]、それが天皇の早い譲位をもたらしたのである。

3　清和上皇と清和院

次に譲位後の清和上皇の動静とその政治上の影響を、御在所清和院等を通じて考えてみたい。院政期の諸上皇は、太政官機構を掌握した藤原摂関家に対抗するために、院近臣を腹心として専制的権力を振う方式をとった。しかし、太上天皇の存在はむしろ摂関よりも古くから律令的天皇制の解体契機として作用する本質を持っていて、それは持統・孝謙諸上皇にすでに認められる。平安時代の諸上皇をもそうした観点から把握することは、「院宮」が「権門」と常に併称された事実だけからしても必要であろう。嵯峨・宇多両上皇について論及した意図はそこにあった(15)。清和上皇は右の実力者的上皇とはいろいろな意味で対照的であるが、太上天皇についての基礎的考察の一環として検討することは無益ではないと思う。

さて貞観十八年（八七六）十一月二十九日譲位の際、天皇は二日前に「染殿院」に遷御し、皇太子貞明親王をここに招いて譲位を告げた。染殿は外祖父良房の領有する邸宅である。彼の本邸は「東一条第」すなわち後の小一條第で、それは明子の里第ともなり、清和上皇「降誕之処」でもあったが、染殿は「花亭」「射場」等を備え、「東垣外」には田園も開けている風雅な別業であった（『三代実録』貞観六年二月二十五日）。良房の死後明子に伝領され、彼女は「染殿のきさき」の称を得た(16)。その位置は『拾芥抄』に「正親町北京極西」とあり、『二中暦』に「正親町南富小路東」とあり、左京北辺四坊の八町か七町となる。

上皇の御在所「清和院」の初見は、元慶元年（八七七）三月二十四日「乙丑、太上天皇於二清和院一設二大斎会一、講二法華経一、限二五日一訖、親王公卿率会」とある記事である。この清和院と染殿との関係はどうなるであろうか。『拾芥抄』には、清和院を「正親町南京極西」、『二中暦』には「土御門北京極西染殿南」とする。つまりともに左京北辺四坊七町に当てる。そこで『拾芥抄』によれば、染殿と清和院は正親町小路をはさんで七町・八町の二町を占めることとなり、『二中暦』によれば、七町の中に両者が含まれることになる。角田文衛氏は七町の北半に染殿、したがって南半に清和院があったと解しておられる(17)。しばらくこの説に従っておく。

いずれにせよ、染殿第と清和院は同一境域内に南北に隣接していた。清和院の称号ができてから後も、国史は「太上天皇染殿宮」の呼称も併用している。要するに、清和上皇は母后の領有する染殿第の一角に御在所を造営して常住したのである。この点は平城上皇の平城宮、嵯峨上皇の冷然院・嵯峨院、淳和上皇の淳和院のごとくみずから地を点定して新造したものとは異なる。清和上皇はいわば母后の許に引き取られた形だから、譲位後の生活が依然として外戚の保護と規制のもとにあったことは、当然推定される。

しかし、清和院はもとより単なる建造物ではない。院司を備え、諸行事を行い、経済活動をも営む一つの准官司機構で、その点前述の諸上皇の場合と変わりはない。そこで次に清和院の組織と活動について言及する。まず院司についてみれば、元慶元年（八七七）閏二月十五日「太上天皇宮別当右大弁従四位下藤原朝臣山陰」が、太上天皇御封二〇〇〇戸の返納を上奏している。藤原山陰は春宮大進・蔵人（六位・五位）・蔵人頭として終始清和天皇の身辺に仕えた。祖父藤嗣は参議に進んだが、父高房は国司として名声を博したに止まり（『文徳実録』仁寿二年二月二十五日）、兄弟も受領の程度を出ない（『尊卑分脈』）。しかるに山陰が中納言を極官とするに至ったのは、その才幹もさることながら、天皇の愛顧を蒙ったためであろう。

山陰は譲位直後に上表して、右近衛権中将を罷めて「陪二奉前宮一」せんことを請い、いったん認められたが、間もなく右大弁の要職に任ぜられた。そこでまた上表して「専志」が太上天皇に侍するにあると訴えたが、認められなかった。[18] 元慶三年五月上皇の落飾を控えて、彼はまた上表して朝廷の勤務を退き「雲蘿之下、従二掃除之役一」ことを請うたが、これまた許されなかった（『三代実録』元慶三年五月五日）。彼はこの年参議に昇進し、摂津国班田の検校に当たるなど（同三年十二月八日）律令官人としての本務に重用されていた。しかし一方上皇の大和摂津巡礼には、朝廷の供奉させた参議源能有以下の警衛官人すべてを上皇が辞退したにもかかわらず、山陰は同僚の参議在原行平とともに供奉している（同三年十月二十四日）（行平も在位の蔵人頭で上皇に密着していた者である）。山陰が院別当として上皇に奉仕し、かつ信任された事実を推察することができよう。

院別当山陰が太政官の要職をも去らず、いわば朝廷と院のパイプとなったのに対して、清和院に常勤してその経営の主役となったのは藤原安方である。安方は貞観年中に内蔵助より内蔵頭に進み、清和朝における内廷財政の衝に当たった。[19] 内蔵頭在任者が院司となった例は、さかのぼって嵯峨上皇の場合から、下っては院政期まで多くみられるところである。[20] 安方は上皇の落飾に際し、随って出家することを勅許された（『三代実録』元慶三年五月二十五日）。清和院にはこのほか多数の「上下諸人」が勤仕していたが、[21] 後の侍者・判官代・主典代等の名称と組織がすでに生じていたかどうかは不明である。ただし院司のもとに「舎人」と「工部」各若干名が備わり、勘籍に預っていたこと、[22] 東宮以来護持僧を勤めた宗叡のような高僧が侍して講経や巡礼の「奉レ従二引導一」った事実がある（『三代実録』元慶八年三月二十六日）。

次に清和院の経営の実態を概観する。院はまず上皇の封戸を管理した。上皇には尊号と同時に御封二〇〇〇戸が充てられたが、辞退の後結局一〇〇〇戸を受けることになった。[23] 元慶四年（八八〇）三月十九日「伊勢尾張両国可レ進二清和院一封租白米一百斛」を丹波国の進官米と相博しているのは（『三代実録』元慶四年三月十九日）、清和院が封租の収納に当たっていたことを示す。

次に清和院は各地に空閑荒廃地を開発し、これを経営した。清和院または染殿宮に地を充てられた記事は、元慶元年閏二月十七日山城国愛宕郡水田九町二〇九歩、元慶元年四月十三日同国綴喜・相楽両郡荒廃空閑等田地六一町六段、元慶二年三月二十三日丹後国与謝郡仁寿元年洪水流損田三二五町三五〇《(ママ)》歩等である。この他に元慶五年三月十一日近江国浅井郡にある清和院大浦荘の墾田三八町五段一八九歩を院牒状により延暦寺に施入することがあった。その際「庄内浪人」をも同寺に寄充てているので、清和院が浮浪を招いて開発・営田を進めたことが知られる。[24]

次に清和院は朝廷より賜与される財物等の出納管理に当たった。先に触れた尊号・封戸と同日、勅によって「太上天皇宮」に「白綾二百疋、綾三百疋、白絹五百疋、絹二千疋、帛五百疋、白糸三百絇、糸七百絇、細屯綿千屯、石見綿四百屯、調綿一万屯、庸綿五千屯、細布千端、調布二千端、新銭二百貫文」の厖大な物資が奉られている。『延喜主税式』禄物価法の絹一疋直稲三〇束、糸一絇六束、綿一屯三束、調布一端一五束を適用し、該当品名なきものも一応右に準じて概算すれば、現物だけで稲一一万束を越える。これは竹島寛氏の(25)計算による一品親王の品田・食封・季禄・時服・節禄の合計年収一一万六八四四束にほぼ匹敵する。これをもって封戸の収納まで当座一ヵ年間の院の財源とする意味であったと考えられる。その他折々に財物の奉献賜与が行われたことは推察に難くない。大和巡礼に当たって「令三大和国進二米百斛於清和院一、奉レ充下太上天皇頭二陀山中一之費上」の勅があったこと（『三代実録』元慶三年十月二十日）、また崩後に故上皇の頭陀歴覧した一三ヵ寺に清和院が朝廷とは別に使者を分遣して「院物」を嚫物として功徳を修したこと（同五年正月七日）などは、その例証である。

　後者の記事は清和院が本主清和上皇の崩後に存続し活動したことの例証ともなる。この点に関してはなお、清和院の円覚寺管理の事実がある。円覚寺は後述するように上皇崩御の場所であって、元慶五年勅によって官寺とされ（『三代実録』元慶五年三月十三日）、しばしば手厚い保護が加えられたが(26)、なお仁和二年（八八六）六月二十日清和院稲一〇〇〇束直新銭二〇貫文を山城国の正税に加挙し、その息利を長明燈料に充てた。これはこれより先清和院が「明燈末レ供、暗夜難レ照」き寺の状態を申牒したことが認められたもので、清和院が上皇の崩後も存続して、活動していたことを示すのである(27)。

　以上の略述によって、清和院が単に上皇の御在所たるにとどまらず、上皇に奉仕する准官司として、院司による活発な経済的機能を発揮していたことが理解される。清和院が冷然院以下の諸院と同様に院宮権門の土地集積に参加し、公地公民制の崩壊を促進したことは明らかである。ただし院宮の律令体制解体に及ぼすもう一つの影響である政治への口入は、清和上皇の場合はほとんど見られない。これは前述のごとく上皇が生涯を通じて藤原氏の擁護と束縛のもとにあったこと、および後述のごとく仏道修行に専念しかつ短命であったことから当然である。

嵯峨・宇多両上皇などに比すべくもない、清和上皇のこのような立場が、清和院の活動を制約しその衰退を早めたことは容易に推測できる。まず上皇が清和院を御在所としたのは、わずか二年半の短期間にすぎなかった。元慶三年（八七九）五月四日上皇は粟田院に遷御した。これは「右大臣藤原朝臣（基経）之山荘」で「鴨水東」つまり洛外の勝地にあった。この遷御は落飾のためで、やがて大和・摂津両国の諸寺を頭陀巡幸して元慶四年三月十九日水尾山寺に入った。上皇は水尾を「終焉之地」と定め（『三代実録』元慶四年十二月四日）、ここに御室を造営することとし、同年八月二十三日帰京して嵯峨の棲霞観に入った。これは左大臣源融の山荘である。しかし水尾入りを決意した後の上皇はほとんど断食修行に徹したため急速に健康を損い、同年十月二十五日棲霞観から旧粟田山荘すなわち円覚寺に遷り、間もなく十二月四日に崩じた。すなわち上皇は出家以来清和院を捨てて顧みなかったのである。

本主清和上皇のこうした脱俗的生活態度は、必然的に清和院の経済活動をも制約した。元慶四年二月二十五日、去る貞観十九年に院に充てられた百姓口分幷墾田九町二九〇歩（前引）を上皇の勅によって公家に返納しているのは、その一例であろう。[28] 基経が良房とちがって律令土地制度の維持に努力したことは周知の事実であるが、これと摩擦を生ずる院宮権門的活動は、清和院の場合は薄弱であった。清和院が、所領経営を継続して中世に至る淳和院の場合と対照的に、『平安遺文』等に全く姿を現わさないのはこの故であろう。

したがって清和院の衰退過程は明瞭ではないので、管見に入ったわずか二、三の史料を挙げて博雅の示教を待ちたい。『栄花物語』（御裳着）に、治安三年（一〇二三）道長が太皇太后彰子のために田植御覧を土御門殿に催した記事があり、「この殿の御廏の秣の田は、殿の北辺《きたわた》り清和院のもとにぞ植へける」とある。退転した清和院の跡が土御門第の秣田に変わっていることがわかる。これより先、『左経記』寛仁四年（一〇二〇）二月二十日条には、中河御堂の梵鐘が「於二清和院一被レ鋳」との記事がみえる。(29) これも道長時代に清和院の跡が空閑地化していたことを示す。『御堂関白記』長和二年（一〇一三）十二月二十四日条に、中宮少進藤原惟信が中宮侍長藤原惟兼に襲撃された記事があり、その場所が「清和院西方」とあるのも、荒廃した院の有様を推察すべきことに思われる。(30)

もっとも、さらに下って院政時代の歌人源経信の『大納言経信集』に、

皇后宮の清和院に渡らせ給てありけるに、月のあかき夜まいりて遊びなどし侍て、又の日、女房のかくてをこせたりし

秋風にふきあはすれば笛のねも　月の光もさやけかりけり

とある。ここには明らかに清和院が復興再建されている状態がうかがわれる。この「皇后宮」は頼通の女で後冷泉天皇の皇后となった寛子とみられるから、前引の諸史料で清和院の地が道長の領有とみられることと考え合わせると、清和院が道長から頼通に伝領され、その間に殿舎の再建があったようにもみえる。しかし、経信の子の俊頼の『俊頼口伝集』（『続々群書類従』十五）に、「遍照寺の御簾のへりに、そのしのぶずりをすられてありしを、四五寸ばかりきり取て、故大納言清和院の山庄のみすのへりにせられてありしを、よの人申けり」とみえる記事によれば、清和院は大納言経信の領有する別業であったようである。経信は道長の岳父源雅信の弟右大臣重信の孫で、この一流は富裕と風流をもって聞こえていたから、清和院の地を買得して別業を造営したのかも知れない。しかしそれはおそらく後のことで、道長までは清和院の地は藤原氏主流の領有に帰していたものと一応推定すべきであろう。清和院が皇室に帰属して宇多源氏に早くから伝領されたものとは、私は今のところ考えない。このことは清和院が元々摂関家の染殿第の内に設定された由来（上述）を考えれば、当然の帰趨であろう。

むすび

論点が多岐にわたったが、要するに文徳・清和両天皇の御在所を通じて推定されることは、①文徳天皇が全く内裏に入ることなく、特に在位の後半は離宮冷然院に常住したこと、②この事実から、天皇が外戚良房に制約されて親政の実を挙げることがなかったと推定されること、③清和天皇が元服後も東宮に居住して母后明子の庇護のもとにあり親政の実がなく、やがて内裏に入って後間もなく応天門の変によってまた親政の実を失ったこと、④譲位後も故良房の染殿第の内に御在所清和院が設定され、基経の粟田山荘が用いられるなど、依然として藤原氏にその生活を擁護、規制されたこと、⑤したがって清和院のいわゆる院宮権門的活動は、経済的にも低調かつ短命であり、まして政治的圧力は皆無であったこと等である。

平安時代前後の太上天皇の中には、強大な力を政治・文化上に及ぼした諸上皇と、ほとんど貴族社会の疎外者的位置に追いやられた諸上皇との顕著な対照をみるが、清和上皇は第三の中間的タイプとみるべきであろう。すなわち外戚藤原氏に擁せられてしかるべき礼遇を受けてはいたが、心身の欠陥から皇室家父長としての力を発揮することがなかったのである。これに対して文徳天皇はもし長命して譲位もあったと仮定すれば、藤原氏を外戚としたにもかかわらず意外に大きな対立を生じたかも知れないと想像される[31]。皇室の家父長嵯峨上皇の巨大な存在が失われてから、急速に良房の政治力が増大してゆく変化の陰には、皇位と外戚の板挟みとなった文徳天皇の微妙な立場があったのではなかろうか。両天皇について如上の叙述を試みながら、始終私の念頭を去来したのは、このように良房の権力が急速に伸張した経過とその理由であって、承和の変や応天門の変についても、史料の語らざる視角からの多角的な究明が今後必要と考える。

注

（1）竹内理三「貴族政治とその背景」（『律令制と貴族政権』Ⅱ所収）。
（2）岸俊男氏の『日本古代政治史研究』序における、「政治史的考察が恣意的な解釈に陥りがちなのを自戒し、（中略）それぞれの場合に適した方法を摸索しつづけた」という方法論的立言は、その見事な諸成果とともに銘記されるべきであろう。
（3）拙稿「阿衡問題の周辺」（本書所収）。
（4）『続日本後紀』承和元年以降各年正月二十日条参照。
（5）拙稿「政治史上の嵯峨上皇」（本書所収）。
（6）『文徳実録』天安元年四月戊辰朔に「東釣台」に宴飲の記事あり、「西釣台」の存在も当然予想される。
（7）拙稿「在原業平の歌人的形成」（『平安文化史論』所収）。
（8）彦由一太氏「文徳帝急崩事情と前期摂関政治の成立」（『政治経済史学』二〇）は、文徳帝の崩御を良房の弑逆と想定しておられる。その着眼には鋭いものがあるが、賛否は保留せざるをえない。なお福井俊彦氏（「藤原良房の任太政大臣について」『史観』七五）は、任太政大臣を天皇の病弱に帰しておられる。氏が論拠とされた『文徳実録』天安二年（九月）甲子条の「聖体羸病、頻廃二万機一」の評語は全くの虚妄とはみられないが、こうした表面的記事によって政治史の真相を推定しがたいことは本稿の冒頭で述べたところである（ついでに言う。福井氏は論文四二頁注5で、惟仁親王立太子が「良房の強引なはたらきかけ」によるという通説に対して目崎が「やや否定的見解」を述べたと記しておられるが、ここには誤解がある。私も惟仁立太子に対して「時人のとかくの批判はあった」ことを認めている〔『平安文化史論』一九一頁〕。しかもなお、別に数年後に皇太子争いが起こったことを東松本『大鏡』裏書等の史料批判によって推定し、通説には両者の混乱があることを指摘したのである）。
（9）もっとも明子はこの時正確には女御で、十一月七日即位の際皇太夫人となった。『三代実録』はさかのぼって記したものと考えられ、この「皇太夫人」をすでに皇太后であった順子とみることはできない。
（10）この場合「天下ノマツリコト良相ニウチマカセテ」を、良相が摂政的地位についたとすべきではなく、廟堂の実力者が左大臣源信よりも右大臣の良相であったという意味に理解すべきであろう。天皇が伴善男を信任する「失錯」をおかしたというのは、親政を前提としての言辞である。

(11) 和田英松「国史より見たる摂政」(『国史国文の研究』所収)。

(12) 竹内理三「摂政・関白」(注(1)前掲書所収)。

(13) 拙稿「在原業平の歌人的形成」第二章「在原行平について」第四節註5参照。

(14) 角田文衛氏は、清和天皇の後宮の分析によってこの点を指摘された(「藤原高子の生涯」㈢『伝統と現代』一―三所載)。

(15) 嵯峨上皇については注(5)前掲論文、宇多上皇については「宇多上皇の院と国政」(本書所収)。

(16) 『古今和歌集』春上に「そめどののきさきのお前に(中略)さきのおほきおほいまうちぎみ(良房)」の詞書がある。

(17) 「藤原高子の生涯」㈡(注(14)前掲書所載)。

(18) 『三代実録』貞観十八年十二月八日、元慶元年正月五日、同年閏二月三日各条参照。

(19) 同貞観四年正月十三日、同七年正月二十七日各条参照。

(20) 河野房男「白河・鳥羽両院政下の任内蔵頭について」(『日本歴史』二〇四)。

(21) 同元慶四年十二月七日条に、上皇の葬送に「清和院上下諸人」が「縞素」したことがみえる。

(22) 同仁和元年十二月二十九日条に、「陽成院舎人二十人、工部十人、准二清和院例一、預二于勘籍一」とある。

(23) 同貞観十八年十二月八日、元慶元年四月二十日、元慶三年二月十七日および二十九日条等。

(24) なお同元慶四年八月六日条に、「去貞観十九年二月十五日、令二和泉国一、充二奉徭二十人於清和院地黄園一、至レ是、加二十人一為二三十人一」という記事がみえる。

(25) 竹島寛「王朝時代に於ける皇親の御封禄制度と御経済状態」(『王朝時代皇室史の研究』所収)。

(26) 同年四月三日山城国愛宕郡八条野尻里空閑地五段を勅施入され、同年七月二十二日白米一百斛、黒米一百斛を造仏造寺等料に勅賜され、元慶六年十二月四日嘶綿四百十一屯を御季料に充てられ、元慶七年六月二十九日備前国御野郡の円覚寺荘常荒田四十九町百十二歩が不輪租と認められた等。

(27) 『三代実録』元慶五年十二月四日条に、「清和院奉二為太上天皇一、於二円覚寺一、設二周忌御斎会一、供二養一切経一、太上天皇在祚之日所二書写一也、王公朱紫、傾レ都会集」とある記事の「清和院」を、朝日本頭註は狩谷棭斎に従って後人の傍注とするが、そう考える必要はない。

(28) 同元慶四年十二月十日条に、初七日の諸寺への布施に「先皇遺詔、不レ欲レ費二官物一、故用二内蔵寮綿一、別修二此事一」とみえる等も参照される。

(29) 山本信吉氏の教示による。

(30) 『枕草子』(家は)に「そめどのの宮、せかい院」とあるのは、存続の証とはならないであろう。

(31) 角田文衛氏が陽成天皇の異常な性格・行動について、外戚との対立関係から再考を促されたのは(「藤原高子について」『日本歴史』一四三、一四四)、こうした文徳天皇の場合と思い合わせて傾聴すべき所がある。

光孝天皇の御事蹟について
――千百年祭御進講草稿――

1　一品時康親王の経歴

ここに光孝天皇千百年祭に当たり、その御事蹟の概要を申し上げます。

光孝天皇(1)は御在位の年号に因んで「仁和の帝」、また、山陵の地に因んで(2)「小松の帝」などの御名もありますが、諱を時康親王と申されました。仁明天皇の第四皇子として、天長八年（八三一）に誕生されました。生母は、仁明天皇に最も寵愛された紀伊守藤原総継女沢子であります。

光孝天皇が、御歴代の中でも殊に多くの国民に親しみをもって仰がれましたのは、『小倉百人一首』の、

君がため春の野に出でて若菜摘む　わが衣手に雪は降りつつ

の御製によってであります。百人一首には天智天皇をはじめ御製八首がありますが、中でもこの「君がため」の一首の、ゆたかな人間性の表現と、清らかにしてのびやかな調べは、国民的愛唱歌と申し上げても過言ではあるまいと存じます(3)。

元来この御製は、『古今集』巻一に、

仁和の帝、親王《みこ》におましましける時に、人に若菜たまひける御うた

という詞書をもってみえるもので、すなわち天皇が即位される以前の作でありました。光孝天皇の即位されたのは五十五歳、当時の通念では老境に入られてからで、しかも五十八歳で崩御されますので、治世はわずかに三年半に過ぎません。したがって生涯の大部分を親王として送られましたので、政治上の御事蹟はほとんど申し上げるべきものがありません。しかし、その人格と才能については、正史『日本三代実録』[4]に、

天皇少《わか》くして聡明、好みて経史を読む。容止閑雅、謙恭和潤、慈仁寛曠、九族を親愛す。性、風流多く、尤も人事に長ず。

と称えられたとおりで、学問を好み風流を愛された、この非凡の資質は、文化の上に注目すべき貢献をされました。この点は後にくわしく申し上げます。

天皇の父仁明天皇は、嵯峨天皇の皇子でありますが、嵯峨・淳和・仁明三天皇の弘仁・天長・承和の約三十年間は、古代史に比べるものを見ない太平の時期でありました。日本歴史を通じましても、鎖国の江戸時代を暫く措けば、戦後四十余年の平和に次ぐ安定であります。この間に嵯峨天皇を中心として宮廷の文化は華やかに開花いたしました[5]。時康親王はこの間に生を享けられ、十六歳の時、清涼殿の仁明天皇御前において元服されました。次いで四品の位を授けられ、累進して元慶六年（八八二）五十三歳の時、一品に昇進されました。この間に、中務卿、式部卿、大宰帥、常陸・上野の太守など、親王の任ぜらるべき官職を歴任されました。殊に一品親王の礼遇は太政大臣と同格でありますから[6]、時康親王は皇族の筆頭として、朝廷に重きをなされるに至ったのであります。

2　皇位継承の経緯

時康天皇が一品に昇叙された二年後に皇位を継承されたのは、元慶八年二月四日、陽成天皇が病気を理由として突如退位されるという非常事態が起こり、その際群臣の総意による推戴を受けられたためであります。

陽成天皇の退位の事情は、『三代実録』(7)に、「禁省の事秘にして、外人これを知ること無し」と記され、まして後世からはみだりに測り知ることはできませんが、ある歴史家は、太政大臣藤原基経のひきいる政府と、基経の妹に当たる陽成天皇の生母、藤原高子皇太后のひきいる宮中との対立が激化した事を、根本原因と推定しております。(8)従うべきかと思われます。

この際、時康親王が多くの皇族の中から推戴されたのは、第一に皇族の筆頭たる一品親王の地位におられたこと、第二に基経が早くから時康親王の人格に深い敬意を抱いていたことによるものと考えられます。たとえば、『大鏡』に、次のような逸話がみえております。

基経の父良房の催した大饗に、給仕人が粗忽にも主賓にさし出す御馳走を取り落し、あわてて時康親王の御前の物を取って主賓の前に据えました。その時、親王はただちに御前の燈火をかき消し、失態が一同の眼にふれるのを防いでやられました。末席で見ていた若き日の基経は親王のふるまいの見事さに感嘆したというのであります。基経はその母が親王の生母沢子の姉妹でありますが、(9)こうした血縁の親しみだけでなく、親王のすぐれた人格・才能を知悉していたわけであります。

かくて群臣は神器を奉じて時康親王の宮に参上しましたが、親王は容易に請いを容れられず、一同はついに夜を徹して懇願を続けました。翌二月五日基経が参上しましたが、彼はすでに先帝より賜わった剣を腰からはずしておりました。これを見て時康親王の兄弟に当たる兵部卿本康親王や嵯峨天皇の皇子である左大臣源融ら、いずれも皇位継承の資格ありと自負する人びとは驚いてこれに倣い、三名は時康親王から帯剣を賜わりました。ここに親王は意を決して推戴を受けいれ、東宮に入られました。大極殿に即位されたのは、二月二十三日であります。

3　天皇と藤原基経

光孝天皇が即位されますと、太政大臣藤原基経は先朝当時と打って変わって政務に精励し、たとえば五月五日の端午の節会には、みずから勅を奉じて内弁（司会者）の役を勤めました。しかるに、律令には太政大臣について「一人に師範し、四海に儀型たり」、すなわち天子の道徳の師、四方の民の模範となる者と規定され、太政官の実務は左大臣以下が担当するものとされておりましたので、はからずも太政大臣の職掌について疑義を生じました。

そこで天皇は文章博士菅原道真をはじめ諸道の学者に対して、太政大臣の職掌の有無と大唐の何の官に相当するかを諮問されました。彼等の意見はほぼ一致して、太政大臣には特に担当すべき職務はないが単なる礼遇でもなく、太政官組織の一員であるというものでありました[10]。かく慎重な検討を経て、天皇は基経に次の詔を下されました[11]。

今日より官の庁に坐して、万《よろず》の政を領《うしは》き行い、入りては朕が躬《み》を輔《たす》け、出でては百官を総《す》ぶべし。奏すべき事、下すべき事、必ず先づ諮《と》ひ稟《う》けよ。朕将《まさ》に垂拱して成るを仰がんとす。

この詔は大政を基経に一任することを表明されたものであります。「関白」という言葉はこの詔にはまだみえず、それは次の宇多天皇が先帝と同様に基経に大政を委ねられた詔に始めて出るのでありますが、この光孝天皇の詔は関白の事実上のはじまりと認められております[12]。

この事は光孝天皇の温和で謙譲な人柄と、基経の強い権力意志によって起こった異例の事態でありますが、もともと天皇と基経は「君臣水魚の交り」ともいうべき深い信任で結ばれておりましたために、御在位の間は何らの摩擦を生ずることなく円満に推移いたしました。

光孝天皇はこれより先即位の直後、すべての皇子・皇女に源の姓を与えて臣籍に下し、御自身の子孫に皇位を継承させる意図の無いことを表明されました。(13) これはひそかに皇位を望んだ諸皇子の心をなだめる、慎重な配慮のあらわれでありました。

しかし、やがて光孝天皇が重病にかかられ、命旦夕に迫った時、天皇は第七皇子源定省に皇位を継承させたいと強く希望されました。定省は天皇の最も寵愛された女御班子女王から生まれ、しかも抜群の優秀な資質に恵まれた皇子であったからであります。基経はその気鋭な点にかえって不安を抱き、いったん臣籍に下られた事を理由として難色を示しましたが、基経の妹、尚侍藤原淑子はかねて定省を養育し、また文章博士橘広相は定省の学問の師を勤めておりましたので、両名は奔走して基経の翻意を促しました。(14)

そこで崩御直前に源定省は親王に復帰し、皇太子に立てられました。すなわち宇多天皇であります。宇多天皇の御記(15)によれば、光孝天皇は左手に皇太子の手を、右手に基経の手を取られ、卿の子のごとく輔弼せよと付託され、仁和三年(八八七)八月二十六日崩御されたのであります。

4　文化上の御事蹟

次に、光孝天皇の文化上の御事蹟を、かいつまんで申し上げます。

天皇は父仁明天皇の承和の盛時を回顧し、その旧儀を復興することに意を用いられました。けだし仁明天皇崩御の後、文徳・清和・陽成三朝は、各天皇が病弱あるいは年少であられたため、宮中の諸行事はやや衰退の気味があったからであります。『三代実録』[16]は、天皇が即位後東宮から内裏の仁寿殿に入られた際、庭に竹木を植え砂を敷き水を引かれたことを記し、「承和（仁明）の天子の旧風に倣ふ」と特筆しております。けだし、内裏のみやびの始まりであります。

基経はこの天皇の方針を体し、仁和元年（八八五）五月、「年中行事の御障子」[17]を献上いたしました。これは内裏の内外で正月より十二月までに行われる、恒例の行事の目録を記した衝立でありまして、その後ながく清涼殿に安置されました。宮中の年中行事は宇多・醍醐・村上の三天皇によって著しく整備され、その後の公家は延喜・天暦の世を「聖代」と仰ぎ、いわゆる「有職・故実」の学はこの二代を復古の目標と看做して明治に至りました。しかし、この「聖代」への出発は、実に光孝天皇にあったと考えられるのであります。

光孝天皇が和歌にすぐれられたことは、前述のとおりであります。天皇の家集『仁和御集』は宮内庁書陵部に伝わっておりますが、わずか十数首にすぎず、秀歌の大部分が散逸したと思われることは、惜しみても余りあるところであります。勅撰集には古今・新古今等に一四首みえます。
天皇が和歌の道に入られたのは、六歌仙として有名な僧正遍昭の感化によるものではないかと考えられます[18]。遍昭は俗名を良岑宗貞といい、桓武天皇の孫に当たります。仁明天皇の蔵人頭として仕えておりましたが、急な崩御に逢い、哀悼の余り天皇に殉じて出家しました。比叡山に登って密教の修行に励んだ後、宮中の護持僧として玉体の安穏を祈り、また僧正の地位に昇って僧侶の統制に努めました。その一方和歌をよくし、洒脱な機智にふれた歌風は、『古今集』の特徴を導き出したものであります。

『古今集』のある歌の詞書[19]によれば、時康親王はある時大和石上の布留滝を見におもむかれ、その折遍昭の母のもとに立ち寄って、昔話にふけられたことがありました。このような事から察するに、光孝天皇は幼少のみぎり、遍昭の母を乳母として、石上で成長されたものと思われます。したがって天皇は十五歳年長の遍昭から輔導を受け、特に和歌の手ほどきも受けられたと推察されるのであります。[20]

この浅からぬ縁によって、仁和元年の暮、天皇は僧正遍昭の七十歳の賀を仁寿殿に催され、[21]祝いの御製を贈られ、[22]「徹夜談賞」されたと伝えられております。まことに君臣和楽のうつくしい情景であります。

光孝天皇は管弦の道にもすぐれ、特に和琴をよくされました。[23]嵯峨天皇に親しく管弦の教を受けた侍臣なにがしから伝授を受け、しばしば和琴を演奏され、また唱われたのであります。[24]

光孝天皇は相撲を事のほか愛好されました。親王の時相撲司の別当を勤められたこともありますが、御在位の間毎年相撲司を任じ、宮中で盛大に相撲を催されました。

光孝天皇は仁和二年の冬、平安京郊外の芹川野に行幸され、鷹狩を行われました。これは桓武天皇以来さかんに行われた旧儀が、仁明朝を最後に廃れていたのを復興されたもので、芹川野行幸は後世の語り草となっております。[25]

光孝天皇はまた仏教の信仰篤く、ゆかり深い西山に御願寺の造営を開始されました。宇多天皇が先帝追善のため御願を継承され、完成して仁和寺の寺号を賜わりました。そして、宇多天皇は醍醐天皇に譲位された後、仁和寺に御室を設けて御在所とされ、以後仁和寺は真言宗の有力寺院として現在に至っております。[26]

光孝天皇の文化上の御事蹟は、以上のごとく多彩をきわめました。

むすび

以上申し上げた事を要約いたしますと、光孝天皇の御在位は短期間で、政治上の御事蹟は多しといえませんが、後世の日本文化の規範となった王朝の和風文化[27]の源を開かれた、その文化上の御事蹟は、きわめて大きな意義をもつと申し上げねばなりません。

北畠親房は『神皇正統記』に、

光孝ヨリ上ツカタハ一向上古也。ヨロヅノ例ヲ勘フルモ、仁和ヨリ下ツカタヲゾ中スメル。

と記しました。これは光孝天皇より以前は古き昔であるとして一線を画し、光孝天皇の仁和以後を四百年後の彼自身の時代においても、朝儀万般の先例として尊重すべきことを指摘したのであります。親房はその理由について、

上ハ光孝ノ御子孫、天照太神ノ正統トサダマリ、下ハ昭宣公（基経）ノ子孫、天児屋ノ命ノ嫡流トナリ給ヘリ。

として、皇位の正統と摂政・関白が輔弼に当たる体制がここに定まったことを挙げておりますが、現代においてはさらに視野を広げて、朝廷の儀礼や文化全体が仁和以後面目を一新し、やがてその伝統が武家や庶民にまで広く深く浸透し、わが民族文化の中核となった点を注目すべきであろうと存じます。

いまこの点を詳細に申し上げる時間はありませんが、たとえば光孝天皇の詠まれた「若菜」を摘むことは、古くから民間に行われた習俗でありましたが、宇多天皇によって正月七日に若菜を天皇に奉る行事として、宮中に取り入れられました。「若菜」はかくして宮中の年中行事として洗練された後、再び民間に出て、「七草粥」として現在まで広く行われるようになったのであります。こうした例は数多くみられます。(28)

近年、醍醐天皇によって勅撰された『古今集』をはじめ、代々の勅撰集は、日本文学史に重要な意味をもつものとして、頓に再認識されつつあります。(29)その『古今集』勅撰への道を切り開かれたのは宇多天皇でありまして、母后班子女王の宮や兄是貞親王の宮で大規模な歌合を催され、これらを通じて国風の振興を図られ、それが醍醐天皇に至って実を結んだのであります。しかるにこの『古今集』に御製の収められたのは、光孝天皇の二首、すなわち「君がため」の歌と遍昭に賜わった賀の歌だけでありまして、これは光孝天皇こそ和歌復興の端緒を開かれた方であるという

事実が、当時明確に認識されていたことを示すのであります。

年中行事・和歌は申すまでもなく、絵画・建築・作庭・書道・音楽・服飾その他、文化領域全般にわたって、平安時代の宮廷を中心として、いわゆる和風の文化が創り出されました。そして、この和風文化こそ、固有の文字たる仮名の出現に象徴されるように、わが民族文化の創始でありまして、しかもその後一千年間にわたって各時代の文化の「古典」となったものであります。[30]今後この点の再評価がさらに進展いたしますならば、その出発点に位置される光孝天皇の御事蹟は、一段と重みを加えるであろうと考えられます。

ここに光孝天皇を偲びまして、御事蹟の一端を申し上げました。

注

（1）『日本紀略』寛平元年八月五日条に、「光孝天皇」と追謚された旨がみえる。
（2）『大日本史料』一―一、仁和三年九月二日条。
（3）たとえば島津忠夫『百人一首』参照。
（4）『三代実録』巻四十五、光孝天皇即位前紀。
（5）拙稿「宮廷文化の成立」（『王朝のみやび』所収）。
（6）竹島寛『王朝時代皇室史の研究』。
（7）『三代実録』元慶七年十一月十日条。
（8）角田文衛「陽成天皇の退位」（『王朝の映像』所収）。
（9）拙稿「基経の母」（本書所収）。
（10）『三代実録』元慶八年五月二十九日条。
（11）同六月五日条。
（12）竹内理三「摂政関白」（『律令制と貴族政権』所収）。

(13)『三代実録』元慶八年四月十三日条。
(14)菅原道真「奉昭宣公書」(『政事要略』三十)。
(15)『宇多天皇御記』仁和四年六月二日条(『史料大成』歴代宸記所収)。
(16)『三代実録』元慶八年二月二十八日条。
(17)「年中行事御障子文」(『続群書類従』公事部所収)。
(18)拙稿「僧侶及び歌人としての遍照」(『平安文化史論』所収)で詳細に論証した。
(19)
仁和のみかど、みこにおはしましける時、ふるのたき御覧ぜむとておはしましけるみちに、遍照が母の家にやどりたまへりける時に、庭を秋の野につくりて、御物語のついでによみてたてまつりける　僧正遍照
里はあれて人はふりにし宿なれや　庭もまがきも秋の野らなる　(『古今和歌集』巻五、秋歌上)
(20)山口博氏(『王朝歌壇の研究』嵯峨仁明光孝朝篇)は、「時康親王サロン」の存在を推定し、紀友則らをもこのメンバーに加え、これを『古今集』への一源流と見なしている。示唆に富む見解である。
(21)『三代実録』仁和元年十二月十八日条。
(22)『古今和歌集』巻七、賀歌に、
仁和の御時、僧正遍昭に七十の賀たまひける時の御歌
かくしつつとにもかくにもながらへて　君がやちよにあふよしもがな
(23)和琴は外来の箏と異なる固有の楽器で、神楽・催馬楽等の伴奏に用いられた。天皇をはじめとする上層貴族における管弦の熟達は、後のいわゆる「御遊」の濫觴として、日本音楽史におけるその意義を注目すべきであろう。
(24)『三代実録』貞観六年二月二日高橋朝臣文室麻呂卒伝、同仁和二年十月二日条。
(25)『三代実録』仁和二年十二月十四日条。『俊秘抄』『宝物集』『神皇正統記』。
(26)平岡定海『日本寺院史』。
(27)通常「国風文化」の語が用いられるが、かならずしも適当な用語ではないこと、村井康彦氏(「国風文化の創造と普及」岩波講座『日本歴史』古代4)の指摘されたとおりである。
(28)山中裕『平安朝の年中行事』。

(29) 大岡信『紀貫之』、丸谷才一『日本文学史早わかり』等。

(30) 王朝の宮廷を中心として創造された和風文化が、中世・近世を通じて諸階層の生活と文化に強い影響力を持続した事実は、今日いちじるしく閑却ないしは軽視されていると思う。それは明治・大正以後における『古事記』『万葉集』と飛鳥・天平の仏教文化の国民的人気に比較すれば、まことに対照的である。

『古事記』『万葉集』がそれ自身すぐれた古典であることはいうまでもないけれども、これらが平安時代以後ほとんど忘却され、後世の文化に影響を与えることなく埋没していたことも、歴史的事実として直視せざるを得ない。しかるに、これを再発見した近世の国学は、王朝文化を継承した中世歌学の迷蒙を批判し克服することを学問的出発点としたために、いきおい親房のいわゆる「上古」のみを極度に尊重する尚古主義に傾いた。そして、その思想に基づいて、維新政府は「復古」の目標を伝統的な「延喜天暦の聖代」から突如「神武創業の昔」に切り替えた。ここに実現された国是が、大日本帝国憲法の示すように、戦前の国家体制の原理として定着したことは申すまでもない。近代における有職故実の学問的研究の衰微や『古今集』の価値喪失などは、こうした潮流に圧倒された結果であろう。

したがって、王朝の和風文化を、その近代に至るまでの永く深い影響を視野に入れて再検討することは、戦後における日本文化論の不可欠の課題であったはずである。戦後四十年にして、この課題への取り組みは遅ればせながら緒に就いたというべきであろうか、あるいはなお市民権を得ていないというべきであろうか。ともあれ、これは皇室論、象徴天皇制論としても重要な論点であろう。以上の見解は、先に拙著『百人一首の作者たち―王朝文化論への試み―』でも述べたが、この度光孝天皇の御事蹟を進講するに当たって、ひそかに考察の基礎と力点をそこに置いたことを補説しておく。

〔付記〕 本稿は昭和六十二年九月十八日午後、宮殿竹の間における昭和天皇への御進講の草稿である（なお、光孝天皇和歌の伝存状況、「若菜」以外の同様な年中行事の例、および平安朝の相撲と現代の相撲の相違の三点について御質問があった）。同様な行事は歴代天皇の百年祭の都度行われたと仄聞するが、その内容の公表されたものは管見に入らないし、また当日夕刻に御入院・手術の宮内庁発表があり、はからずも昭和における最後のこの種行事となったので、昭和史の一史料の意味もあって大学の紀要に掲載したものである。補注はその際付加した。行事の性質上、用語・文体が多少異なり、立ち入った考証を行ってもいない。ただし全般の論旨や、補注(30)に述べた王朝文化に関する私見に対しては、学界の批判を得たい。

宇多上皇の院と国政

1 序説

(1)

近着の雑誌『日本歴史』二三八号の座談会をみると、竹内理三氏が摂関政治の本質に関連して、「院政は天皇家と摂関家というのではなくて、もっと個人的なところから出てくるのかな」と発言し、土田直鎮氏もこれに賛成し、橋本義彦氏はさらに敷衍して、「裁断を下すのは、あくまで上皇」であることを強調されている。三氏がそろって「上皇の個人的な性格」に考慮を払われたのははなはだ興味深い(1)。

もとよりこのような上皇の「個人的性格」は、院政期に至ってはじめてみられるものではない。その政治的比重は院政期と比較にならないにせよ、平安時代には嵯峨上皇・宇多上皇などすこぶる大きな政治力を発揮した上皇があらわれている。そしてそうした上皇があらわれなかった十一世紀に、摂関権力のあのような伸長がみられたのも偶然ではあるまい。そもそも、いわゆる延喜天暦までの天皇親政が摂関政治へ変化したというのは古くからの通念であるが、立ち入って実情をみれば、律令制において確立していたはずの天皇の国政上の権威は、上皇ないしは広く院宮の存在によって早くから脅かされつつあった。いわば九世紀以降における律令体制全般の解体現象の一環として、在位の天皇の権威も解体する方向をとったのである。この意味において、院政期以前の太上天皇の究明は平安時代政治史の理解のために重要な意義を持つ。その一部として、いわゆる延喜の治の背後に大きな存在となっていた宇多上皇について覚書を記すことにする。

(2)

宇多上皇の地位について早く注目されたのは龍粛氏である。氏は次のように強調された。

されば延喜の治を伝えた諸文献は、当代の元首たる醍醐天皇の治績を称し、この聖代の出現をもって一に聖主の功業に帰した。しかし当時の実情を推察すれば、この延喜の治の背後に、さらに大きな蔭の政治力の存在していたことを看過し得ないのであって、この蔭の力はほかならぬ前代の宇多天皇である。宇多天皇は、延喜の世には、上皇、後に法皇として、不断に国政に叡慮を注がれつつ、次の朱雀天皇の御代の初年にまで及ばれたことが窺知される。(2)

この指摘は全体としてはきわめて卓見である。そして龍氏は「国政への叡慮の内容」として、①基経が詔命を左右したような「不祥事の再現を抑える」ために「三十一歳の壮齢」をもって譲位したこと、②寛平遺誡と菅原道真の登用によって「政治関係の処置」に関与したこと、③道真左遷後も、東寺年分度者の増加など上皇の「御発言は頗る重きをなし」、時平も上皇との「対立情勢の緩和に腐心」したこと、④早くから上皇の「侍側に奉仕」した忠平の執政期に、宇多上皇の政治関係の動静はふたたび著しくなったこと、⑤醍醐天皇の遺詔によって朱雀天皇初政には上皇と忠平によって政務が進められたこと、⑥いわゆる延喜の治のうちでも特に有力な意見封事徴召と『古今和歌集』勅撰は、ともに宇多上皇によって「推進され」、あるいは上皇の「叡旨がその淵源をなしていた」と推量されること、以上の諸点を挙げ、こうした点を総合すれば、「当時はまだ院政の呼称はなく、後世の院政の実態とも相違はあるが、譲位の君が御子今上の御輔導に重大な関心をもって尽くされたことは、宇多法皇に始まったといえるように思う」と論断された。

この説は宇多上皇の政治的地位についてはもとよりのこと、常識的な延喜聖代観への批判としても傾聴すべきものである。しかし宇多上皇の譲位の理由や、氏のいわゆる「今上の御輔導」に関連する上皇の実生活の具体相や、その国政関与の実態と推移については、必ずしも龍氏の説を無条件に肯定することはできない。本稿では右三点のうち後二者について私見を述べたいが、予備的にまず譲位事情をめぐって上皇の精神構造に簡単に触れておこう。

(3)

宇多天皇の早い譲位の理由について、旧説は大体において藤原氏との対立をその主たるものとみなしている。川上多助氏が、「上皇がかくの如く政治に御励精あらせながら、一面に於て御譲位の事を思召されたとしたならば、そこに何等か特殊の事情のあつたことを想像せねばならぬ」と述べ、「特に御多病であつた訳でもなかつた」し、「ひたすら御信仰に走らむとせられたものとも思はれない」から、「その主なるものは、恐らくは藤原氏一派の上皇に対する反感ではなかつたであらうか」と推定し、その反感は結局時平が道真の下風に立つことを好まなかったことと、寛平期の地方政治改革案が藤原氏の利害と相容れなかったことに帰すると考えられたのは、その代表的学説である(3)。

近年上横手雅敬氏は後者についてさらに分析を加え、寛平の治の主体を「宇多天皇を中心とする賜姓皇族・下級官人出身者の連合勢力」と把握し、その政治方針が「律令制的収取の確保を意図しながら、而も国司に対する責任を強く問わない」もので、そのかわりに「王臣家と百姓との結合、王臣家の国務介入を排除する」ことに重点を置いたことを強調された。そして一方藤原氏はすでにこの時点において「律令制の最高官職にあり乍ら而も一個の権門として成長しつつあった」から、寛平の諸政策は「政府の要職を誰が掌握するかという点においても、律令制維持のための攻撃目標を国司におくか、権門におくかという政策面においても、藤原氏と対立せざるを得ない」ものであったとした。(4)氏によれば「寛平期は皇室権力の強化が図られた最後の時期で、延喜天暦期はその幻影にすぎない」ことになる。この考察は当代政治史の観点を単なる官職争奪面から政策の対立面にまで拡大した点で傾聴すべきもので、藤原氏の権門化という認識も異論のないところであろう。ただ、龍氏説のように延喜の治の背後にも宇多上皇の厳然たる存在を想定するならば、寛平の治のそうした方針がなぜ時平の死後上皇が健在であった二十余年間に復活しなかったかの疑問が残る。また寛平の治の挫折した原因について、上横手氏は「結局連合の脆弱さに求められる」と指摘された。後の院政期における上皇受領層の結び付きと対比して一般的にはたしかにそのようにいえるが、氏が触れられなかった譲位の原因自体や、その後三十余年の長期にわたる上皇の生活をもっと微視的にながめると、藤原氏の権門化と同様に皇室にも権門化の兆候が認められること、それが上皇の個性によっていちじるしく促進されたことなど、種々の契機を無視することはできないであろう。

要するに、藤原保則のような良吏型官人の登用によって行われた寛平の治の志向と宇多天皇個人の志向とはかなり異質で、両者は区別して考えることが必要である。このことは天皇の第一の寵臣菅原道真が決して良吏型ではなく、むしろ廷臣的文人的才能によって登用された一事をもってしても、思い半ばにすぎるであろう。こうした観点から、私は寛平の治を挫折させた宇多天皇譲位の理由については、外的な政治情勢もさることながら天皇の内的要求を重視しなければならないと思う。

しかもその内的要求は決して単純ではない。近来の諸説の主なものを参照すると、まず坂本太郎氏は、「あるいは初め意気込んだ理想政治の推進が、実行困難と知って急に政治を厭うことになったのか」などと推察しながらも、結局は「壮年の天皇が譲位するというのは納得できない」ことであり、道真が先には諫止し後には賛成したのも「今日からは確かめがたい事情があるのにちがいない」と、慎重に筆を抑えられている。(5) 北山茂夫氏は坂本氏がこのように抑制された点をより直接端的に指摘して、源能有の死によって時平が台閣の最上席を占めたことから天皇が「いよいよ窮地に追いこまれた」外的事情を述べつつも、在位当時の「宇多の生活態度はすこぶる快楽追求的であった」こと、その出家も「もはや国政も蒼生も眼中にない風流三昧の人になろうとしていた」ものなることを論じられた。(6) 私もかつて「宇多天皇は性来実際政治よりも文雅を愛し宗教に帰依するというタイプだった」ことに注目し、譲位によって「皇位の束縛を脱して風流三昧の生活に入ったのは、この志向の当然の帰結」であったと述べたことがある。(7) これらに対して所功氏は、寛平五年（八九三）を機として「宇多天皇朝体制ともいふべき公卿構成が確立」したことを明らかにした上で、「今こそ本格的な天皇親政に着手しうる時期」に譲位が行われたのは「政治的理由によるものでなく」、「おそらく仏門入道の宿願達成のためではなかったか」と推定された。(8)

外的政治情勢だけを注意した旧説に対して、如上の所説が上皇の内的要求の側面に着眼したのは、研究の一歩前進であろう。もっとも私はその外的事情についても、通説のごとく藤原氏の反感を挙げるだけでなく、むしろ光孝・宇多二代の幸運異例の登極に対する皇親全体の微妙な感情と、これに対する宇多天皇の心理的反撥、さらに皇位継承問題への顧慮など、総じて皇室内部の事情を大いに考慮しなければならないと思う。光孝天皇擁立の際に基経は、時康親王が本康親王・源融等に帯剣を賜わるようにしむけて彼等のライバル意識をくじき（『三代実録』元慶八年二月五日）、源融に対して「皇胤なれど、姓給てただ人にてつかへて、位につきたる例やある」と抑止したといわれている（『大鏡』第二巻）。このように賜姓源氏の受禅を不可として退けた基経は当然源定省の立太子にも不賛成であったが、光孝天皇の臨終の願望に負けてこれを承認した。これは彼の妹の尚侍藤原淑子と侍読橘広相の奔走や（『政事要略』巻三十所収「奉昭宣公書」）、基経が政治を摂行することについての了解による妥協で、(9)皇位継承の筋を通したものではなかった。したがって失意の陽成上皇が「当代は家人にはあらずや」と痛罵したという『大鏡』の逸話も、ありえないことではない。『花鳥余情』第九所引御記に、

寛平元年九月甲辰、依二御夢一有下被レ行二御八講一之事上、先帝遷化後、諸公子戮力当二果行一也、即任レ意遊猟不レ勤二此事一、可レ謂二不忠不孝之甚者一也

とある記事も、単に天皇だけが孝心・仏心の厚かったことを示すわけではないであろう。

光孝・宇多二代にわたるこのような登極事情は、また当然皇位継承の前途にも不安定なものを予測させたはずである。それは単に故基経の女温子の腹に遠からず皇子誕生を見る怖れだけではなかった。早い譲位は以上のような皇室内部の事情を安定させる方策としても、当然企てられたのではなかろうか。

以上、外的事情にも旧説の藤原氏の反感以外に重視すべきものがあるが、ふたたび先の宇多天皇の内的要求に立ちかえると、北山・所両氏の所説にはかなりの差がみられた。しかし両氏の所説は、宇多上皇の精神構造の並はずれて大きな振幅の一面ずつを強調したものと考えたい。旧著『紀貫之』にも述べたが、上皇にあっては現世的快楽を断絶して密教の修行三昧に入ることと、頭陀法要に名を借りて豪奢な遊幸宴飲にふけることとは矛盾しなかったのである。しかも基経の薨じた寛平三年ごろから譲位直後ごろまでは後者が、昌泰二年（八九九）の出家受戒から延喜初年（九〇一〜）にかけては前者が、延喜十年代以降はまた後者が、といった風に両者の主調はしばしばやや気まぐれに交替する。貴族仏教と国風文化は、このように複雑な上皇の個性によってそれぞれ画期的な発展に導かれたのであるが、いずれにしてもそれは一種の宮廷主義・文化主義であって、質実な律令体制維持方針とは異質であった。もとより律

令体制は天皇の個性を抑制する機能を備えた官僚機構であるが、その久しい弛緩傾向に加えて宇多上皇の強烈な宮廷主義・文化主義的意欲が、上皇の行動を体制の枠からはみ出させた。譲位も結局はこの意欲を貫徹するための挙であり、譲位後の行動もこの意欲によって律令体制崩壊を促進したのである。

2　諸居所と宇多院

(1)

譲位後実に三五年の長期間にわたって皇室の家父長として宮廷文化を推進した宇多上皇の生活をながめる時、分析の中心主題はその院である。それはすこぶる多く、かつ諸史料に錯雑してあらわれ、上皇の生活を把握する妨げとなっているからである。この問題には柳宏吉氏の論文[10]があるが、氏はもっぱら『日本紀略』『扶桑略記』を根拠とし『貞信公記』のような信頼すべき史料を用いられなかったこと、および居所と儀式・遊宴の場と庶務を管掌する機関とを区別せず一律に「御在所」とみられたために、結論が混乱におちいっている。あらためて検討を必要とする。

寛平九年（八九七）七月三日譲位した宇多上皇がまず遷御したのは後宮内の弘徽殿である（『日本紀略』前編同日条）。おそらくこれは同日清涼殿において元服を加えられた新帝（同上後編同日条）をすみやかに東宮より内裏に移らせようとの配慮であって、事実醍醐天皇は十月二十三日に「遷二御本宮一」された（同上）。上皇はかつて基経執政期の三年余にわたって東宮にとどまり、その死後ようやく内裏に入った苦い体験に鑑み[11]、新帝の地位を名実ともに確乎たるものにしようとしたものと思われる。

しかし弘徽殿に長くとどまることはできないので、八月九日に至って上皇は母班子皇太后とともに「東三条院」に移ったことが『日本紀略』と『扶桑略記』裏書にみえる。しかしこれは川勝政太郎氏の論証によって、寛平五年八月十七日陽成上皇と母后藤原高子が東三条院に移った記事の重出と解釈される。(12) 宇多上皇と班子女王の遷御したのは実は班子女王の「東院」（あるいは「洞院」）であった。これは翌昌泰元年二月十三日、上皇の朱雀院移御を前にして班子女王が餞別のため宴を東院に設けたこと、あるいは上皇が遜位の後「東院皇后別寝」にあったことを記した『日本紀略』によって明らかである。

昌泰元年（八九八）二月十七日、上皇は朱雀院に移った（『日本紀略』）。弘徽殿・東院に住むこと半年余にしてようやく仮住居生活を打ち切ったのは、朱雀院の造作がなかなか完了しなかったためであろう。朱雀院の沿革についてはここに述べないが、(13) 太皇太后橘嘉智子の死後長い間退転していたので、宇多上皇の居所とするためには修理・増築の必要があり、その工事は遅くも寛平七年には開始されていた。『日本紀略』寛平八年閏正月二十五日条に「天皇幸㆓朱雀院㆒、覧㆓諸工造作㆒」とある記事が、このことを証明する。もっともこの造作が単に儀式遊宴の場とするためか、または譲位を期しての準備かはわからないが、少なくとも譲位が朱雀院の完成を待つことなく倉卒に行われたことは推察できる。このことは、寛平九年に至って譲位の噂が世上に洩れ、それまで諫止していた道真が延引してはかえって異変を生ずるとして決行を勧めた（『寛平御遺誡』）という事実の、一傍証となるものではあるまいか。

やがて四月二十五日には、前年の譲位直後に内裏を出て東五条堀川院に移っていた中宮温子が朱雀院に同居した（『日本紀略』）。さらに『日本紀略』によれば、九月十日上皇は文人を朱雀院に召して「秋思入寒松」の題で詩宴を催したのをはじめ、しばしば詩宴その他の行事が朱雀院柏梁殿において催されている。そして昌泰二年正月三日の朝覲行幸を朱雀院で受けているのは、院が当時上皇の本宮であったことを証明する。

（2）

昌泰二年（八九九）十月二十四日、宇多上皇は仁和寺で落飾した（『日本紀略』『扶桑略記』『仁和寺御伝』）。上皇はこれより先しばしば太上天皇の尊号を辞退していたが（『日本紀略』昌泰二年十二月十日、『扶桑略記』等参照）、ここにおいて「前年譲位者為二社稷一也、今日出家者為二菩提一也」と強くこれを要請し、ついに十一月二十四日受戒とともに異例の尊号停止が行われた（『日本紀略』）。しかし、上皇はこの時ただちに仁和寺に本拠を移したのではないかも知れない。『仁和寺御伝』（『群書類従』巻六十七所収）によれば法皇の本宮たる**仁和寺御室**を造営されたのは延喜四年（九〇四）三月のことで、この前後に上皇の仏道修行は頂点に達した観がある。もっとも『仁和寺御伝』だけでは少し心細いが、『日本紀略』同年三月二十六日条に「太上法皇於二仁和寺円堂一初設二斎会一」、同年閏三月二十一日条に「法皇於二仁和寺円堂一安二置金剛界三十七尊幷外院天等一」とあることなどは、柳氏もいわれたように御伝を裏付ける。さらに四月七日「迅雷密雨」によって左少将元方、左少将忠相等を「奉レ入二仁和寺一」り、いわゆる雷鳴陣を張ったのは（『西宮記』雷鳴陣）、上皇の所在を示す不動の証である。なお柳氏はこれより先延喜三年八月二十七日、中宮温子が朱雀院を出て東七条宮すなわち亭子院（後述）に移った記事（『日本紀略』）をもって、上皇がこのころ亭子院にあったかとする説を出されたが、温子と上皇が常に同居したと考えるべきではない。むしろ、

寛平のみかと、御くしおろさせたまうてのころ、御帳のめくりにのみ人はさふらはせたまうて、ちかうよせられさりけれは、かきて御帳にむすひつけゝる　小八条御息所

たちよらは影ふむ許ちかけれと　誰かなこその関をすへけん　（『後撰和歌集』巻十）

の閨怨の歌にみられるように、落飾以後の上皇は一時全く女色を遠ざけたのであり、御室に入る前提として温子を東

七条宮すなわち亭子院に送ったと考えられる。そして温子以外にも、多くの女御更衣がこの院に「あまた御曹司してすみ給ふ」(『大和物語』六一段)ことになった。後述のごとく、亭子院が宇多上皇自身の居所となるのは温子の死後である。

温子と上皇が去った後の朱雀院は醍醐天皇に譲られたものと考えられる。やがて醍醐天皇の崩後、これに付属した所領とともに朱雀天皇以下の諸皇子に処分されることになるが(『醍醐寺雑事記』)、それについては詳述する余裕がない。柳氏は延喜六年十月二十六日、同十一月七日に上皇四十算賀のために朱雀院に醍醐天皇の行幸があったこと(『日本紀略』)から、上皇が「臨時に朱雀院におられたか、朱雀院も依然後院であって時々そこに行かれたということになろう」といわれたが、これは算賀行事が醍醐天皇によって天皇に属する朱雀院で催されたことを示すにすぎず、上皇の居所とは何も関係がない。また一〇年後の延喜十六年(九一六)三月七日に上皇五十算賀が朱雀院で催された(同上)のも同様である。

さて仁和寺御室がこの後長く宇多上皇の本宮であったことを証明するのは、正月三日または二日の朝覲行幸を必ずここで受けられる例だったことである。記事を『日本紀略』『扶桑略記』『貞信公記』『御遊抄』等から拾ってゆけば、延喜五、七、十、十一、十二、十三、十四、二十、延長二、六、七年といずれも仁和寺に行幸があった。史料の欠如している年もおそらく同様であろう。ただし、延喜十七年一月二十四日に亭子院(『日本紀略』)、同二十二年一月二十五日に河原院(同上)で拝賀の行われた例があるが、これは何らかの理由で恒例の朝覲行幸が延引したために、便宜当日の居所において行事が行われたものと解釈される。ともかく宇多上皇の居所が再三移動したことと、本宮が朱雀院に次いで仁和寺に定まっていたこととは、区別しなければならない。御室において公式行事としての朝覲を受けられる上皇は、仁和寺所蔵の画像そのままに僧形をもって臨んだと思われ、日常生活が延喜十年代以後ふたたび世俗に回帰して後もそのことが変わらなかったとすれば、これは宇多上皇の精神構造を理解する一つの鍵となるであろう。

(3)

宇多上皇の居所として次に用いられたのは、「七条坊門北（南）西洞院西二町」（『拾芥抄』）を占めた亭子院である。その初見は『日本紀略』延喜九年閏八月十五日条の「夜太上法皇召二文人於亭子院一、令レ賦二月影浮秋池之詩一」という記事である。もっともこの記事は、柳氏のいわれるように上皇が亭子院を居所としたことを示すものでなく、単に行事の場に使用したものともみられる。しかし、『貞信公記』には、「便参二亭子院一、申二賜廿七鹿毛一、為レ欲レ貢二内裏一也」（延喜十年四月十一日）、「参二亭子院一」（延喜十四年一月二十九日）など、居所以外には考えられない記事がある。また延喜十六年三月十九日、おそらくその三月七日の朱雀院における上皇五十算賀（前述）に対する返礼として、上皇は天皇を亭子院に招いたが（『扶桑略記』）、五月二十三日勅使右近衛中将良岑衆樹が亭子院に赴き、「行幸日賞」として「授二褒子位記於其身一」けた（『西宮記』恩賞事）。この事実は、当時上皇の寵愛をほしいままにしていた故時平の女藤原褒子が、亭子院に住んでいたことを示す。さらにもう一つの事実は、延喜十六年七月七日庚申の夜に「亭子院の殿上人ども」が歌合を催していることである。譲位後の宇多上皇に関係する歌合は昌泰元年秋の女郎花合をはじめ多いが、萩谷朴氏のいわれるように、朱雀院・亭子院・宇多院などの名称が表題に付せられていてもそれらが居所を指すのか上皇を指すのかは判然としない。[14] しかし、この歌合にかぎっては、冒頭の「仮名日記にみる敬称のない叙述よりしても、その主催者が宇多法皇であったとは考えられない。亭子院とは、人格としての称ではなく、所位をあらわす謂いであろう」[15]。女御褒子や院殿上人についてのこのような史料の存在は、延喜十年代の上皇が、仁和寺御室よりもむしろ亭子院を主たる居所としていたのであろうという推測を可能にする。

この時期にみられる上皇の盛んな風流行事は多く亭子院を舞台として行われた。最も有名なもの二、三を挙げれば、延喜十一年六月十五日の納涼の酒宴があり、その狼藉は紀長谷雄の筆によって活写されている(『扶桑略記』所引紀家記)。また同十三年三月十三日の亭子院歌合は、優雅な雰囲気が更衣伊勢の筆といわれる仮名日記体の記録(『平安朝歌合大成』一)によって伝えられている。亭子院の領有者であった中宮温子はすでに延喜七年になくなり、しかも子女を生まなかったので、院は上皇に伝領されて華麗な行事に用いられたものであろう。昌泰二年から延喜初年にかけては仁和寺御室を本拠として仏道修行に専念していた上皇が、十年代に一転して亭子院を舞台に華麗な遊宴をくりひろげた極端な変化は[16]、延喜九年四月四日の左大臣時平の死を契機とする政治的緊張の解消と無関係ではないように思われるが、また宇多上皇の精神の振幅が如何に大きかったかをも如実に示すのである。

(4)

次に居所となった**六条院**も、亭子院と同様な性格のものとみることができる。『西宮記』裏書所引醍醐天皇御記に、延喜十七年三月十六日御記云、此日参㆓上六条院㆒云云、令㆑申㆓参状㆒、有㆑命参㆓西対㆒云云、僧都如無供㆓御菓㆒、玄上朝臣賜㆑菓、用折敷、高土器於㆓御前地火爐㆒、令㆑焼㆑筝調供、又召㆓王卿㆒給㆑盃云々、山南辺発㆓音声㆒、又命㆓王卿㆒奏㆓管絃㆒云々、賜㆓御盃㆒給㆓盃飯㆒、了把笏於㆓南廂㆒拝舞(分注略)云々(中略)、于㆑時日漸黄昏、侍臣酣酔(下略)

と、盛んな御遊のさまが記されている[17]。同様な行幸は翌十八年二月二十六日、延長二年(九二四)三月十一日にも行われた(『西宮記』同上)。また『貞信公記』には、延喜十八年二月二十六日条に、「行㆓幸六条院㆒、依㆑仰候㆓彼院㆒」と、右の御記に対応する記事がみえ、同年十二月九日「参㆓六条院㆒、依㆓御薬事㆒也」、延長二年三月六日「依㆑召参㆓入六条院㆒、見㆓十親王(雅明)㆒、有㆓被物御馬㆒」などともある。この最後の記事は翌日行われる行幸の準備のためであったが、行幸は雨によって十一日に延びた（前引『西宮記』）。この行幸の目的は「御二覧十親王一」のためであった（『貞信公記』）。十親王すなわち雅明親王は宇多上皇と褒子の間に生まれたのであるが、上皇はすでに俗人ではなかったから、表向き醍醐天皇の皇子とされた（『日本紀略』延喜二十一年十二月十七日、『本朝皇胤紹運録』）。行幸はこの経緯に関連しているものと思われる。ともかく以上の記事によれば、延喜十七年ころ以後上皇は六条院を多く居所としていたことが推定される。『扶桑略記』に、渤海使節来朝に関して「令下蔵人仲連以二若狭国解文一奉中覧於六条院上」（延喜十九年十一月二十一日）というのも参考になる。そして「六条院太上皇賀二左大臣五十算於法性寺一」（『日本紀略』延長七年二月二十三日）とか、「六条院遣二右近権中将実頼朝臣於法性寺一、修二左大臣五十賀法会一」（『扶桑略記』延長七年三月）といった風に、「六条院」は宇多上皇晩年の通称ともなっている。上皇は尊号を辞退したので、その領する院の名称を借りて、朱雀院・亭子院・仁和寺太上法皇・宇多院等さまざまに呼ばれていたが、六条院もまたその呼称の一に数えられる。

ところが『日本紀略』には、延長二年正月二十六日条に「行二幸中六条院一」[18]とみえるのをはじめ、同年三月十一日条、延長五年二月十四日条、同六年四月二十八日条、同六年閏八月六日条等すべて「中六条院」と記されている。しかし六条院・中六条院は同一物とみるべきで、それは右の延長二年正月二十六日条、同三月十一日条とそれぞれ同日条の『貞信公記』が、いずれも「行二幸六条院一」と記していることによって明らかである。また、延長五年二月十四日条も、『扶桑略記』同日条および『西宮記』裏書所引吏部記には「六条院」と記されている。六条院（中六条院）の位置は、『拾芥抄』によれば「六条北東洞院西」であった。

(5)

ところでこの（中）六条院は、大日本古記録『貞信公記』では河原院とも同一と解釈されているが、はたして如何であろうか。『拾芥抄』によれば河原院は「六条坊門南、万里小路東八町云々、融大臣家、後寛平法皇御所（号二六条院一）、本四町京極西、号二東六条院一」と記されている。この記述には混乱があって、名称からすればなるほど河原院は六条院でもあったようにもきこえるが、位置からすれば同じ六条とはいえ京極大路と東洞院大路のそれぞれ西にあって、決して同一物とはみられない。[19] つまり、中六条院に対する東六条院であった。

河原院の初見は、『日本紀略』延喜十七年十月六日条に、

壬午、太上法皇於二河原院一賀二大納言源昇七旬算一、王卿宴飲

とみえる記事である。河原院はいうまでもなく大納言源昇の父河原左大臣融の造営した名園で、昇も河原大納言と呼ばれたから（『公卿補任』延喜十八年）、河原院を父融から伝領していたようである。翌延喜十八年に薨ずる昇（同上）のために宇多上皇がこの院を舞台として七十賀を催したのは、単に彼が皇親の公卿筆頭であったためとも思われない。先に閨怨の歌を引用した「小八条御息所」源貞子は昇の女で（『尊卑分脈』）、その腹に依子内親王が生まれている（『本朝皇胤紹運録』）。[20] このような縁から上皇が名園河原院の提供を求めこれを応諾した昇に算賀をもって報いたのか、ないしは算賀の殊遇によって昇の提供を促したのか、いずれにせよ算賀行事と河原院提供は無関係ではないように思われる。豪奢を極めた融の死後、子孫が河原院・棲霞観をはじめとする数多い別業を維持することは容易ではなかったと思われ、すこぶる大きな財力と融に匹敵する豪奢な性癖をもつ宇多上皇に河原院を譲渡ないしは一時貸与したのは、ありうべきことであろう。[21]

河原院に故時平の女褒子が置かれ、彼女がそれゆえ「京極御息所」と呼ばれたことは、隠れもない事実である。『大和物語』（六一段）には、

亭子の院に宮すん所たちあまた御曹司してすみ給ふに、としごろありて、河原の院のいとおもしろくつくられた

りけるに、京極の宮すむどころひとところの御曹司をのみしてわたらせ給ひにけり

とあり、そのために亭子院にとどめられた他の御息所たちが「いとおもひのほかにさうざうしきことをおもほしけり」とあるのは、事実をかなり忠実に伝えていると思われる。

『貞信公記』には河原院に参じた記事が数ヵ所にみえる（延喜二十年十二月十八日、延長四年六月二十六日）。また延喜二十二年一月二十五日には醍醐天皇も河原院に行幸している（『日本紀略』）。これらは当日上皇が河原院にあったことを示すが、しかし『貞信公記』延喜二十年十二月十八日条は「参二河原院一、為レ賀二親□一也」とあって、褒子の生んだ例の雅明親王[22]の誕生を祝うために伺ったので、上皇が河原院に居住した証とはならない。おそらく上皇は河原院に程近い（中）六条院を居所として、褒子の河原院に通ったのであろう。したがって実際には河原院に留まる日も多かったであろうが、しかし上皇を指して河原院太上天皇と呼称した例はほとんどなく、この院は朱雀院・仁和寺・亭子院などとは性質を異にし、上皇の居所とはみなしえないのである。それゆえ（中）六条院が延長八年十一月五日「帰レ地焼亡」した（『扶桑略記』裏書）際にも、上皇は近い河原院には入らず仁和寺御室の本宮に還御したものと思われ、翌承平元年（九三一）七月十九日崩じた場所も仁和寺御室であった（『日本紀略』『貞信公記』）。もっとも（中）六条院焼亡の直前に醍醐天皇が崩じ上皇はみずから国政を執ったので、その必要上（中）六条院焼亡以前すでに本宮の仁和寺御室に還御していたのかも知れない。いずれにせよ河原院が上皇の居所ではなく、寵姫褒子を置いた別業にほかならなかったことは明らかである。犬養廉氏が「かくて法皇は、以後折々の御遊のほか当院には常住されなかった模様である」とされたのは、正しい洞察であろう。

なお犬養氏は上皇崩後の河原院伝領について述べ、後年融・昇の子孫に当たる歌人安法法師が居住したことから昇の子の適か適の子安法に返還されたとも考えられるが、上皇の孫源重信が六条左府と呼ばれた事情を考慮すると、上

皇から敦実親王を経て重信へ伝領されたとみるのが穏当とされた。しかし重信の通称「六条左大臣」（『公卿補任』長徳元年、『本朝皇胤紹運録』）の六条は必ずしも河原院を指すとは決められないから、むしろ安法の居住を有力な証拠として、上皇・褒子なき後には昇の子孫に返還されたとする考えも成立するであろう。ともかく院は水害と風霜を受けて年々荒廃し、やがて寺院となったが、[23]『本朝文粋』（巻一、源順「奉同源澄才子河原院賦」、巻八、藤原惟成「秋日於河原院同賦山晴秋望多」）・『今昔物語集』（巻二十四「於河原院歌読共来読和歌語第四十六」）等に徴しても、院が火災にあった事実は全くうかがわれない。これまた河原院が、焼亡した（中）六条院と別物であった証拠である。

（6）

最後に、数多い上皇の呼称が結局「宇多院」に落ち着いたほど有力な存在の宇多院がある。しかし実は譲位後の宇多上皇が宇多院を居所とした徴証は管見に入らず、そこにかえって宇多院の特殊性がみられることを注目しなければならない。

『拾芥抄』には宇多院について、「土御門北、木辻東此小路当東洞院法皇御所、刑部卿源湛宅云云、或抄云、西京宇多小路、但此小路当二町尻東行一」とある。一見したところ、宇多院も河原院と同様に源融の造営で、その一男湛から上皇に譲られたかのようであるが、従三位中納言湛が薨じた延喜十五年（『公卿補任』）よりも、宇多院の領有ははるかに早かった。初見は[24]『扶桑略記』延喜七年十一月二十二日条に、

乙未、敦実親王、今日於二宇多院一、加二元服一之由、令レ奏二慶賀一、則於二東庭一舞踏、更召二殿上一、給二酒一二度一、後殊叙二三品一、親王寛平第八皇子贈后胤子腹也則下レ殿拝舞、又召給レ禄、又下拝舞、退出

とある記事である。この記事で注目されるのは、上皇の子敦実親王の元服がこの院で行われた事実である。敦実親王

は醍醐天皇・敦慶親王・敦固親王・均子内親王・柔子内親王とともに内大臣藤原高藤の女胤子の所生である。その胤子は宇多上皇がまだ源定省として臣籍にあった時結婚し、寛平七年（八九五）に早くも世を去った（『日本紀略』寛平七年六月三十日条）。源定省と藤原胤子が竜潜の時どこに住んでいたかはわからないが、あるいは宇多院はこの当時から上皇とゆかりある院であって、女御胤子の死後もその所生の皇子・皇女の居所となり、(25)敦実親王の元服もこの院で行われたのではあるまいか。

これは憶測であって、延喜七年以前に宇多院が上皇の領するところとなった直接の史料はまだ管見に入らないが、『大和物語』（八十段）に、

宇多院の花おもしろかりけるころ南院のきみたち（と）これかれあつまりて歌よみなどしけり。右京の大夫宗于、

　きてみれど心もゆかずふるさとの　むかしながらの花はちれども

異人のもありけらし

とある。この記事は、『大和物語』がゴシップ集ではあるがフィクションの要素は少ないことを考えると、無視することはできない。「南院のきみたち」とは、宇多上皇の同母兄是忠親王の皇子を指す。その一人である源宗于（『三十六人歌仙伝』）が宇多院を「ふるさと」と呼んでいる上に、父親王の薨後に昔住みなれた宇多院に来て、花だけが変わりなく散るさまをみて感慨にふけったのである。(26)この歌意からすれば、宗于自身もまた父是忠親王も、かつては宇多院に住んでいた。とすれば、是忠親王の同母弟である是貞親王・宇多上皇等も、あるいは父時康親王（光孝天皇）・母班子女王の許に宇多院で成長した可能性がある。宇多院の宇多野は右京区東北部一帯の汎称であったが、(27)その東辺に光孝天皇が仁和寺を創建したことをみても、この地はもともと光孝天皇のゆかりの地であった。こう考えると、前引『拾芥抄』の「刑部卿源湛宅」という記事は不審で、何か錯誤があると思われ、湛より上皇に譲られたのではあるま

い。[28] 宇多野が時康親王（光孝天皇）以来の古いゆかりの地で、そこに古くから御殿と所領とが存在し、後の宇多院の経営に続いていると推定しておきたい。

(7)

宇多院の他の諸院と異なる特徴として見逃すことのできないのは、院が上皇の供御を弁ずる経済的機能を発揮していたことである。『別聚符宣抄』に、

左大弁紀朝臣長谷雄伝宣、左大臣（時平）宣、大宰貢綿内千屯以二在下一宜レ奉二宇多院一、但今年以後、不レ待二口宣一奉レ之、立為二恒例一者

延喜七年十二月廿一日

という宣旨がみえ、さらに延喜十一年十一月九日には大納言忠平宣によって二〇〇〇屯に増額され、同じく宇多院に宛進められている（『別聚符宣抄』）。これは官物が宇多院に配分されたことを示すが、宇多院はさらに上皇の権威に慕って鋭意所領の集積にも努めたのではないかと思われる。[29] それは宇多院司がしばしば東大寺と結んで寺領相論に口入していることなどによって推察されるが、それは後章に述べる。

宇多上皇の供御は、延喜八年の信濃国や同十八年の武蔵国などの御分国、[30] 額不明の封戸、[31] 上皇みずから在位の時制度的に確立した年給、および荘園の諸収入によって弁じられたが、これらの供御を管掌する機関が宇多院であった。たとえば、『御産部類記』所収『貞信公記』逸文に、

（延長元年）八月一日、内裏・宇多院有二御養事一、大内白褂・赤褂各十領、白絹廿疋、赤絹百疋、綿五百屯、調布五百端、碁手銭五十貫、院児衣等四筥、碁手六十貫、又御膳物・人給食各巨多、但内裏弁二備大盤一、公卿以下五

位以上八十人許

とあるのは、延長元年の寛明親王（朱雀天皇）の誕生に当たって、宇多院が内裏とともに産養の雑物を弁備したことを示す。また、『貞信公記』延長三年八月二十三日条には、

癸未、七寺小諷誦、参二向勧修寺御態一、僧正為二講師一、延敒律師為二御誦経導師一、今日他処誦経、只宇多院許也、内蔵寮五百段、院三百端、僧綱十一人・延暦寺座主等為二揚御経題之人一、三礼以上僧綱、法用凡僧、惣十五人、施二法服一、又請僧併給度者・布施・神筆経・縫仏甚希有也

とあるのは、勧修寺における故胤子の仏事に内蔵寮とともに宇多院が財物を提供したことを示す。前述のごとく延長初年には上皇は（中）六条院にあったので、忠平も上皇の居所を指す場合には必ず六条院と記しているが、右のような供御に関する記事には「宇多院」と必ず書き分けているのである。また『西宮記』（天皇御賀）には、

延長二年正月廿五日、甲子、自二宇多院一被レ奉二若菜於内裏一、其日早旦院司参上、装二束南殿御座帳中一、（中略）巳刻、院司賜二饗殿上男女官已下諸陣所々已上一、未刻御出、（中略）次献物、（中略）次大臣令レ奏二殿上行酒手長大夫等夾名一自院被定也、自内方奏、即参上、次内膳自二西階一供二御膳一精進、如二節会一、次手長賜二侍臣饌一大膳、相共、次三献、院引出物御馬卌疋、（分注略）次召二馬寮一給レ之、（中略）次賜二酒院司等一（分注略）、次中少将賜レ禄給院司也、五位以上料中少将取之、六位料将監等取給之、次内侍賜二中務親王禄一院御使也、次給レ禄輩拝舞、先レ是開二両門一諸司参入、給レ禄同二節会時一（分注略）、院庁雑色已上皆預二此列一

と、宇多院司が醍醐天皇四十算賀を奉仕したこと、院より引出物として馬四〇匹を献じたことなどがみえる。(32) この場合も、『日本紀略』には引出物御馬について「御賀之馬、宇多仙院被レ奉二御馬卌疋一」と記され、一方その翌日醍醐天皇が上皇のもとに答礼の行幸をしたことについては「行二幸中六条院一」と記され、明白に行事の主体と上皇の居所と

は書き分けられているのである。

宇多院が他の上皇の居所と全く性質を異にすることは、以上の徴証によって理解されるであろう。宇多院がこのような経済的機能を発揮しだした時点は不明であるが、ここに当然考えなければならないのはいわゆる延喜二年荘園整理令との関係である。その現実的効果はともかくとして、そこに打ち出された方針は勅旨田をはじめとする皇室の経済的基礎に対する打撃であった。これより先、宇多上皇が律令体制の頂点に立ってその維持に努める天皇の地位を棄て、より自由な境涯において仏事・文事にふけろうとした以上、その財源を奪わんとする政策に対しては、当然対抗処置に出でざるをえなかったであろう。そこで上皇は朱雀院とこれに付属する所領を醍醐天皇に譲って供御の不足に当てさせるとともに、本宮仁和寺御室に程近い宇多院に院司を備えて、活発な経済活動を営ませたものではなかろうか。当代随一の実力者宇多上皇がそうした生活を展開するかぎり、時平政権の企てた延喜初年の一連の政策が竜頭蛇尾におわるのは、ほとんど必然であったといえよう。私は上横手氏の指摘された藤原氏の権門化とともに、皇室の権門化もまた指摘しなければならないと思うのである。

3 国政への関与

(1)

次に宇多上皇の国政への関与について述べよう。その具体相を把握するためには、さしあたり四時期に分けることが便宜であろう。すなわち①譲位より道真左遷まで（寛平九年七月三日～延喜元年正月二十五日）、②道真左遷より時平薨去まで（～延喜九年四月四日）、③時平薨去より醍醐天皇崩御まで（～延長八年九月二十九日）、④醍醐天皇崩御より宇多上皇崩御まで（～承平元年七月十九日）で、年数はそれぞれ足かけ五、九、一二および二年間となる。

譲位後の第一期における宇多上皇は、いわゆる『寛平御遺誡』と信任する腹心とを年若い新帝の朝廷に布置することによって、みずから国政の大綱を遠隔操作しようとした。腹心には、まず遺誡中に推挙された者として菅原道真・平季長・紀長谷雄があり、前二者はいずれもかつての蔵人頭であった。他に在位当時の蔵人頭源湛・同希・同昇や五位蔵人藤原仲平・源善（以上『職事補任』）および侍従藤原忠平（『公卿補任』昌泰三年）等が注意される。渡辺直彦氏の所説(33)のごとく、嵯峨上皇以来しだいに整備拡充された上皇の院司は、在位当時の蔵人を主体としていた。もとより『西宮記』（院宮事）記載のような蔵人所官人と院司との対応関係が宇多上皇のころ完全に成立していたかどうかは、史料不足によって明らかでないが、それが便宜であったことはいうまでもない。しかし国政の大綱を握ろうとした上皇は、如上の人々を朱雀院だけに召仕うことをしなかった。道真には時平とともに朝廷にあって奏請宣行を専らにすべきことを命じ、このために他の公卿が公事をボイコットする事態を招いた（『菅家文草』巻九所収「上三太上天皇一請レ令三諸納言等共参二外記一状」）。また譲位の直前いったん蔵人頭を辞した平季長を間もなく新帝の蔵人頭に再任したことも、上皇の意向であったことは推察に難くない（『寛平御遺誡』）（ただし季長は在任わずか十余日で卒したので、実質的には活動に及ばなかった）。

次に、嵯峨源氏源弘の六男希（『公卿補任』）が、昌泰二年（八九九）二月の除目——時平・道真を左右大臣に任じた除目で、上皇の意向なることはいうまでもない——において、寛平七年（八九五）における道真と同様に、六人を越えて中納言となる異例の昇進をしたことが注目を引く。彼はこの時民部卿を兼ねて公事の中枢に坐ったが、しかもその十月上皇落飾の際に命を受けて天皇のもとに馳奏しているところをみれば（『日本紀略』）、おそらく院別当をも兼ねていたものである。ただし道真左遷に連坐しなかったところをみれば、その行動は必ずしも道真らとは一致しなかったのであろう。

これに対して、最も上皇の側近にあって画策に勤めたのは、右近衛中将源善であった。彼は嵯峨源氏源明の孫、舒の子で（『尊卑分脈』三）、上皇の院司となっていたものと推定される。[34]『扶桑略記』（延喜元年七月十日条）所引『醍醐天皇御記』によれば、宇佐奉幣使藤原清貫が配所に道真の動静を探った時、道真は「無レ所ニ自謀一、但不レ能レ免ニ善朝臣誘引一、又仁和寺御言、数有レ奉ニ承和故事一耳」と言ったという。坂本太郎氏も、これは「案外道真の正直な回想を含んでいる所もあると見てよかろう」と考えておられる。[35]

以上のごとく、第一期の上皇の腹心は、上皇の意を体してすこぶる積極的に国政に関与した。彼等は院事に勤めるよりも、むしろ朝廷における上皇の代理人の役割を演じたのである。その結果はやがて藤原時平等との険悪な対立を生じ、[36]延喜元年（九〇一）正月道真の左遷となる。季長は先に没し、道真（大宰権帥）・善（出雲権守）は追放され（『政事要略』巻二十二）[37]、源希も翌二年一月薨じたので、上皇の腹心はほとんど総崩れの観を呈した。

(2)

道真左遷以後時平の死に至る第二期は、上皇が仁和寺御室に籠ってひたすら仏道修行に専念した時期で、国政への影響力はほとんど絶たれた。龍氏は延喜七年七月上皇の奏請によって真言宗年分度者六人をさらに四人増加することが勅許されたこと（『類聚三代格』巻二）をもって、「法皇の御発言は頗る重きをなしたようである」とされた。しかしこれは上皇がそこで伝法灌頂を受けられた（『大日本史料』延喜元年十二月十三日）、因縁浅からぬ東寺のための尽力で、政務全般への発言とは異質であろう。時平はこの件については醍醐天皇の勅を奉じて「依ニ御願一特置レ之」くことを認めたが（三代格同上）、一方中宮穏子所生の保明親王の立太子のような重大事については、「為㆓法皇之命㆒、不㆔敢及㆓其儀㆒」（『九暦』逸文天暦四年六月十日）として消極的であった醍醐天皇に再三公卿上表を行って、強引に延喜四年二月これを実現した（『西宮記』論奏）。彼はほとんど完全に廟堂を掌握していた。

もっとも時平も晩年には上皇に対して「情勢の緩和に腐心」したらしいこと、龍氏説のとおりであろう。しかし藤原氏の中でも弟忠平は終始一貫上皇に近侍する立場をとっていた。それは忠平が延喜七年九月十日の有名な大井河御幸に供奉して「小倉山峰のもみぢ葉心あらば　いまひとたびのみゆき待たなむ」と詠じた逸話や[38]、上皇が若き忠平を愛して異母妹源順子を養女として忠平に配したこと、忠平が配所の道真と音信を交したと伝えられることなどによって推定される。角田文衛氏は、「宇多天皇の譲位後も彼は引き続き侍従として上皇に仕えていたらしい[39]」と推定された。忠平が延喜八年正月の参議還任まで一二年間侍従であったことは[40]『公卿補任』によって知られるが、それは当然醍醐天皇の侍従と解さねばならない。つまり忠平が宇多上皇の院司であった明証はないが、その存在は危機をはらむ上皇対藤原氏の間にあって貴重な緩和剤であった。

この時期に院別当として明証のあるのは、中納言源貞恒である。彼は光孝天皇第十皇子つまり上皇の弟で、延喜六年十一月七日上皇四十賀に「院司中納言源貞恒以下加爵」とは、『日本紀略』の明記するところである。貞恒は源希の後任であろうが、彼も延喜八年正月薨じて（『公卿補任』）、在任期間は短かった。この俗別当源貞恒のほかに、出家以後の上皇には僧綱が院司の上に加えられて別当となっていた（『西宮記』院宮事）。そして崩御に至るまで長期にわたってこの僧別当を勤めたのは、中納言藤原山蔭の子如無である。彼は前述の四十賀の際「院司賞」として律師に任ぜられ（『扶桑略記』）、さらに累進して天慶元年示寂の時には大僧都に任じられた（『日本紀略』天慶元年八月九日）。それは僧正遍照を除けば「公卿子僧綱始」（『僧綱補任抄出』）として、仏教貴族化の歴史上注意すべきであるが、なお注意すべきは、如無が戒律厳重な清僧らしくはないことである。『公卿補任』(天慶四年)藤原在衡の尻付に、「寛平四年壬子生。中納言山蔭孫。但馬介従五位下有頼一男。母讃岐守高公輔女。実有頼舎弟大僧都如無子云々。母備中掾良峯高見女」とあり、宇多上皇在位の寛平年間に如無が一子を儲けたことが知られる。その俗名および出家の年時は不明であるが、あるいは上皇在位当時の蔵人で、落飾に殉じて出家したものか。このように推測するのは、如無の父藤原山蔭が清和上皇譲位の後「太上天皇宮別当」(『三代実録』元慶元年閏二月十五日)として忠実に仕えた事実を想起するからである。如無はこの父のコースや、さらには仁明天皇の蔵人頭から出家した遍照の例にならったのかも知れない。もしそうとすればその見込みははずれず、彼はおそらく僧臈の故でなく院司としての労によって位大僧都に至り、一子在衡にも左大臣に至る栄達の端緒をつかませたのであった。如無はこのように院司のうち最も注意すべき存在だが、上皇の意を体して院事以外の事に口入した事実は管見に入らない。

(3)

時平死後の第三期は、忠平を媒介者として宇多上皇と朝廷との関係は至極温和であった。まず院司としては橘公頼・源嘉種・同衆望・紀淑光等がいた。公頼は上皇の腹心だった橘広相の六男で、延喜十六年三月八日上皇五十賀に「院司」として正五位下に叙せられている(『公卿補任』)。延長年間にもしばしば院の使として忠平を訪ねているが(『貞信公記』延長三年四月四日、同四年四月十三日)、このころには参議に任じているから、おそらく侍者ついで別当を勤めたことになろう。次に紀淑光はかつて上皇に密着した長谷雄(『扶桑略記』寛平十年十月二十一日)の三男で、後には参議に任じられる。延長三年(九二五)十二月外記所に納むる『御覧』を六条院に奉るべしとの上皇の仰を伝えているから(『貞信公記』)、このころ院司であったと推定される(彼の活躍については次の第四期に触れる)。次に源嘉種・同衆望はそれぞれ延長二、四年に上皇の使として忠平を訪ねていることから（『貞信公記』）院司と推定するが、前者は清和源氏長猷の子（『尊卑分脈』三）[41]、後者は源昇の実子で光孝天皇の子源是恒の養子となったもの（同上）である。このほか「亭子院殿上法師」観修（『日本高僧伝要文抄』）や、内の「殿上にさぶらひ」たる備前掾俗名橘良利が上皇に殉じて出家した僧寛蓮（『大和物語』二段）など、多くの僧俗の院司がいたと考えられる。

ここで改めてこれらの院司の氏姓を概観すると、やはり上皇の血縁者と藤原氏以外の諸氏が大部分を占めることが特徴である。激しい政治的危機は道真左遷以後起こらなかったとはいえ、人脈の上では終始藤原氏との隔離がみられるのである。しかし前述のような忠平と上皇との特殊な関係がこれを緩和し、また忠平の兄仲平も院別当を勤めたのではないかと推測される。推定の根拠は、仲平が寛平五年（八九三）五位蔵人となり（『職事補任』）、早くから上皇に近侍したことと、承平元年（九三一）にはしばしば院の仰を忠平に伝える役割を果していること（『貞信公記』）等にある。

さてこの融和の時期（しかも二十年余の長期に及ぶ）に上皇の国政関与はどのように行われたか。龍氏が挙げられた諸事実についてこれを検討しよう。まず氏は、『諡号雑記』によって、延喜十八年八月に上皇が「空海に諡号贈進の表を上られ、（中略）これが因となって二十一年に弘法大師号の宣下が行なわれた」といわれる。いかにも南北朝時代の真言宗の学僧杲宝の『諡号雑記』（『続群書類従』巻八四六）には、「大師諡号事、延喜十八年忝寛平法皇御奏聞、同年般若《（観賢）》僧正同上表、同廿一年彼僧正重上奏之」とあり、また延喜十八年八月十一日、同十月十六日付の二通の表文を収載している。二通とも上表者を明記しないが、龍氏は八月十一日の方を宇多上皇の表と考えられたようである。しかしそれには空海の経歴が詳細に述べられ、後者の文飾を凝らした体裁と比較する時、むしろ前者を観賢後者を上皇の表とみるべきかと思う。すなわち東寺の寺運興隆にこれ努めていた観賢がまず八月上表し、十月上皇がこれに口添えする意味で上表したこととなる。それゆえ諡号奏請について上皇の積極性を過大にみることはできないが、さらに考えれば『諡号雑記』は、諡号宣下の遅延やその経緯から弘法大師は伝教・円仁・円珍三大師より劣るとする叡山の主張に対して、これを弁駁する目的の著述と考えられるので、延喜十八年における上皇の上表がはたして事実であったかどうかには、史料的に疑いをはさむ余地がある。[42] もし事実としても、少なくとも上皇の奏請はただちに朝廷の認めるところとはなっていないのである。

次に延長六年（九二八）三月、「院御消息」によって「大夫五人位禄」に「中国」を充てられた事実（『西宮記』二月位禄事）がある。調庸収取の困難によって本来調物を支給すべき四位・五位の封禄が二五ヵ国よりの正税をもって充てられるようになって、いわゆる別納租穀制が成立するのは、あたかもこの時期であった。[43]『西宮記』（前引）によってみても、一世源氏分、殿上分、院分、国司兼国人分などによって給与方式についてかなり変動があったのが、延喜・天暦当時の実情のようである。『延喜民部式』にみえる年料別納租穀所出国二五の内訳は、近国七、中国八、遠国一〇であるが、「随二官符到一」って諸国から正税が運京される別納制としては、[44] 遠国を充てられてはどうしても不利だから、上皇は「大夫五人」分を中国とするよう要請したのであろう。これは重要な国政への関与にみえるが、しかし「大夫五人」に限定してのことだから、おそらく院司分についての申入であった。しかも位禄は二月中旬の行事（『西宮記』『北山抄』『江家次第』）だから、三月に入っての右の申入は、決定の結果を報じられて後の不服申立であったかも知れない。要するに、上皇が位禄に関して積極的かつ全般的に朝廷に指示したものとはいえないであろう。

次に、上皇は延長六年八月「遣二使諸国一」して東大寺封戸物を進納すべきことを命じた（『東大寺要録』巻八）。この「宇多院宣旨」は「左中弁紀朝臣作」すなわち院司紀淑光の起草であった。宇多院が東大寺のために活動した例としては、さらに翌七年、大神宮領伊勢国飯野郡にあった東寺の荘に対する相論がある。この年四月二十五日宇多院が飯野郡内にある東大寺庄田を勘注するために御厩侍大原並高を下し遣わす旨の宣旨を斎宮寮に送り、寮はこれを神郡を支配する大神宮司（『類聚三代格』巻一、弘仁八年二月二十五日官符、寛平九年九月十一日官符）に牒送し、大神宮司は「雖レ無二官符一、為レ畏二院宣一」に遣使の入部を認めた。しかし郡司勘注の結果は、「東寺者本公験灼然之上常領《（掌）》及二八十九歳一、東大寺無二一枚公験一之上、往古今来未レ聞二領摂一」と断じた昌泰元年八月十六日官符が決め手となり、東大寺の立場は不利となった（『平安遺文』一二三三号伊勢国飯野荘太神宮勘注）。そこで宇多院使は納得せず、司館に来て「以二無道悪言一為レ宗、不レ請二彼勘文一置去」した（同一二三四号・一二三五号）。前引一二三三号文書から推定すると、嘉祥二年（八四九）田籍に東寺田がたまたま「東大寺田」と誤記されていたことを手掛りとして東大寺が相論に及んだものらしく、しかも宇多院がこれと結託して、上皇の権威を負うて理不尽ともいえる干渉を試みたものと考えられる(45)。宇多院が所領を集積していく過程でこのような行動が活発に行われたのは、正にありうべきことであろう。しかしこれらの二事件は結局院自体の経営にかかわるもので、しかも院宣は決して万能ではなかったのである。

以上龍氏の挙げられた諸事実は直接間接に上皇自身の信仰や院の経営に関係あるもので、しかもその効力にはおのずから限界があった。つまり第一期の、皇位継承等まで含めて国政全般を遠隔操作しようとした強大な権力とは異質のものである。とはいえ太上天皇（尊号を辞退されたとはいえ）の権威はかなり朝廷・諸官司に強い圧力を及ぼしたようにみえるが、それはいうまでもなく国政振粛の方向に作用するものではなく、むしろ典型的な院宮権門的活動（現代的に言い変えれば圧力団体的活動）にほかならなかったのである。

龍氏がこのほかに言及されたのは、「意見封事の徴召と文道の勧奨」とである。しかし前者が「法皇と忠平との間で推進されたものではあるまいか」と推定する根拠は薄弱で明証はない。後者のうち「最も著るしいこと」とされた『古今和歌集』勅撰については、これを発議し推進した主体が宇多上皇か醍醐天皇か古来議論の存するところだが、後者と考えることが妥当である。(46) もとより和歌興隆の気運を導いたのが宇多上皇であったことは否定すべくもなく、むしろ上皇の文化史上の地位は史家の認識すべきものであろう。しかし「勅撰」という国政の一事業に、上皇の関与は直接には無かったと考えられる。(47)

なお龍氏の言及されなかった事実で、管見に入ったもの二、三を挙げておく。『大和物語』（九十八段）に、藤原実頼の母「菅原の君」が亡くなって「御服はてたまひにけるころ、亭子の帝なむうちに御消息きこえ給て、いろゆるされたまける」とある。これは、上皇が腹心の忠平一家の不幸に対して同情のあまり、長男実頼の禁色について朝廷に奏請したものである。(48) この「菅原の君」源順子の死は延長三年四月四日で（『日本紀略』）、「紅染深色」を「火色」として禁ずる制が励行された最中であるが（『政事要略』六十七、『日本紀略』延喜十八年三月十九日）、上皇はこれに対してあえて特例を求めたのであった。次に延長四年六月七日、「依レ有二院仰一、勅奉二黄金五十両一、此為レ給三入唐求法沙門寛建一也者」という事実がある（『扶桑略記』所引御記）。寛建は興福寺僧であったが、「寛」の一字からみると広沢流の法系に属し、院殿上法師なども勤めたものではなかろうか。次に延長五年二月十三日には「十親王(雅明)初参二内裏一、彼親王別当淑光朝臣、依二院御消息一昇殿」の事実がある（『貞信公記』）。紀淑光は前述のごとく上皇の院司で、上皇出家後に生れた雅明親王の傅育を委ねられ、ここに親王が晴れて醍醐天皇に謁するに至ったので、その労に報いるために上皇が昇殿を奏請したのであろう。これら三例はいずれも院司ないしはこれに准ずる人々のために一臂の労をとったに過ぎず、重要な国政全般への関与ではない。ただし本節で検討した事実のほとんど全部が延長年間のことであるのは注意すべきで、上皇は晩年になるほど、朝廷に対して自由な口入をなしうる権威を強め、またその権威を現実に行使したのである。

(4)

かくて老上皇の権威が強まりつつあった延長八年（九三〇）九月、醍醐天皇は上皇に先んじて崩じた。それより約一〇ヵ月間（第四期）、上皇はすこぶる活発に国政を指揮した。すこし煩雑であるが、事実を列挙する。

① 延長八年十月八日「法皇令レ仰二左大臣一云、御葬依二先志一、可レ従二薄倹一之由」（『西宮記』裏書天皇崩御所引『李部王記』）

② 同年十月十一日「英明朝臣申二大臣(忠平)一云、自二宇多院一有レ仰、召二醍醐勧修寺僧数口一候二山陵一、暫奉二仕念仏一云々」(49)（同上）

③ 同年十一月十四日「左中弁(紀淑光)来云、院御消息云、斎王明年入京云々」（『西宮記』裏書御即位所引『貞公御記』）

④ 承平元（延長九）年一月二十一日「右大将(藤原仲平)来、有二院御消息一、綩茂(良峯)等事也」（『貞信公記』）

⑤ 同二十六日「右大将(仲平)来、有二院御消息一」（同上）

⑥ 同二十八日「依レ病不レ能レ行二除目事一ゝ(之)状、令二同弁(淑光)奏一レ院」（同上）

⑦ 同二十九日「紀弁(淑光)来、有二院御消息一」（同上）

⑧ 同年二月十四日「左中弁(淑光)来、授二院申文等一、之中加物綿一年料即給二宣旨一之(了)、」（同上）

⑨ 同年三月十五日「有二官奏一、公忠朝臣、又給二雑宣旨一、以二平源一為二興福寺別当一、以二仁斅一為二角寺(海竜王寺)別当一宣旨、仰二高堪朝臣一、依二院御消息一、所レ任人ゝ書出、付二左中弁(淑光)一令レ奏」（同上）

⑩ 同年四月七日「院召二少将一、仰云、信濃諸牧別当邦行任可レ延二一年一者、仰二公忠朝臣一」（同上）

⑪ 同十三日「右大将(仲平)来云、院仰、右近府生有レ闕者、可二補給一、又例度者名符進何、承諾」（同上）

⑫　同年四月二十三日「右中弁（淑光）来、有㆓院御消息㆒、大宰春米・寛校挙状等也」（同上）
⑬　同年七月二日「近日法皇重煩給、其御病血痢也、依㆑有㆓所労㆒、不㆑能㆓参候㆒之（者）也、示㆓達京極（褒子）㆒」（同上）
⑭　同七日「右大将（仲平）来、有㆓院度者中給事㆒、卅三人也、（中略）度者六十人奉㆓法皇㆒、依㆓御薬重㆒也」（同上）
⑮　同二十日「淑光朝臣令㆑申云、有㆓遺詔㆒、可㆑停㆘任㆓御葬司㆒、同打物（料）・国忌・荷前・諸崩後雑事㆖者」（同上なお『日本紀略』参照）

以上の事実を通観すると、①・②醍醐天皇葬送に関する指示、③斎王入京の指示、⑥除目延引の報告、⑨諸寺別当補任についての報告、⑪府生・度者についての指示などは、国政一般に関するものであろう。これに対して、④は院司のことらしく、⑤⑦は内容不明なるも、⑧は院経済に関する要請、⑩は院のゆかりの者とおぼしき邦行なる者の牧別当延任の要請であり、これらはみな国政一般に関するものとはみられない。⑫も寛校は上皇に密着した僧であろうが、大宰春米のことはよくわからない。元来大宰府は春米運京の範囲ではなかったが（『延喜民部式』）、この前後春米すべき国々を勘えることが朝廷の問題となっているから（『貞信公記』承平元年正月二十八日、同年二月二十七日、同年三月四日）、それについての指示かも知れない。

要するに、醍醐天皇崩後、上皇はしきりに消息を遣して摂政忠平に国政に関する指示を与えた。とともに院事についても忠平は忠実に上皇の意を体していた。このような上皇の活動は、上皇と忠平との長い親近関係から当然であるが、同時に醍醐天皇の「可㆑仕㆓寛平法皇㆒」との朱雀天皇への遺詔（『河海抄』五賢木所引『李部王記』）に基づくものでもあった。ここに上皇が左中弁にして宇多院司でもあった紀淑光（③⑥⑦⑧⑨⑫⑮参照）を主たる使者（これに次ぐものは仲平）として、活発に国政に関与した理由がある。

以上四期を概観すれば、第一・四期が直接的かつ本格的な国政関与であったのに対して、第二・三期は間接的かつ限定的に朝廷に圧力を及ぼすに止まった。しかも前者もきわめて短期間で、遺誡・消息をもって道真・忠平等を指揮するに止まったから、院庁より盛んに牒・下文を発した後年の院政と同日に語ることはできない。龍氏が、「当時はまだ院政の呼称はなく、後世の院政の実態とも相違はあるが、譲位の君が御子今上の御輔導に重大な関心をもって尽くされたことは、宇多法皇に始まったといえるように思う。やがてこれが先規となって朱雀円融両上皇の相次ぐ聴政となり、この慣例が積っていわゆる後の世の院政となり、天子の御地位はあたかも以前の春宮のごとし、と観ぜられるに至ったものと思われる」と結論されたのは、大勢の叙述として傾聴すべきではあるが、「この慣例が積っていわゆる後の世の院政となる」といわれた点は、やや単純な概括に過ぎるように思う。竹内理三氏は、「上皇が国政に干与することは必ずしも異例ではなかったが、これらは院政とはよばない。天皇側に政治の主体性があったからである」と、差異を指摘された(50)。しかし一方、「院政は、国政的よりも家父長的な性格を有する」ことも竹内氏の指摘されたところであって、この点は院政以前の上皇のあり方と共通するのである。院政期とそこに至るまでの時期の上皇のあり方については、なお一層肌理こまかな比較が必要であろう。

本稿ではそうした全体像については言及する余裕がない。しかしながら、醍醐天皇と摂政忠平の存在にもかかわらず、より以上の権威として宇多上皇が存在したことは、「延喜の治」を考える場合にきわめて重要である。さらに、在位の天皇の権威をそのように制約する太上天皇が次の時代に長期間いなくなることは、外戚による摂関政治全盛の理由として注目すべきものである。

注

（1）　座談会「日本の歴史」（十四）〝王朝の貴族〟について。

(2) 龍粛「延喜の治」（『平安時代』所収）。なお角田文衛「太皇太后穏子」（『紫式部とその時代』）三〇五頁参照。
(3) 川上多助『綜合日本史体系⑶平安朝上』四五三頁。
(4) 上横手雅敬「延喜天暦期の天皇と貴族」（『歴史学研究』二二一八所収）。
(5) 坂本太郎『菅原道真』。
(6) 北山茂夫『日本の歴史』（四）『平安京』。
(7) 拙著『紀貫之』四五頁。
(8) 所功「〝寛平の治〟の再検討―寛平前後の公卿人事を中心として―」（『皇学館大学紀要』五）一一二二頁。
(9) 拙稿「関白基経」（『王朝のみやび』所収）。
(10) 柳宏吉「宇多上皇の御在所の変遷」（『日本上古史研究』三―五）。
(11) 拙稿「阿衡問題の周辺」（本書所収）。
(12) 川勝政太郎「東三条院と東院について」（『日本上古史研究』四―七）。
(13) 橋本義彦「後院について」（『日本歴史』二一七）・拙稿「政治史上の嵯峨上皇」（本書所収）参照。
(14) 萩谷朴『平安朝歌合大成』巻一、一一〇頁。
(15) 注(14)前掲書、二〇六頁。
(16) 『本朝文粋』巻八、菅原淳茂の「八月十五夜侍亭子院、同賦月影満秋池、応太上法皇製」の詩序に、「太上法皇雖下入二三密之道一出中万乗之家上、猶未レ捨二此地風流一、以助二彼岸寂静一」とあるのは、上皇の生活様式を写しえて妙である。
(17) 『河海抄』巻九には、「此日参二入六条院一、此院是故左大臣源融朝臣宅也、大納言源朝臣奉二進於院一」と御記が引かれている。六条院も次節の河原院同様に融の邸宅で、昇から上皇に進められたものであった。このことは、次節に引く『拾芥抄』の記述を混乱させる因となったのかも知れない。
(18) 『河海抄』（前引）に、「此日参二入中六条院一、今御二此院一」とみえる。
(19) 『帝王編年記』巻十七にも、河原院は「六条坊門南、万里小路東」とみえる。
(20) 犬養廉「河原院の歌人達―安法法師を軸として―」（『国語と国文学』四四―一〇）。
(21) 犬養廉氏（注(20)前掲論文七一頁）は、折角譲渡された河原院に上皇が小八条御息所ならぬ京極御息所を伴ったために、これを恨んで融の亡霊があらわれた（『扶桑略記』延長四年七月四日）と解釈された。

(22)　『日本紀略』延長七年十月二十三日条に、「無品雅明親王薨年十」とあり、逆算して雅明親王は延喜二十年誕生なることが明らかである。

(23)　寺院となったその年代は、犬養氏（注(20)前掲論文）もいわれるように不明である。『平安遺文』四二一号、山城国珍皇寺領坪付案（「東寺百合文書」）に、「院牒状」に「去寛平年中以二河原院一為レ寺」とあるを引くのは、証とするに足るまい。

(24)　『政事要略』巻二三に、「西宮記、延喜三年八月十三日、貢二進秩父御馬一依二宇多院供馬一不レ召二上卿一、御覧之後、給二左右馬寮一已了」とある。しかしこの記事は、『西宮記』（駒牽次）に、「延長三年八月三日、駒牽御馬、御覧之後、直分給馬寮事」「延長三八十三、覧二秩父御馬一、上卿不レ候、配二給両寮一」とある記事に該当すると考えられる。延喜三年には疑問を存しておく。

(25)　『後撰和歌集』巻十四（恋六）に、

宇多院に侍りける人に消息つかはしける返事も侍らざりければ　　読人しらず

うだの野は耳なし山か喚子鳥　呼ぶ声にさへ答へざるらむ

かへし　　女五のみこ

耳無の山ならずとも呼子鳥　なにかはきかむ時ならぬ音を

とある。「女五のみこ」は宇多上皇の皇女依子内親王（母は更衣源貞子、昇女『本朝皇胤紹運録』）で、この内親王も宇多院に住んでいたようである。

(26)　「日本古典文学体系」『大和物語』頭注参照。

(27)　竹村俊則『新撰京都名所図絵』巻二。

(28)　もっとも『三代実録』貞観二年十一月三日条に、宇陀野を狩場として源融に賜わった記事があるから、別に融から湛に伝わった別業もあったかも知れない。

(29)　『大和物語』（一七二段）に、上皇の石山詣が近江国の民力の疲弊をもたらすために、別に「異くにぐの御庄など」から費用を弁進させたことがみえる。ただし史料的には若干の疑問があるかも知れない。

(30)　時野谷滋「知行国制の起源」『日本古代史論集』六六九頁。

(31) 上皇は封戸を辞退したが（『日本紀略』延喜五年七月二十一日）、結局辞意は容れられなかったらしい。『貞信公記』承平元年十一月八日条に「両太上皇（宇多・醍醐）崩後、御封返納之年令レ勘二申状一、仰二公忠朝臣一」とみえるからである。

(32) なお『貞信公記』延喜二十年五月十日条にも、「又御二覧宇多院御馬一」とある。四〇匹もの多数の馬は、院の領する牧より貢納されたものであろう（第三節第四項の⑩に「信濃諸牧」がみえる）。

(33) 渡辺直彦「嵯峨院司の研究」（『日本歴史』二一〇）。

(34) 『年中行事秘抄』は、寛平御記に、「寛平二年二月卅日丙戌仰レ善曰、正月十五日七種粥（中略）等、俗間行来以為二歳事一、自今以後、毎色弁調、宜レ供二奉之一」とあるを引き、「于レ時善為二後院別当一、故有二此仰一」と注している。「後院別当」が必ずしも正確な用語とはいえまいが、腹心であった一証であろう。

(35) 坂本太郎『菅原道真』一一三頁。

(36) 穏子入内をめぐる対立については、『九暦』逸文天暦四年六月十五日条（『大日本古記録』）にみえる（角田文衛『紫式部とその時代』二九六頁）。廃立問題については、改めて記すまでもあるまい。

(37) 源善の歌は『後撰和歌集』に数首入る。特に巻十八（雑四）には、「にはかに事ありて、とをき所にまかり侍り」ける時に、「中将にて内にさふらひける時、あひしりたりける女蔵人」と交した歌がみえる。

(38) 『大日本史料』一―三。拙著『紀貫之』一一二頁等参照。

(39) 角田文衛「菅原の君」（『紫式部とその時代』）二二三頁。

(40) 注(39)前掲書、二二八頁。

(41) 『大和物語』七六、七七、一一七段等には、嘉種と「桂のみこ」（宇多上皇皇女孚子内親王）の恋の贈答がみえる。

(42) 『日本紀略』も『扶桑略記』も、この上表の事実を記さない。

(43) 村井康彦『律令国家解体過程の研究』一四七頁。

(44) 注(43)前掲書、一四九頁。

(45) 承徳三年八月二十八日「東寺領川合勅旨田幷大国庄与二成願寺領川合庄一相論」に関する勘文案にも、成願寺所進文書に「延長六年閏八月二十一日宇多院々宣案」がみえ、文書の真偽のほどは不明ではあるが、宇多院の干渉が再三にわたったことを推測させる（『平安遺文』一四〇七号）。

(46) 奥村恒哉「古今集の成立―宇多上皇と醍醐天皇―」(『国語国文』二三―五)。拙著『紀貫之』六九頁。特に『古今和歌集』撰進の延喜五年四月十五日には、宇多上皇は折しも叡山に登って増命によって受戒していた(『扶桑略記』)。このことは決定的証拠であろう。
(47) 拙稿「古今和歌集勅撰の歴史的背景」(『平安文化史論』所収)参照。
(48) 日本古典文学体系『大和物語』の頭注は、禁色を許されたのも歌の作者も忠平としているが、実頼とする方がよいように思う。
(49)『醍醐寺雑事記』所引『李部王記』延長八年十月十一日条、同年同月十八日条参照。
(50) 竹内理三「院政の成立」(岩波講座『日本歴史』古代4、昭和三十七年)九一頁。

Ⅱ　摂関期の貴族文化

道真和歌の虚実

はじめに

菅原道真はその生涯も悲劇的であったが、死後の千年間にたどった運命も劇的に幾変遷している。畏怖すべき怨霊となり、次いで天満天神となり、さらに忠臣の典型となり、今では日本の古典文化の創造に大きな貢献をした人物と認識されるに至った。この道真イメージの転換が、ほぼ古代・中近世・近代そして現代という時代区分に対応しているのは、彼の巨人性を如実に示すものである。

道真が王朝文化のいわゆる「唐風」から「国風」への発展における接点に位置することは、今ではほぼ共通の認識であろう。中でも本領たる詩文の研究は、『菅家文草』『菅家後集』の奇蹟的な伝存も幸いして、戦後長足の進歩を見た。しかし反対に、彼の和歌については関心が薄いようで、私の無智にもよるのだろうが、ほとんど論文も出ていないようである。つまり歌人道真は、評価の高低より以前に、存在すら認められていない。『新撰万葉集』の成立に果した役割は注目されているが、道真の詠歌そのものは文学的研究の意欲をかきたてるには程遠かった。

しかし歴史的視角を取ると少なからず興味が持たれる。道真の和歌には資料がないわけではなく、三代集に一〇首、『新古今集』以下中世の勅撰集に二四首もあり、さらに私家集・百首の類は、諸所に伝わる写本がほぼ六十部の多きを数える。それにもかかわらず文学的研究が乏しいのは、それらの私家集類が仮託の偽書であることが明白だからであろう。しかし、代々の勅撰集はいかなる資料からいかなる方針で道真の遺作なるものを採録したのか、また仮託・偽書はいかにして成立し流布したのか等を追跡すれば、史上における道真観の変遷や、虚像を成立させた後世の詩心や文化意識が把握され、そこから溯って道真その人を照射する手掛りも得られるかも知れない。いまは大量の写本を精査する余裕もなく、わずかに宮内庁書陵部・内閣文庫・前田家尊経閣文庫などへ伺ったに過ぎないので、単なる問題提起としても準備不十分で失考を怖れざるを得ないが、とりあえず短い覚書を提出して博雅の叱正を請いたい。

1　勅撰集の道真歌

道真が大宰府に没した延喜三年（九〇三）の二年後に撰進された『古今集』には、二首が採録された。驚天動地の政変の記憶もまだ生々しい時期としては、これは驚くべき公正な選歌ではなかったか。(1)

同じ御時（注「寛平御時」）せられけるきくあはせに、すはまをつくりて菊の花うゑたりけるにくはへたりけるうた、ふきあげのはまのかたにきくうゑたりけるによめる　すがはらの朝臣

秋風の吹きあげにたてる白菊は　花かあらぬか浪のよするか　（巻五、秋下）

朱雀院（宇多）のならにおはしましける時にたむけ山にてよみける　すがはらの朝臣

このたびはぬさもとりあへずたむけ山　紅葉の錦神のまにまに　（巻九、羇旅）

右の二首。しかもこの二首はともに、腹心の道真を通じて朝廷を遠隔操作し、彼の孤立・失脚を招いた宇多上皇に関わる作である。(2)第一首の「寛平菊合」は、萩谷朴氏の『平安朝歌合大成』では民部卿行平歌合と中将御息所歌合に

次ぐ古い行事と認定され、「この菊合に参加したことは、恐らく道真が宇多天皇のブレーンに参与した最初の段階における出来事であった」と指摘されている。第二首は昌泰元年（八九八）の宮滝御幸に随行しての作で、あまりにも有名である。『扶桑略記』に収められた道真執筆の御幸記にこの和歌が省略されたのは惜しいが、道中は鷹狩と酒宴・詩歌に明け暮れたのであって、素性法師や大納言源昇以下の作が勅撰集に多く採られた。[3]そして『後撰集』の左の二首も同一の資料によるものであろう。

法皇宮のたきといふ所御覧じける御ともにて　菅原右大臣

水ひきのしらいとはへておるはたは　旅の衣にたちやかさねん

道まかりけるついでに、ひぐらしの山をまかり侍りて

ひぐらしの山ぢをくらみさよふけて　このすゑごとにもみぢてらせる　（巻十九、羇旅）

この豪奢な御幸は、宇多上皇の政治的文化的権威を誇示した行事として、時人の胸に強く銘記されていた。道真失脚の後にも、仁和寺御室の法皇の存在は時平政権の最大の脅威であった。勅撰の気運を導いた功労をあえて無視して、法皇の作を一首も『古今集』に採録しなかった所に、きびしい政治的対立が看取される。この状況を思う時、さすがに「右のおほいまうち君」の敬称を避けて「すがはらの朝臣」と記したとはいえ、道真の作品を排除しなかったのは撰者の見識であろう。撰進当時、道真はすでに没して政治的影響力は無くなり、延喜九年の時平の死を機として蠢動をはじめる怨霊はまだ顕現しない。採録はまさにその間隙を衝いて実現した。

次に半世紀後、怨霊鎮定のため京外に北野社が創建される頃に成立した『後撰集』には、

家よりとほき所にまかる時、前栽のさくらの花にゆひつけ侍りける　菅原右大臣

さくら花ぬしをわすれぬ物ならば　ふきこむ風に事づてはせよ　（巻二、春中）

という、配流に関わる作がはじめて採録された。歌意は『拾遺集』の有名な、

ながされ侍りける時、家のむめの花を見侍りて　贈太政大臣

こちふかばにほひおこせよ梅の花　あるじなしとて春をわするな　（巻十六、雑春）

と同工異曲である。生前の道真にゆかり深いのは梅花だったことを思えば、先行の『後撰集』の桜の方がむしろ誤伝かも知れない。『後撰集』の頃には、『菅家御集』（後述）のような資料がまだ無くて、不確実な坊間の伝承によったからでもあろうか。しかしともかく忠平政権の終り頃になって、忌わしい事件をタブーとしない風潮があらわれたわけである。

さらに半世紀後、道長政権の寛弘年間に成立した『拾遺集』所収の五首は、前引「こちふかば」などすべて配流に関わる作である。そのうち、

ながされ侍りてのち、いひおこせて侍りける　贈太政大臣

君がすむやどのこずゑをゆくゆくと　かくるるまでにかへりみしはや　（巻六、別）

ながされ侍りける時

あめのしたのがるる人のなければや　きてしぬれぎぬひるよしもなき　（巻十九、雑恋）

は、「こちふかば」と共に『大鏡』時平伝に引かれ、道真の嘆きと訴えを強く後世に印象付けた。摂関・院政期の勅撰集の道真歌採録方針は、怨霊鎮定にひたすら努めた貴族社会の動向を忠実に反映している。

さて、三代集所収のうち配流に関わる作は、いかなる資料に依拠したのであろうか。道真自身が本領とした漢詩は、薨ずるに臨んで「封緘」して中納言紀長谷雄に送った手稿が『菅家後集』として伝わった。同様にして歌稿も京へ送られた可能性は否定できないが、和歌の場合は人の口の端に乗って流伝した可能性もあろう。嘉承元年（一一〇六）

菅原陳経の著した『菅家御伝記』(4)には、「道真公所ㇾ詠歌集曰二菅家御集一、有二一巻一」という記述が『菅家後集』関連の記事と並んでみえ、院政期には配流後の作を含む和歌の詠草『菅家御集』が伝来していた。今は伝わらぬこの本が、おそらく三代集や『大鏡』の取材源となったものであろう。

次に中世に下れば、『新古今集』には一六首が採録された。なかんずく巻十八雑下の冒頭に並ぶ「菅贈太政大臣」の一二首は、山・日・月・雲・霧・雪・松・野・道・海・かささぎ・波に寄せて、配所の孤独・絶望・望郷・雪冤の心を詠った切実な述懐歌である。そのうち、

雲

山わかれとびゆく雲のかへりくる　かげみる時は猶たのまれぬ

海

海ならずたたへる水の底までに　清き心は月ぞてらさむ(5)

は『大鏡』時平伝にもみえるもので、『大鏡』と同じ出典、おそらく前述の『菅家御集』によるものかと想像される。また巻十六、雑上所収歌には「うぐひすを」「柳を」といった詞書形式があるが、『続後撰集』所収の二首にも、「帰雁を」（巻二、春中）、「萩を」（巻十六、雑上）という特色がみられるので、おそらく出典を同じくすると思われ、これまた院政期に存した前述の『菅家御集』によるものかと想像される。

以上を要約すれば、鎌倉中期以前の勅撰集における道真歌は、恩顧を蒙った宇多上皇の行事で詠まれた軽快な言葉遊びの作三首と、切々と配流の心事を訴えた多数の作から成る。両者の明暗の対照は、詩文における『菅家文草』と『菅家後集』の対照を思わせるのである。配流の作の出典と思われる『菅家御集』に伝承歌がどの程度含まれたかの吟味については、専門家の示教に預りたい。

次に『続古今集』から『新続古今集』までの各勅撰集には、「北野の御歌となん」と左注された神祇歌が多く採録されている。そのはしりは『新古今集』巻十九、神祇に、

なさけなくをる人つらし我がやどの　あるじわすれぬ梅の立枝を

このうたは、建久二年の春の比、つくしへまかれりけるものの、安楽寺の梅ををりて侍りける夜のゆめにみえけるとなん

とある神祇歌あたりであろう。これが『拾遺集』の「こちふかば」を踏まえて成ったことは明白である。『北野天神縁起』には三代集や『大鏡』にみえる歌以外は含まれていないので、神詠なるものは縁起よりも時期的に遅れ、縁起を補完するがごとく成立したものであろう。その掉尾をなす『新続古今集』巻二十、神祇の、

花もさき紅葉もちらす一枝は　ふきなす風をいかがうらみん

のごときは、すでに怨恨を超越した天神の御心を讃仰したもので、怨霊の鎮定は勅撰の終末期にめでたく成就したようである。その先は私家集の出番となる。

2　私家集の道真歌

『私家集伝本書目』には、道真の歌集六一本が挙示されている。刊本二部のほかはすべて写本であり、しかも江戸時代以前に溯るものはみられないようである。『古典籍総合目録』その他によって二、三本補えるが、この驚くべき量の伝本は『私家集大成』にも『新編国歌大観』にもまったく無視されている。それは当然の処置であるから、そのような得体の知れないものを一瞥するのも酔狂の業であるが、片鱗を窺ってみよう。

宮内庁書陵部蔵の桂宮本『菅家御詠』は、寛永十一年（一六三四）卯月七日書写の奥書をもつ歌数三七三首の本である。そのうち勅撰集等によって確かめられた歌には出典と本来の作者名の頭注がある。原本の成立年代はもとより、書写も付注も何びとの手になるものか分らないが、その労には脱帽するとしよう。しかしたとえば頭注最初の、

いまゝてはなにとて花のさかすして　三とせまてには年ふりにける

に「後撰　清慎公」と記されたが、『後撰集』では原歌の下句は「よそとせあまり年きりはする」で、歌は道真の境遇（大宰府に足掛け三年）に合わせて「三とせ」と変改されたのであろう。実は作者も「贈太政大臣」時平なのだが、これを清慎公（実頼）とした頭注は不用意の誤記ではなく、故意に時平の名を避けたものかと思われる。次に、

暮て行春の別はいかにそと　花をおしまぬ人を《にイ》とははや

に「新後撰　如願法師」と注するのは妥当である。次に、

なにとなく物そ悲しきすか原や　伏見の里の秋のゆふくれ

に「千載　俊頼朝臣」と注するのも妥当。次に、

日くらしの山路はくらし日くるれは　この本ことに紅葉てらせる

には、「後撰　此歌不見後撰」とあるが、実は巻十九、羇旅の宮滝御幸の作（前引）であり、何故に「不レ見」としたのか不審である。

こうした頭注は以下三、四〇ヵ所あるが、盲従すべきでないことは上述の例示のごとくである。以下の歌も、あらためて精査すれば勅撰集私撰集の中に多くの原歌が他人の作として発見されるであろう。前引の「なにとなく」の一首に「菅原や伏見の里」の語がみえるように「菅原」や、「梅の花」「ながれ木」といった道真に縁ありそうな歌語をヒントにしたり、いかにも配所の心事にふさわしそうな述懐歌を探し出したりして、この偽書は成立したものと思わ

れる。『聖廟御集』『菅家御詠』『菅贈太政大臣家集』等の題号をもつ未調査の諸本もほぼ同系統に属し、広く流布したものと推察される。

同じく大冊の写本に『菅家金玉抄』がある。これは四季・恋・雑などに部類したもので、しかも注解も付されている。内閣文庫本には、「右道実《（ママ）》公歌非凡、心不及、自今以後更無此風、（中略）于時文安五年《（一四四八）》林鐘十九日　継長在判」という本奥書がある。内閣文庫本は昌平坂学問所旧蔵であるが、この種の部類本も成立は室町前期に溯るようである。

次に百首歌が何種か成立し、伝来している。尊経閣文庫には、二部（一筆）の百首から成る『菅家詠草』（外題）一冊がある。冊尾に「右尊詠二巻者、以山州藤森社司宮内権少輔春長邦之蔵本所摹謄也」という、享保二年（一七一七）の前田綱紀の識語がある。その前半の「天神御詠歌」は、

たか方をわきてぬしとはおもふらん　中かきに咲梅のはつはな

にはじまり、

つま木とる道のかけはし中絶て　かすみをわたる春の山人

におわる百首で、奥に「右一帖、瑠璃之壺と云」と記す。『瑠璃壺』と題する百首は内閣文庫でも寓目したが、諸方に所蔵されている。内閣文庫本には、「当百首、北野神詠にて、御真筆かき給へり、山門ノ中堂薬師へ奉納し給といへり」とあって、成立には天台僧の関与が想定されるが、後考を待つほかはない。

尊経閣本『菅家詠草』後半の「天神御詠歌」は、

月たにももらぬ岩屋のした柴に　いつふる雪のまた残るらん

にはじまり、

世中のうきをならひといふ人や　いとはしとてのこゝろなるらん

におわる百首で、奥に「此百首御詠之年従（ママ）或方令備用書写了、然処此一本一覧之処相違万多有之、猶求証本両本之不同可決是非者也矣　慶長十二年（一六〇七）丁未季冬上旬天　祐範判」と記す。祐範は未詳であるが、文によって近世初頭に各種の百首が流布していたさまが推察される。しかも後半の百首には、「此御詠歌は鎮西今川殿より度々御所望候間、二条殿より被遣秘歌也」という本奥書があって、今川了俊に与えた二条家伝来の道真百首と知られる。なお尊経閣には、これと同系統（ただし一首脱）の金襴表装牙軸の優美な巻子本がある。内題「天神之百首」、箔押の鳥の子紙に運筆流麗をきわめ、末尾に「右之百首信海子之所望染愚筆訖　霊源菴主文守（花押）」の奥書がある。筆者は一糸文守すなわち臨済僧仏頂国師である。寛永十五年（一六三八）後水尾上皇の外護により霊源庵を開いたよしだから（『国史大辞典』今枝愛真）、その頃の写本と考えられる。尊経閣備付の解説稿を橋本義彦氏の厚意によって参照した所によれば「信海子トイヘルハ八幡ノ雄徳山豊蔵坊信海ナルヘシ（中略）本巻ハ信海ノ幼時ニ書キ与ヘシモノナルヘシ」という。げにも「天神之百首」は手習本として打ってつけだったのであろう。

　こうして道真の家集・百首は江戸時代を通じて広く流布したが、さすがに一方では、その化の皮を剥ごうとする批判意識もしだいに成熟した。天明二年（一七八二）に刊行された『群書類従』和歌部がこれらを採録しなかったのは、塙保己一の見識を示している。享和元年（一八〇一）刊行の尾崎雅嘉の『群書一覧』も、「菅家御神詠七千首内秘歌百首」を収めたという「安楽寺の秘蔵」の『菅家百首』を掲出して、その仮託なることを指摘している。文化文政期に入ると、幕臣仲田顕忠によって『菅太政大臣歌集』が文化十二年（一八一五）刊行されたが、そこに採録された作品は勅撰集と『万代和歌集』『雲葉和歌集』『菅家御伝記』『大鏡』『北野天神縁起』にみえる四六首だけである。その識語に、「これらの歌ともをおきて世にこの公の歌ととなふるもの、大方は好人のつくれるもの也、ゆめ〳〵まとふへからす」とあるように、仮託の流布を是正する著作意図であった。同じく幕臣伴直方による内閣文庫蔵『菅原贈太政大臣歌集』も、さらに『夫木抄』『古今六帖』等に取材範囲をひろげたが、意図は道真歌とされるものの真偽を弁別するにあったことが、文政十三年（一八三〇）の序によって知られる。

これらは近世における学問の発達が結局中世的妄誕を克服するに至った帰結を示すが、しかし仲田顕忠や伴直方が選別し採録した作といえども真作と即断すべきでないことは論を要しない。むしろ伝承歌から紛れもない仮託への増幅過程や、何故に偽書がかくもてはやされたかの原因を探求すべきであったが、近代の学問はそういう実証の方向を取らずに、『菅家後集』の「去年今夜侍清涼」の詩や「海ならず」の和歌を手掛りにして、ひたすら「忠臣」道真像を構築することに逸脱してしまった。ある意味では、もう一つの虚像の成立である。

中・近世における仮託・偽書盛行の根源には、菅家・菅公・天満天神に対する熱烈な哀惜・追慕・敬仰の念があった。妄誕批判の先は、そうした創作心理の解明に赴くべきではなかったか。名のみ高くて遺作の少ない古人を惜しむ余りに作品の増幅や虚構を試みたのは、『万葉集』の「柿本朝臣人麻呂歌集」を先駆とし、やがて『人麿集』『赤人集』『家持集』『小町集』『猿丸太夫集』などの続出をみた。このような異色ある文学的実験は、よかれ悪しかれ伝統的な詩心や文化意識の有力な一類型ともいえるのである。「道真」の場合もその伝統を追うものであったが、惜しいことに出現はいささか遅れ過ぎたので、いたずらに恣意的な妄誕となってしまった。したがって、これを否定し無視することは赤児の手を捻るほど容易であるが、それでは近世の学問の到達点と選ぶ所がない。一歩進めてこうした発想の根源を見きわめることが、今後の日本文学や文化研究の一視角となるべきであろう。不徹底な調査の末の大袈裟な問題提起で、恐縮の至りである。

注

（1）アール・マイナー氏の「集と個―文学にあらわれたその姿と社会的意味―」（小西甚一・中西進共編『日本文学の構造』所収）は、「日本文学の中で集《コレクション》が占める割合は日本人が意識しているよりはるかに高い」ことを、比較文学的視野において指摘した示唆深い論文であるが、中で『古今集』など勅撰集のもつ「イデオロギー上の隠れた意味」についても注意を喚起している。

（2）拙稿「菅原道真の謎」（『王朝のみやび』所収）、「宇多天皇とみやび」（『鄙とみやび』所収）参照。

（3）『大日本史料』一―三（延喜三年二月二十五日）参照。

（4）『群書類従』神祇部所収。

（5）岡田希雄「菅公の『海ならずたゝへる』の歌の解」（『国語国文』七―一）参照。

円融上皇と宇多源氏

はじめに――古代の太上天皇について――

わが国古代における太上天皇は、その最末期の院政によって最も重大な影響を政治上に及ぼした。しかし大宝律令成立当時における持統上皇以来、太上天皇の系譜はほとんど連綿として絶えることがなく、その中にはすこぶる大きな意義を政治史・文化史上に持つ存在もみられる。石尾芳久氏は、大宝律令は大略浄御原令をもって准正とした（『続日本紀』大宝元年八月）にもかかわらず、浄御原令と異なる重大な一条を存し、それは「太上天皇について規定した条文」であって、「不比等がおりこんだ大宝令の特色というものも、まさにこの一条に存する」と言われた(1)。言うまでもなく、それは『養老儀制令』天子条に「太上天皇譲位帝所ㇾ称」、またその皇后条に「凡皇后皇太子以下、率土之内、於二天皇太上天皇上表一、同称二臣妾名一」とある部分を指すもので、いずれも古記の注釈が付されて大宝令にも同様の規定が存したと推定される。これは持統太上天皇の存在を条文化したこと石尾氏の言われるとおりで、同上皇は文武天皇と「並坐而此天下乎治」めたのである（『続日本紀』慶雲四年七月壬子）。坂本太郎氏は、この事実を「後世の院政の実質的な濫觴とも解せられる」と断定され(2)、また直木孝次郎氏は、「未経験な若い天皇を、老熟したまえの天皇が助けるというやり方は、たしかに皇位の継承を安全にする」とはいえ、「そのかわり、天皇の地位の絶対性が失

第1表　平安〜鎌倉初期の上皇

上皇	譲位	年齢	崩御	年齢	在位年数
平城	大同4・4・1	36	天長元・7・7	51	16
嵯峨	弘仁14・4・16	38	承和9・7・15	57	20
淳和	天長10・2・28	48	承和7・5・8	55	8
（承和9〜貞観18、35年間上皇欠）					
清和	貞観18・11・29	27	元慶4・12・4	31	5
（元慶4〜元慶8、5年間上皇欠）					
陽成	元慶8・2・4	17	天暦3・9・29	82	66
宇多	寛平9・7・3	31	承平元・7・19	65	35
醍醐	延長8・9・22	46	延長8・9・29	46	1
朱雀	天慶9・4・20	24	天暦6・8・15	30	7
（天暦6〜安和2、18年間上皇欠）					
冷泉	安和2・8・13	20	寛弘8・10・24	62	43
円融	永観2・8・27	26	正暦2・2・12	33	8
花山	寛和2・6・23	19	寛弘5・2・8	41	23
一条	寛弘8・6・13	32	寛弘8・6・22	32	1
三条	長和5・正・29	41	寛仁元・5・9	42	2
後朱雀	寛徳2・正・16	37	寛徳2・正・18	37	1
後三条	延久4・12・8	39	延久5・5・7	40	2
（寛弘8〜応徳3、79年間ほとんど上皇欠）					
白河	応徳3・11・26	34	大治4・7・7	77	44
鳥羽	保安4・正・28	21	保元元・7・2	54	34
崇徳	永治元・12・7	23	長寛2・8・26	46	24
後白河	平治3・8・11	32	建久3・3・13	66	35
二条	永万元・6・25	23	永万元・7・28	23	1
六条	仁安3・2・19	5	安元2・7・17	13	9

なわれ、のちのち天皇と太上天皇との関係を複雑にするもととなり、また天皇の外戚の権力をます原因ともなる」と判断された[3]。

以後、元明・元正・孝謙各太上天皇は、いずれも国政に対して権限を持ち発言もした[4]。特に孝謙上皇が常祀と小事を淳仁天皇に与えて「国家大事・賞罰二柄」をみずから行ったことは（『続日本紀』天平宝字六年五月辛丑）、変則もはなはだしいもので、しかも仲麻呂の乱は、皮肉にもこの変則が力をもって正則を打ち破る結果を招いたのである[5]。

元来律令国家における天皇には、政治体系の最高機関たる公的性格と、これに包摂されない皇室の家父長たる私的性格が複雑に絡み合っている。儀制令太上天皇条は、伝統的な後者が前者を理念とする法制の中へ採り入れられざるを得なかった根深さを示すものである。もっとも奈良時代の場合、形式的には「天子に父母無し」とする公的観念が健全に貫かれていたように見えるが[6]、政治の現実ではむしろ平安時代をはるかに凌ぐ天皇親政の混乱があった。ところが平安初期に起こった薬子の変に、「二所朝廷」の変則

高　倉	治承4・2・21	20	養和元・正・14	21	2
（建久3～9、6年間上皇欠）					
後鳥羽	建久9・正・11	19	延応元・2・22	60	42
土御門	承元4・11・25	16	寛喜3・10・11	37	22
順　徳	承久3・4・20	25	仁治3・9・12	46	22
仲　恭	承久3・7・9	4	文暦元・5・20	17	14

注　大森金五郎『最新日本歴史年表』によって作成

を強行しようとした平城上皇が敗れたことは、いわば仲麻呂の乱の結果を逆転したもので、正則が変則を制したものである。嵯峨・淳和・仁明三代の安定した政治情勢がこれを契機として出現したことを思えば、事件そのものとしては矮小な薬子の変には、比較的大きな政治史的意義を認めることもできよう。(7)

しかし、上皇の天皇大権に対する直接の侵奪が無くなった代りに、天皇制における前述の私的・家父長的性格の発揮は、別の意味で嵯峨朝以後一層顕著になった。別の意味とは、第一に父子上下の家族道徳的意識とこれに基づく宮廷儀礼が、天皇上皇同格の律令法規定に優先するに至ったことであり(8)、第二に上皇のいわゆる院宮権門的活動が、律令の土地制度を崩壊に導く方向に作用したことであり(9)、第三に上皇が宮廷文化と貴族的奢侈に対して指導的役割を果したことである。大権への侵奪が復活する院政期以前にも、このような意味で上皇の存在は平安貴族制あるいはいわゆる王朝国家の構造の中に重要な比重を占めるのである。

試みに平安時代初頭から、院政が実質的に幕を閉じた承久の乱までの上皇について一覧表を掲げる(10)（第1表）。このうち後朱雀天皇までについて注釈を加えれば、醍醐・一条・後朱雀天皇は病気のため譲位数日後に崩じたので、実質的には上皇たることが無かった。平城上皇（薬子の変後）・陽成上皇は、惹起した事件の結果政治から疎外された存在である。朱雀・冷泉・花山・三条各上皇は精神的・肉体的に欠陥があり、これまた疎外される理由があった。これらを除いた諸上皇の中では、嵯峨上皇の譲位後二〇年、宇多上皇の譲位後三五年が抜きんでていて、それぞれ当代の政治史・文化史上に及ぼした影響は大きかった。残る三上皇のうち、淳和上皇は終始嵯峨上皇に兄事する姿勢を取り、直接の影響力は少なかったが、清和・円融両上皇は仮にもし若干の寿に恵まれたならば、歴史の展開に多少影響したのではないかと想像させる。私はすでに嵯峨・清和・宇多各上皇についてモノグラフを書いたので、[11]ここに円融上皇についても考察しておきたいと思う。

従来平安貴族制の研究は、摂政・関白と藤原氏主流の動向に余りにも絞られて来た。それは史料として最もポピュラーな『栄花物語』『大鏡』が、立場の差こそあれ[12]摂関家の栄華を浮彫りにすることに焦点を置き、他の諸要素たとえば政治機構や院宮・受領等々の動きを故意に閑却した叙述態度に研究者がひきずられたことにも、一つの原因があろう。また藤原氏の「専横」という旧時代の観念の無意識の残滓かも知れない。摂関家の動向の重要性は言を俟たないとしても、当代政治史の視野はもっと拡大すべきである。改めて第1表を眺めるならば、寛弘八年（一〇一一）の冷泉上皇崩御から延久四年（一〇七二）の後三条天皇譲位までの六〇年間、あるいはさらに長く正暦二年（九九一）の円融上皇崩御から応徳三年（一〇八六）の白河天皇譲位までの九五年間、上皇の存在は実質的には皆無に近いという事実が注目される。この一世紀に展開した摂関政治は、つまり上皇の家父長的権威の空白に乗じて外戚がこれを代位したものではあるまいか。[13]思うに平安貴族制における「天皇」の地位は、いわば在位の天皇をめぐる院宮権門の複合体の表現であり、[14]この複合体を構成する諸要素を視野を広げて究明することが必要である。

さて、主題の円融上皇[15]は摂関期の貴族社会に存在した、唯一の実力ある上皇であった。円融上皇の立場・生活・政治活動の実態と、上皇をめぐる賜姓源氏や藤原氏主流の動向を究明することは、これを通じて平安貴族制に関する研究視野の拡大に幾分か寄与するものと思われる。[16]

1　譲位の事情

(1)　天皇と権門との矛盾

円融天皇は安和の変後の安和二年（九六九）八月十三日、兄冷泉天皇の譲りを受けて十一歳にして践祚し、在位一六年目の永観二年（九八四）八月二十七日、皇太子師貞親王を堀河院に引いて位を譲った。この譲位の事情を究明することは、その後正暦二年（九九一）二月十二日崩御に至るまで八年間の、上皇（法皇）としての立場と行動を考察する前提として必要であろう。『栄花物語』『大鏡』等によってよく知られている事実に、あらためて史的解釈をほどこす所以である。

譲位の原因の第一に挙げられるのは、天皇と藤原兼家との対立である。対立激化の契機は、天元二年（九七九）の藤原媓子（故兼通の女）の崩後空白となっていた皇后に、同五年三月、すでに懐仁親王（一条天皇）を生んでいた兼家の女詮子をさし置いて太政大臣藤原頼忠の女遵子を立てた、天皇の選択にある。『栄花物語』（巻二、花山たづぬる中納言）は、「かの堀河（兼通）の大臣の御しわざはなに、かはありける、此度のみかどの御心掟は、ゆゝしう心憂く思ひきこえさせ給ふも疎なり」と記し、以下兼家一門と天皇との冷戦状態を詳述する。この事は単に兼家一門のみでなく、兼家に追随する公卿一同にも大きな波紋を及ぼした[17]。対立と孤立の二年余を経て、天皇は兼家に「東宮位につき給なば、若宮（懐仁親王）をこそは東宮には据へめ」と約し、ついに譲位したのである。

遵子立后に対する兼家の抵抗が譲位の直接の外的原因となったことは明らかであるが、その対立の遠因を尋ねると、それは有名な兼通・兼家兄弟の対立において、天皇が常に兼通の側にあったことに溯る。天禄三年（九七二）十一月、長兄の一条摂政伊尹薨去の際、兼家の下風に立つ権中納言の地位に甘んじていた兼通は、一躍内大臣に任じて内覧宣旨を受け、天延二年（九七四）三月関白の詔を受けた。この任内大臣召仰については、周知のごとく『大鏡』流布本に、兼通が姉の故村上后安子の「関白はしたい《次第》のままにせさせ給へ」との御文を所持していて、これを提示された円融天皇が「けうやう《孝養》のこゝろふかくおはしまして、はゝ宮の御ゆいこん《遺言》たるへしとてなしたてまつらせ給へりける」と、裏面の事情が語られている[18]。『親信卿記』には、「其次被レ仰二内大臣事一、依二外戚之重一、前宮《安子》遺命也」とみえ、『扶桑略記』にも、「忽蒙二不次朝恩一、是依二母后遺書一也」とみえる。主体性を求めるには酷な十四歳の幼帝の決断とはいえ、天皇が公的な太政官の序列を重んぜず、孝道に基づき兼家を排して兼通を択んだことは、円融朝のその後の運命を決定した。

以後兼通が関白太政大臣として全盛を誇ったこと、また天延元年（九七三）二月女媓子を入内させ、七月皇后に立てることに成功し、さらに貞元元年（九七六）五月女妔子を尚侍に任じて姉妹をもって後宮に支配的立場を確立したこと、また兼通の男朝光が天禄四年正月より五位蔵人として側近に侍したこと[19]等は、従来疎遠であった[20]兼通一門を急速に天皇に密着させた。兼通の全盛はわずか五年間に過ぎなかったが、その第宅堀河院が後々まで天皇によって使用されたことや、朝光が譲位後も院別当として特に信任されたこと（後述）等によって、天皇と兼通系との縁の深さが推定される。思うに、兼通の外戚は天皇の十四歳から十九歳に至る多感な成長期だから、自我の確立した二十代になって接触を深めた兼家に対するとは、情愛の深さが当然異なったのであろう。

兼通は貞元二年十一月薨じたが、その直前病を押して除目を行い、左大臣頼忠を関白とし、大納言兼家の右近衛大将兼任を罷め治部卿に左遷した（『日本紀略』『公卿補任』）。『栄花物語』には、死病の兼通が天皇に対して常に「この右大将兼家は、冷泉院の御子を持ち奉りて、ともすればこれを〳〵といひ思ひ、祈すること」と讒訴したことが記されている。いかにも兼家は女超子を冷泉上皇に納れ、居貞親王等を生ませていたから、兼家を冷泉系なりとする兼通の言葉は全くの中傷ではなく、天皇の心を動かしたと見て差支えあるまい。[21] 兼家が兼通薨後の十二月、長歌をもって天皇に復任を愁訴した時、天皇は「これが御返、たゝいなふねのとおほせられ」たとある（『拾遺和歌集』巻九、雑下）。これは言うまでもなく、「いなふねのいな《否》にはあらずこの月ばかり」（『古今和歌集』巻二十）の意味だから、将来の復任を約束はしたものの、兼家の長歌にいう「年のうちに春吹風も」すなわち年内復任の要請を拒否したものである。つまり兼通の妄執と兼家の憤怒の間にあって、天皇は前者に与し後者には譲らなかった。こうして兼家失脚の一件も、天皇の自発的意志ではなかったにせよ、ともかく一つの選択ではあった。

　翌天元元年八月兼家の女詮子が入内し、十月兼家が右大臣に昇進したこと、これに対して朝光が「位次上首」なるにもかかわらず兼家に越えられ（『公卿補任』）、翌年六月媓子が崩じたことによって両系の明暗は逆転したが、しかし兼家はその後も天皇を快しとしなかった。『栄花物語』に、「東三条の大臣世中を御心のうちにしそしておぼすべかめれど、猶うちとけぬさまに御心もちゐぞ見えさせ給ふ、みかどの御心強からず、いかにぞやおはしますを見奉らせ給へればなるべし」とあるのは、おそらく正確な批評である。しかし専権を確立しようとする外戚に対して、天皇の立場は本来諸公卿の均衡の上に立つべきものだから、たとえ兼家の側からは「御心強からず」すなわち優柔不断に見えたとしても、天皇はそれなりに権門操縦の方針を貫いたわけである。[22] ゆえに前述の遵子立后も、この方針の帰結として故兼通と親しかった関白頼忠の側に立ったので、単に「素腹の后」遵子への愛情だけではなかろう。

　これを要するに、『栄花物語』『大鏡』の文学的観察の底に、権力複合体内部における天皇の立場と権門の立場の矛盾相剋という論理が貫徹している。天皇は結局この相剋において敗北したのである。

(2)　天皇の内的志向

譲位の原因の第一を、私は兼家との対立ひいては天皇と権門の政治的立場の相違に求めたが、さらに原因の第二として、右の外的に対して内的なもの、すなわち天皇の仏道および御遊への強い願望を挙げたい。この志向を満足させるためには、政務を離れて自由な境涯に移ることが不可欠であった（もっともその事が政治から完全に離脱することを意味したか否かは問題で、この点は第三項で検証する）。

まず在位当時の仏道への志向は、御願寺円融寺の造営にほぼ尽くされている。そして円融寺については菊池京子氏の論文（前掲）が委曲を尽くしているので、必要な点だけを述べたい。造営開始の時点は、正確には判らない。菊池氏は『除目大成抄』から円融寺造仏料の記事を拾った結果、「天元元（九七八）年頃より既に御願堂建立のため栄爵・成功が行われていたこと」を指摘された[23]。下限を天元元年に置くとして、上限を推定する手掛りを求めると、『親信卿記』天延二（九七四）年五月十三日条に、右大将兼家の沙汰として「為二儲弐一之時、所二立申一御願」によって叡山に「大乗院」を建立すべく、検非違使平親信を派遣して地を点定させている記事がある。親信は翌十四日、陰陽道の賀茂保憲・安倍晴明等を伴って登山し、律師長勇・大乗院別当清胤等の出迎を受け、中山・長寿尾の二候補地を見て帰京した。そして十六日、「東中山不吉、西中山不吉、南中山不吉也、但可レ改二北道一、長寿尾不吉、但山僧陳云、有レ便云々」の勘文を奏している（『親信卿記』）。ここに、天延二年夏叡山に御願寺を建立する計画があり、兼家がこれを推進していたことが知られるが、その後この計画がどうなったのか史料も無く、『山門堂舎記』『叡岳要記』等にもそれらしい堂宇は見出せない。関白兼通が天皇と兼家とのこのような結び付きを快しとするはずはなく、何らかの画策によって挫折させたのではなかろうか。当時の天台座主良源は一山の経営に敏腕を振い、天元三年（九八〇）の中堂供養に天皇の行幸を仰いだが（『叡岳要記』天元三年中堂供養願文『群書類従』釈家部所収）、天皇と天台との関係は以後発展しなかった。真言系の円融寺の造営開始の上限は、天台系の大乗院建立計画の挫折後ではなかろうか。

ところで円融寺は『御室相承記』（『仁和寺史料』寺誌編一所収）に「元是僧正禅室也」とみえるように、仁和寺の境内東北方（いまの竜安寺の所）にあった僧正寛朝の私房を寺地に充てたものである。寛朝は宇多法皇の孫、敦実親王の子で、延喜十六年（九一六）に生まれ、延長四年（九二六）法皇の室に入って出家し、天暦二年（九四八）法皇の弟子寛空から伝法灌頂を受け、進んで東寺一長者・大僧正となり、長徳四年（九九八）入滅した（『大日本史料』一―三長徳四年六月十二日条参照）。左大臣源雅信・大納言同重信・大僧正雅慶の兄に当たる。この宇多源氏と円融天皇との関係には注意すべきものがあるから、後（第二節第二項）に詳しく触れるが、そもそも寛朝と円融天皇との関係は何時頃生じたのであろうか。菊池氏は「天元四（九八一）年病気平癒の為の御修法を行なって以来のことである」とするが、この推定の根拠を示しておられない(24)。円融天皇の病悩は『小右記目録』第二十「御薬事」に列挙されているが、修法に当たった僧としては天元四年八月十日の良源がみえるだけである(25)。管見の及ばない史料があるかとも思うが、天元四年以後ではなく、もっと前から寛朝は天皇に親近していたとは考えられないか。私は、円融寺が寛朝の私房を寺地としている以上、その造営の開始される以前から両者の関係は親密であったもので、東密の御願寺建立の企画そのものが寛朝の感化によると考えたい。仮にその時期を想定すれば、貞元（九七六～九七八）前後、すなわち兼通の全盛期であろう。兼通と寛朝の関係は知られないが、天台と密接な関係をもつ兼家に対抗して(26)、兼通は寛朝と真言に接近したのではなかろうか。

この推定が認められるとすれば、天皇は早くから寛朝の感化を受けて仏道に志し、円融寺の造営に心を傾けたのである。造営は順調に進捗し、永観元年（九八三）三月、御斎会に準ずる盛大な供養が行われた（『日本紀略』永観元年三月二十二日）。しかし、折角御願寺が完成したのに、円融天皇の行幸は行われた形跡がない。史料にみえる限りでは、企ては二回あった。『小右記』天元五年二月十日条に、「又被（天皇）レ仰云、円融寺御配（願カ）堂造畢云々、去年以往有二非常事一、不レ能二臨幸一、来月欲レ幸如何者、被（頼忠）レ申云、於二御願処一、無レ妨二臨幸一、左右随レ旨而已者」とみえ、同十二日条に「今日大相府（頼忠）被レ奏二円融寺行幸事一、件円融寺是御願所、於レ幸又有二何事一、左右在二勅命一者、仰（天皇）云、行幸事可二催行一之由、可レ仰二大納言重信一者、件卿彼寺別当、仍使彼卿（ママ）」とみえる。「去年以往有二非常事一」とは、天元三年十一月の内裏焼亡を指すものと思われ、天皇が早くから行幸の願望を抱いていたことを示す。しかし、頼忠が御願寺なるが故に行幸に支障ないことをくり返し強調していることは、円融寺行幸がこの時以前に無かったことと行幸にとかくの異議のあったことを推定させる。そして同記十七日条には、「来月内可レ有者」と円融寺俗別当源重信に仰があり、三月三日には行幸の「日時幷御出門等」を重信に勘申させているのに、『小右記』には以後行幸に関する記事は見えなくなる。時あたかも、その十一日遵子立后が行われ、前述のような兼家の抵抗が始まったのであって、行幸はおそらくこの立后の波紋によって中止されたのであろう。

次に、翌永観元年三月、前述の円融寺供養の際再び行幸計画があったが、これまた中止されている。それは『日本紀略』（永観元年三月二十二日）に、「今日可レ有二行幸一之由被二仰下一、依二御物忌一停止」とみえる。物忌という理由をどの程度信ずべきか分らないが、去る応和三年（九六三）三月十九日の雲林院御塔供養に比すべき盛儀に[27]、父村上天皇行幸の先例に従うことを期したと思われる円融天皇にとって、残念極まることであったろう。この後譲位に至るまでに行幸が行われたか否かは確認できないが、おそらく果されなかった[28]。この事は結局は天皇の公的地位に必然的に伴う制約であって、円融天皇の仏道および御遊への関心が高まれば高まるだけ、この制約は堪えがたい桎梏と感じられたであろう。

以上の考察によって、私は譲位の原因の第二を、「天皇」に内在する私的なもの、すなわちこの場合は仏道・御遊への志向が、その公的性格を圧倒した点に求めたい。同様な原因は、院政期の諸上皇はもとより嵯峨・宇多両上皇等にも共通にみられるが、次に述べる譲位後における円融上皇の行状もこの見解を裏付ける。

2　御遊と仏事

(1)　御遊の盛行とその性格

前項に考察した譲位の内的・外的事情は、譲位後における御遊および仏事の性格に正確に反映する。まず懸案の円融寺御幸は、永観二年（九八四）十月、村上先帝山陵への参拝の帰途実現をみた（『小右記』永観二年十月二十七日）。次いで翌寛和元年正月および三月にも御幸があったが、後者について『小右記』（寛和元年三月七日）には、

七日、辛亥、依レ召早朝参二入院一、為レ御レ覧レ花御二東山一、侍従(臣カ)皆布衣也、先御二白河院一、次円成寺、次観音院於二円成寺一御二馬一、々供二御膳一、右大将(済時)・藤(顕光)中納言追候、次民部卿(藤原文範)所領小野山庄、晩景帰御、秉燭帰二給院一、今日内番論義日也、須二早参入一、而可レ候二御共一之由、頻蒙二仰事一、仍差二使乎(者カ)一令レ触二蔵人等所一了
十六日、庚申、早朝従レ内退出、次参レ院、御二々車一覧二西山花一、左大将(朝光)直衣、右近中将三位(藤原)道隆・侍従(臣カ)等布袴、先覧二大井一、於二河辺一御二々馬一、覧二寺々一、於二寛朝僧正所領広沢山庄一供二朝膳一、了覧二仁和寺一、次御二円融寺一、於二此処一各執レ盃読二和歌一、晩景帰御、於二西京一遇二降雨一、太相府(頼忠)被二示仰一云、御乳母典侍頼子死去、今有二此事一、甚不快者

とみえる。この両日の記事によれば、十六日の御願寺御幸は実は七日の東山花見に対応する西山花見の御遊で、謹直な頼忠が眉をひそめる気随さで卒然と行われ、いかにも太上天皇の身軽さがうかがわれる。なお五月にも御幸があり、この時は数日滞留し、内一日「仁和寺法帝《（宇多）》御室」に御して酒宴があり、競馬五番が催された（『小右記』寛和元年五月十九日）。この事は円融寺御幸が切実な信仰心だけでなく遊楽と融合したものであったこと、そうした風流生活の先達としての宇多法皇が意識されていたことを示すものである。

　上皇は六月にも九日間円融寺に滞留して御修法を行い（『小右記』寛和元年六月二十一～二十九日）、やがて八月落飾するが、譲位より落飾に至るこの一年間、御遊は爆発的ともいえるほど盛大を極めた。その概略は『小右記』によって知られるが、なかんずく後世まで語り草となったのは、寛和元年（九八五）二月十三日の紫野における子日の御遊である。『小右記』および東松本『大鏡』裏書所引某記によれば、上皇は左大臣雅信以下、装束善美を尽した騎馬の公卿を従えて、御在所堀河院より東大宮大路を経て西折し、雲林院前を経て船岡の辺に至った。この間京内にも郊外にも見物の車が雲集した。ここで上皇も車を馬に替え、紫野の栗林西辺に到着した。行在所には方二〇丈ほどの屏幔を引きめぐらし、幄二宇を立てて座とし、御前には小松を切って植え、白砂を敷きつめて風流の眺めとした。そこで盃酒が始まり、一巡の後左大臣以下の調進した種々の檜破子・籠物・折櫃等の献物が賑々しく行われた。ついで平兼盛以下の歌人を召し、兼盛に歌題と序を献じさせた[29]。この間に蹴鞠がはじまり、時を移して黄昏に及んだので、秉燭還御になり、堀河院の西対広庇において和歌管弦の御遊が行われ、深更に及んだという。

　御遊の雰囲気を具体的に知るために、やや冗長な描写をあえてしたが、この行事について想起するのは、寛平八年（八九六）閏正月六日の子日に、宇多天皇が皇太子・諸親王および藤原時平・菅原道真以下群臣を従えて、北野・雲林院・船岡に行幸して遊猟を行った故事である（『日本紀略』『扶桑略記』）。子日の宴は奈良時代よりみられるが[30]、寛平のこの儀は画期的な規模・趣向で、『菅家文草』（巻六、扈従雲林院、不勝感嘆、聊叙所観詩并序）や『紀家集』（伏見宮家本巻十四、寛平八年閏正月日記）によって後世に伝えられていた。円融上皇の子日御遊の背景には必ずやこの先例があった。したがってそれは後述の宇多源氏との結び付きによって企画された行事と推定することができる。

次に特徴的な御遊二、三を拾ってみる。まず上皇がことのほか愛好したものに童舞がある。『権記』（長保元年十一月二十四日）によれば、「村上御時以往無二此事一、円融院御時初有二此事一、其後自為レ例也」という。童舞御覧は寛和元年三月と永延二年（九八八）三月と二度『小右記』によって知られるが[31]、前者の場合、三月二日上皇は「倉卒」に十五日行事を行うと別当実資に仰せ、その際の公卿禄の調進を中宮遵子に命じたので、さすがに温厚な頼忠も「甘心」しなかった。しかも石清水臨時祭を控えていたために花山朝廷も難色を示し、十一日に左中弁惟成は停止すべき旨を院に示送した。しかし上皇はこれを不服としたらしく、二十九日に至って明日覧ずべきことを重ねて実資に命じた。実資は数日前に上皇の乳母加賀が死去したことでもあり、一層人々の非難を招くであろうと憂慮しているが、結局翌三十日院の季御読経結願の後、童舞御覧は左大臣以下参入して盛大に行われた。永延二年三月の場合も、上皇は当日を待ち切れず数度も「練舞」を覧ずる程の執心であった（『小右記』永延二年三月十、十六日）。童舞御覧の行事は、このような上皇のいささか度の過ぎた愛好心から開かれたのである。

次に散楽御覧がある。『小右記』永延元年（九八七）正月六日条に、「於二御堂前一覧二啄木舞一、江州法師也、舞間有レ楽、又有二弄玉者一、皆賜二疋絹一、還御、初夜又出二御々堂一、有二音楽・咒師・啄木舞・雑芸等一、後夜畢還御」とみえる。弄玉は、平安前期すでに出現していた古い芸能で（『続日本後紀』承和四年七月丙戌、『三代実録』貞観三年六月二十八日）、猿楽の中に取り入れられたものと考えられ、また咒師は元来法会において種々の密教的行法を修するものであったが、やがて猿楽の徒によって代行され、悪魔払いの所作をみせる芸能と化したものであろう[32]。また『本朝世紀』（長保元年六月十四日）に、「但今日祇園天神会也、而自二去年一、京中有二雑芸者一、是則法師形也、世号謂二無骨一」と、アクロバット的「雑芸」を演ずる「法師形」の者がみえるが、『小右記』の「江州法師」もこれと同様な賤民猿楽者であろう。啄木舞は『新猿楽記』（『群書類従』巻一三六、文筆部）に「就中咒師、侏儒舞、田楽、傀儡子」以下多数列挙された演目の中にも見えていないが、いずれはその種のもので、啄木鳥が嘴で穴を突く所作には卑猥な連想があったに違いない。『雲州消息』（同上巻一三八、消息部）に「又有二散楽之態一、仮成二夫婦之体一（中略）、始発二艶言一、後及二交接一、都人士女之見者、莫レ不二解レ頤断一レ腸」とあるのも参照される(33)。

『小右記』はこの条に「散楽」または「猿楽」の名称を記さず、林屋辰三郎氏もこの条を格別注目されないが、宮廷芸能から中世芸能が形成される過程で、「猿楽の変質期」を『新猿楽記』を根拠として「十一世紀の中葉」に求めるならば(34)、それより早い円融上皇の散楽御覧はかなり画期的な催しだったかと思う。

次に祭御見物がある。『小右記』（寛和元年三月二十七日）には、「院可レ御二覧臨時祭一之由有二其告一、仍馳参、於二後院御門一御覧也、源大納言（重信）・左右大将・藤中納言・左衛門督・両三位参入、候二御車辺一、還御之後、於レ院公卿有二酒事一」とみえる。『大鏡』（道長下）は、「さて又、おほくの見物し侍し中にも、花山院の御時の石清水の臨時祭、円融院の御覧ぜしばかり、興ある事候はざりき」として、詳細に経緯を述べている。しかしその記述は『小右記』と異なり、実資が上皇の「蔵人・判官代許して、いと〳〵さう〴〵しげにておはします」様を見て、同情のあまり御見物を勧誘し、躊躇する上皇に供奉したことになっている。また左右大臣（雅信・兼家）までも御車のもとに供奉したといい、祭の使源時中（雅信の子）が御車を見掛けて立ち止まり、「求子《もとめご》をその気色ばかりつかまつり」、上皇・時中とも涙ぐんだともいう。『大鏡』は上皇の寂寞たる隠遁的境涯を強調しようとしているが、それはかなり主観的・誇張的であろう。実際には前述の童舞御覧と同様に、乳母加賀の死去をも顧りみず、上皇自身の意志によって倉卒に行われたもので、院別当実資は事を告げられ驚いて馳せ参じたに過ぎない。そもそも上皇の尊貴をもって貴賤男女に立ち混って祭を見物したことは、『大鏡』が「大路のいみじうの、しれば」と描写したほどセンセーショナルな異例の振舞と思われる。

若い上皇の盛大かつ自由な御遊は、なお前述の東山・西山の花見や、度々の一種物《いっすもの》（『小右記』寛和元年三月四、二十日）や芋次《いもついで》（同正暦元年十一月十五日）などによっても推察できる。さらに、出家後のことではあるが、石山寺（『百錬抄』寛和二年十月三日）、大井河(35)（『日本紀略』寛和二年十月十日）、愛太子水尾寺（『百錬抄』永延元年十月二日）、南都諸寺（『日本紀略』永延元年十月二十六日）、延暦寺（『日本紀略』永延二年十月二十七日）、石清水（『小右記』永祚元年十一月七日）等への度々の御幸も注意される。特に石山御幸について、『百錬抄』には「延喜御宇、亭子院臨二幸紀伊国一之間、引二清和例一奉レ送了」とみえる。元慶三年清和上皇は大和国諸寺を巡礼しようとし、この時参議源能有に六府将曹以下を率いて供奉せよとの陽成天皇の勅が出されたが（『三代実録』元慶三年十月二十四日）、延喜七年十月宇多上皇の熊野御幸はこの先例によって行われた（『西宮記』臨時五　太上皇御行　裏書）。そして円融上皇の場合にも、石山より崇福寺を経て打出浜に御した時、右少将藤原斉信が勅使として参入し「御送物」があった（『百錬抄』）。朝廷は清和・宇多両上皇の先例に従ったのである。同様にして大井河御幸にも有名な延喜七年の宇多上皇の大堰川御幸の先例があり、水尾寺もこれまた清和上皇が御幸の上「終焉之地」と定めた地であった（『三代実録』元慶四年十二月四日）。これらを通じて、円融上皇が清和・宇多両上皇の足跡を追おうとした意図はまことに明瞭である。御遊は直接には円融上皇の個人的好尚によるが、より本質的には、代々の上皇に共通する宮廷文化の指導者としての意識が円融上皇にもゆたかに発現しているのである。

(2)　出家と広沢流法系

円融上皇は寛和元年（九八五）八月二十九日落飾し、法名を金剛覚と称した（『日本紀略』）。この出家の事情とその後の経緯を概観するに、まず落飾の理由については、『小右記』に「依二御宿願一令二出家一給、事已倉卒」とみえる。この一見矛盾した記述は、実は事情を正確に語っている。上皇の御悩は『小右記』四月十四日条に初見するが、その前後は盛大な御遊の頂点で、引き続いて心身不快であった形跡はない。ところが八月二十七日夜半御悩を発し、それは「御薬体不レ似二例御悩一、御自令レ称給曰、元方卿霊者」（『小右記』）、すなわちかの冷泉系を執拗に苦しめた（『栄花物語』月の宴）元方の怨霊に取り憑かれた御悩であった。そして九月一日には判官代を差遣して書写山の性空を召し（『百錬抄』、ただし「不参」）、九月八日にも託宣によって北野に奉幣しているほどだから（『小右記』）、きわめて激烈な症状が続いたようである。

出家の直接の動機が病悩にあったことは、以上によって明らかであるが、『小右記』に「宿願」とあるのもまた見逃がせない点である。すなわち在位当時の円融寺建立以来、出家は上皇にとって予定されたコースであった。御遊についてしばしば触れたように、円融上皇には宇多上皇の先例を追おうとする志向がみられるが、御遊より出家への推移もまた同様なものと理解される。そして上皇のこうした志向を導き出した力として、宇多上皇の孫寛朝の存在があったことはすでに指摘したが[36]、両者の関係は譲位・出家後いよいよ緊密の度を増していた。例えば寛朝の「広沢山庄」に上皇はしばしば訪れて饗を受け（『小右記』寛和元年三月十六日、同永延二年八月二十一日）、ある時は数日にわたって滞在し（同永祚元年八月十四、二十日）、寛朝が永祚元年（九八九）十月広沢に建立した遍照寺の供養にも渡御があった（同永祚元年十月二十五日）[37]。そして正暦元年（九九〇）十二月、死病に悩む円融法皇は一乗寺から寛朝の房に移御した（同十二月二十九日）。遺憾ながら『小右記』は翌二年の記事を欠くので、上皇の滞留期間はさだかではないが、[38]上皇がいかに最後まで寛朝を精神的支柱としたかは推察できよう。こうした関係を知る時、上皇の信仰生活を明らかにするためには、何よりも寛朝の俗系と法系を検討することが便宜であろう。

寛朝の祖父宇多法皇は父光孝天皇の御願寺仁和寺の西側に「御所」を建て、またその南に練行の窓をひらいて「南御室」と号した（『御室相承記』）。この御所は醍醐天皇の同母弟「式部卿宮」敦実親王に付嘱された（同上）。親王はすなわち寛朝の父である。いま試みに宇多天皇の諸皇子を没年順に列挙すると、第2表となる。

第2表　宇多天皇の皇子

没年順	名	没年	享年	史料
①	斉中親王	寛平3（八九一）	不明	一代要記
②	行中親王	延喜9（九〇九）	13	日本紀略
③	敦固親王	延長4（九二六）	不明	貞信公記
④	斉世親王	延長5（九二七）	42	日本紀略・貞信公記
⑤	雅明親王	延長7（九二九）	10	日本紀略
⑥	敦慶親王	延長8（九三〇）	44	日本紀略
⑦	醍醐天皇	延長8（九三〇）	46	日本紀略
⑧	行明親王	天暦2（九四八）	23	一代要記・貞信公記
⑨	敦実親王	康保4（九六七）	75	日本紀略・大鏡裏書
⑩	斉邦親王	不明	不明	日本紀略
⑪	載明親王	不明	不明	日本紀略

注　『本朝皇胤紹運録』参照。

表示のうち、①②⑤⑧⑩⑪は夭折であろう。[39]③④[40]⑥も⑦（醍醐天皇）とともに、父法皇に先立って世を去った。朱雀・村上両朝を通じて健在なのは、敦実親王ただひとりである。[41]しかも親王は醍醐天皇の同母弟として格別の優遇を受け、一品を賜わり輦車を許され、また朝儀には列立せずして昇殿することを宣旨によって認められていた。[42]『貞信公記』『九暦』を通覧すると、親王の皇親の筆頭別格のさまがよく知られる。[43]親王は儀礼に詳しく芸能にも優れていて、前者は子の雅信[44]に、後者は子の重信[45]や雑色蟬丸[46]に伝えられた。雅信・重信が大臣・納言として活躍したのは、延喜聖代を知る古老[47]である父親王の七光が大きかったに違いない。

敦実親王は晩年の天暦四年（九五〇）に出家し、法名を覚真と称した（『本要記』裏書『仁和寺史料』寺誌編二所収）。そして翌天暦五年三月には、入道親王の沙汰によって仁和寺観音院の供養が行われた。観音院は元は宇多法皇の「離宮」であったが（『御室相承記』）、親王は延長六年宿願をもって等身金色の観音像一体をここに造り、次いで天慶末年等身の梵天王幷四天王各一体を造り（『本要記』）、ここに堂供養を行ったもので、その道心は若年在俗の時から堅固であった。子の寛朝・雅慶がともに年少十一歳で出家したのも（『大日本史料』所収「東寺長者補任」『伝燈広録』）、一つには父親王の方針によるものであろう。

しかし寛朝の出家は、あるいは当時健在だった祖父宇多法皇の命によるものかも知れない。宇多法皇は本格的に密教修行を積み、真言血脈に確乎たる地位を占めた(48)。本地垂迹思想の成長期たるこの時代に、天照大神の後裔たる帝王たるのみならず、大日如来付法血脈を相承する地位を占めることこそ、法皇の念願であり本懐でもあった。したがってまた法皇は、かつて宗祖空海がその実弟真雅・甥真然や、同族とおぼしき実恵・道雄等を付法弟子とした（『血脈類集記』）と同様に、みずからの子孫に血脈を伝えることをも期した。皇子としては、まず斉世親王が延喜元年（九〇一）二月十六歳で出家して法名真寂と称し、同八年五月法皇より伝法灌頂を受けた（同上）。後に敦実親王の供養した仁和寺観音院は斉世親王の創建にかかるものであり（『仁和寺史料』寺誌編一所収『仁和寺諸堂記』所引「北院御記」）、また敦実親王がこの院に観音像を寄進したのは斉世親王の薨去の翌年だから、両親王には深い心のつながりがあったものと推定される。

周知のごとく斉世親王は橘広相の女義子の所生であり、その出家も菅原道真の左遷に関わるから（『東寺長者補任』）、教界における活動も種々の制約があったろう。ゆえに老法皇は、延長四年（九二六）法皇に入室出家した孫寛朝に期待することが大きかったと推定される。

寛朝はやがて宇多法皇の付法弟子六人の随一なる寛空から三部大法幷伝法血脈を受け（『血脈類集記』）、仁和寺・東大寺別当、東寺長者、法務、大僧正を経、長徳四年（九九八）八十三歳で入滅した（『大日本史料』二—三参照）。その法力は余り伝えられないが、声明の達者でその相承弘布に力めたことが知られ（同上）、兼ねて音曲・舞楽を好み、広沢に山荘を経営するなどの風流（『宝物集』一）や大力無双の奇話（『今昔物語』二十三広沢寛朝僧正強力語第二十）が伝えられる。いかにも仏教貴族化の立役者にふさわしい、闊達優雅な人柄であったらしい。その僧綱における経歴で注目されるのは、寛朝の権律師補任（貞元二）より三年前（天延元）に権律師を経ずして権少僧都に任じていた尋禅（藤原師輔の子）を追って、天元二年に同時に権大僧都となり、同四年に尋禅の権僧正を越えて僧正に任じられたことである（『僧綱補任』）。やがて寛和元年（九八五）大僧正良源入滅するや、翌年寛朝は東密最初の大僧正に任じられたが、一方良源を継いで天台座主となった尋禅は、永祚元年（九八九）の入滅まで権僧正に止まった（同上）。この寛朝の躍進が、円融朝後半以後円融上皇崩御以前の時点であったことを看過することはできない。

師輔の子孫には出家した者が多く、宇多源氏と双璧をなしている。しかし、大僧正深覚（師輔の子）は寛朝の弟雅慶の弟子（『僧綱補任』長徳四年）、また権律師朝寿（師輔の孫、忠君の子）は寛朝の弟子であり（『血脈類集記』）、いずれも寛朝の法系に連なることによって教界に進出したに過ぎない。これに対して寛朝付法の弟子は一七人を数え、なかんずく実弟の雅慶は寛朝入滅後替って東寺一長者となり、大僧正にも任じられた（『大日本史料』二―一七参照）。雅慶も法力が格別聞こえなかった点は寛朝と同様であるが、「性気勇鋭」（『本朝高僧伝』十）で東寺・勧修寺等の経営に手腕を振い、また権門として所領を寄進される世俗性も備えていた[49]。また雅信の子で寛朝・雅慶の甥に当たる済信は、雅慶の弟子として永祚元年権律師に任じ、以後前述の深覚（師輔の子）に確実に一歩ずつ先んじて昇進し、寛仁三年（一〇一九）大僧正に至った。

師輔流には別に天台における活動があり、貴族子弟の教界進出の全貌についてここに論述することはできないが、管見の及ぶ限り、宇多源氏はこの時期貴族仏教の主流をなしたと言っても過言ではない。薗田香融氏は、「思うに、基経と阿衡の論を交えたことのある宇多上皇は、藤原氏にふかく含むところがあった。そこで藤原氏に対抗するために、仁和寺を宮門跡でかため、かつ藤原氏とかかわりの少ない東密に帰依するに至ったのではなかろうか」と指摘されるが[50]、そうした遠大な意図は円融朝に至ってはじめて完全に実現し、広沢流はその後も順調に発展した。

さて円融上皇は在位の間に寛朝の私房をもって御願寺円融寺を創建し、落飾後寛和二年（九八六）三月寛朝和上によって東大寺戒壇院に具足戒を受け（『太上法皇御受戒記』『群書類従』釈家部所収）、さらに永延二年（九八八）八月円融寺において金剛界大法を、また広沢遍照寺において胎蔵界大法をいずれも寛朝から授けられ（『血脈類集記』）、その結果翌三年三月東寺灌頂院で両部伝法灌頂職位を受け（『円融院御灌頂記』）、寛朝の付法一七人の中に列なることになった（『血脈類集記』）。この事は円融上皇個人の精神生活にとっても、また貴族社会内部の情勢にとっても重要な意味をもつ。早くから密着していた兼通系の不振と、興隆する兼家系との疎隔に直面していた上皇にとって、寛朝とこれに連なる宇多源氏の奉仕は単に風流生活を豊かにしただけでなく、権威の保持についても力強い支柱であったに違いない。この宇多源氏との深い関係は、次節の院司についての検討によって一層明らかにされる。

3　院司の構成と上皇の政治関与

(1)　院別当の構成

『小右記』永観二年（九八四）十月十七日条に、「参レ院、今日始二庁事一、依レ可レ出二御南殿一、不レ着二庁座一」とみえる。別当実資自身は旬事によって内裏に参入したために欠席したが、この日院庁事始の儀式が行われた。この事は院政との関係で早くから注目されて来たが、円融上皇の別当・判官代等はこれより以前に補任され活動しているので（『小右記』永観二年十月十二日）、「始庁事」自体は単なる儀礼に過ぎない。そうした儀礼に関する史料が従前の諸上皇には無いからと言って、院庁が円融上皇によって初めて設けられたわけはなく、また吉村茂樹氏が早く指摘されたように、「その院庁設置に何等の政治的意味が含まれてゐなかつた事は明らかである」(51)。しかし円融上皇の院司特に別当は、従前の諸上皇と対比する場合段違いに多数で、この点に大きな特徴がある。これまた史料の残存度を考慮に入れる余地があるが、少なくとも同時代の冷泉上皇の場合との差は明らかで、そこに円融上皇の権威と活動状況を推定することができるであろう。

『群書類従』巻四二七釈家部所収『太上法皇御受戒記』および東寺宝菩提院蔵本『円融院御灌頂記』（『大日本史料』二—一永祚元年三月九日）の二史料(52)によって、前章末に触れた具足戒・灌頂の二大行事に扈従・奉仕した人々の交名が知られ、その中には別当以下院司の職名を明示された人々が含まれるので、『小右記』中にみえる者をこれに補えば、院司の大体を把握することができる。これを系譜別に表示した。

この系譜によって知られることの第一は、「院司貫首」（『御受戒記』）たる雅信以下の宇多源氏とその他の皇親（①〜④）が円融上皇に密着し、藤原氏主流（⑤）を凌いでいる点である。つまり円融上皇は、漠然と常識化しているように外戚藤原氏に擁護されていたわけではなく、むしろ皇親に囲繞されていた（⑥に示すごとく、判官代以下には傍流藤原氏が多いが、これは召使われた職員に過ぎない）。

源雅信は延喜二十年（九二〇）敦実親王と藤原時平女の間に生れた。すなわち寛朝の弟に当たる。源氏賜姓の時期は明らかでない(53)。天暦五年（九五一）三十二歳で参議に任じられて以後久しく停滞して、伊尹・頼忠・兼通・兼家等の藤原氏主流に越えられた。しかし醍醐源氏の源高明・同兼明等のような悲運には遭わず、天禄元年（五十一歳）に

院司および扈従者系譜

〈ゴジックは院司（（　）は推定）、ゴジックでないものは扈従者、（　）は無関係の者。出典Ⓐは『御受戒記』、Ⓑは『御灌頂記』、Ⓒは『小右記』〉

①宇多源氏

- （宇多天皇）—（敦実親王）
  - **雅信** 別当Ⓐ
    - 時中Ⓐ
    - **扶義** 別当ⒶⒷⒸ
    - **時通** 別当Ⓐ
    - 済信Ⓐ
    - （倫子）
  - **重信**（円融寺別当）
    - 致方Ⓐ
    - 宣方Ⓐ
    - 相方Ⓐ
    - 乗方Ⓐ
    - 重寿Ⓐ
  - 寛朝Ⓐ
  - 雅慶Ⓐ
  - （寛信）
    - **祐増** 番頭Ⓐ

②醍醐源氏

- （醍醐天皇）—（有明親王）
  - **正清** 別当ⒶⒷ
    - 清寿Ⓐ
  - **泰清** 別納所別当Ⓐ

③光孝源氏

- （光孝天皇）
  - ⋯（通理）
    - **国挙** 昇殿人Ⓒ
  - ⋯（信明）
    - 国盛Ⓐ
    - **重文** 判官代Ⓑ
  - ⋯為憲Ⓐ

④皇親諸氏

(a)大江氏

- （阿保親王）⋯**斉光** 別当Ⓐ
  - 覚静Ⓐ

(b)平　氏

- （高棟王）⋯
  - **季信** 判官代ⒷⒸ
  - （親信）

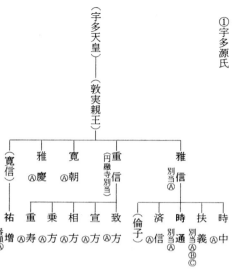

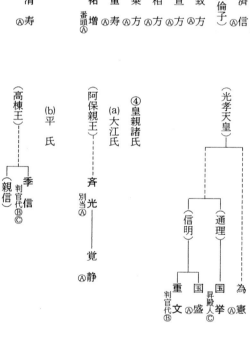

⑤藤原氏主流

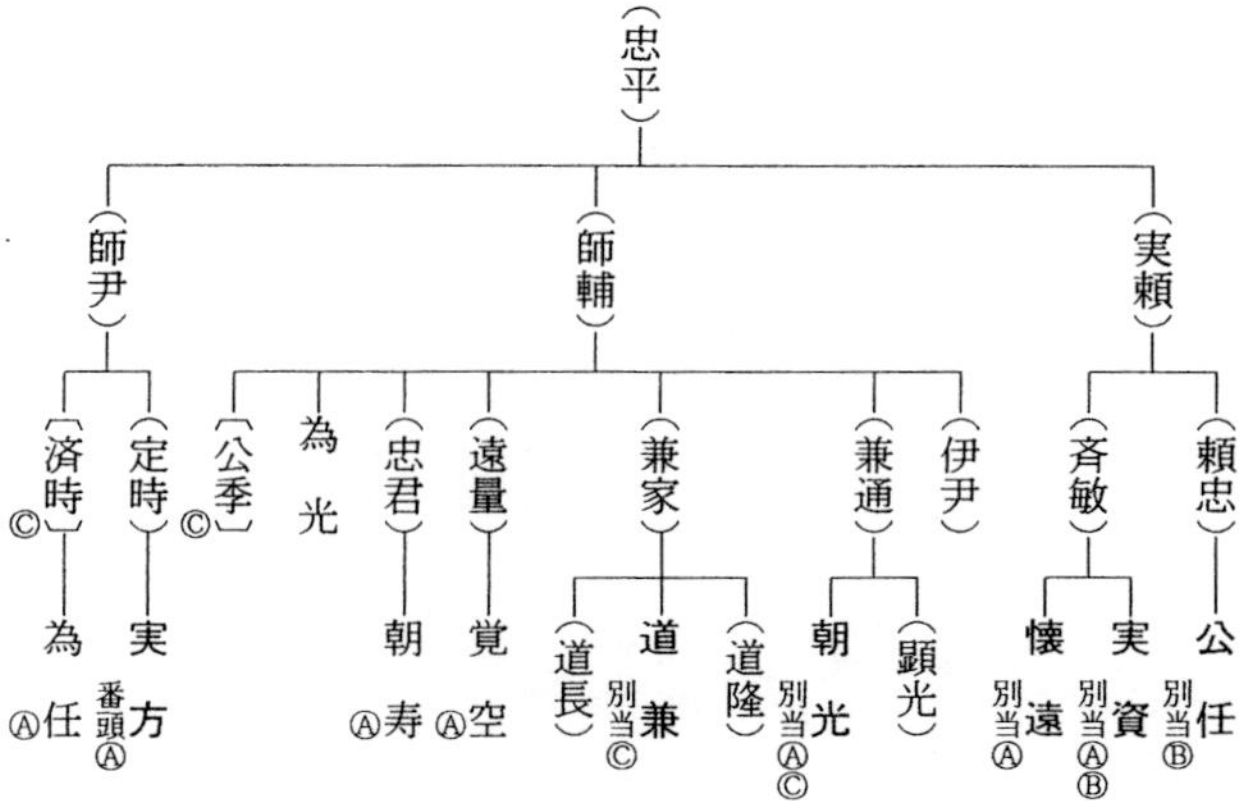

⑥その他の藤原氏

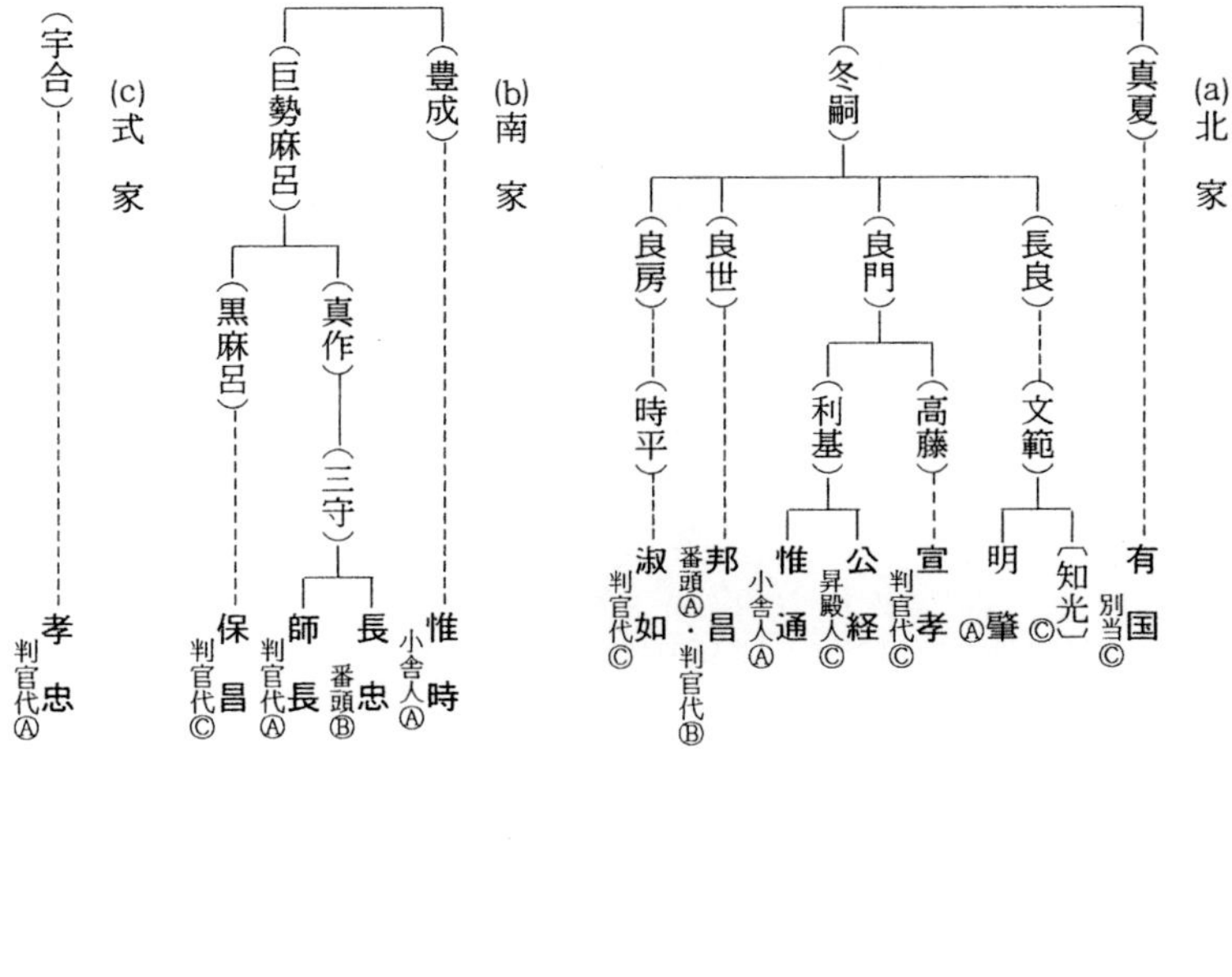

⑦諸氏および系譜不明

(a)院　司

菅原輔正 別当Ⓑ	橘　義懐 判官代Ⓑ	藤原国政 判官代・番頭Ⓒ
藤原有家 番頭ⒷⒸ	源(?)親 番頭Ⓒ	性　高 番頭Ⓐ
但波奉親 主典代Ⓐ	国　雅重 主典代Ⓐ	多米国定 主典代Ⓑ

(b)扈従者

（略）

注　公季については、『小右記』永祚元年十二月三日条等によって一応推定。済時については、注(62)参照。

権中納言、累進して天元元年（五十九歳）左大臣に任じられた。雅信が皇親の筆頭にふさわしい地位を獲得したのが円融朝であったことは、注目すべきである。

雅信が公事に精励しかつ熟達していたことは、『大鏡』（道長）に「人の御ありさま有職におはしまして（中略）、公事よりほかのこと他分には申させ給はで、ゆるきたる所のおはしまさゝりしなり」と評しているとおりである。雅信の人柄はなお『権記』（正暦四年七月二十九日）に、「洛陽士女聞二薨逝一而皆恋慕矣」とあり、温雅謹直な君子人であった。したがって兼通の権勢を峻烈に批判した源兼明（「兎裘賦」『本朝文粋』一所収）と異なり兼通と協調できた。ゆえに、政界追放の厄に遭った兼明と反対に、「近古曾無レ之、往昔希有」（「為一条左大臣辞右大臣第三表」『本朝文粋』五所収）とみずから認めたように、皇親には稀な大臣の地位を得ることができた。(54)

このように宇多源氏が円融上皇に密着した原動力はどこにあったのであろう。如上の雅信の人柄と昇進ペースを前章の寛朝と比較すると、私は雅信よりも寛朝のイニシアチブを認めたい。つまり寛朝の感化が御願寺の建立から崩御まで一貫して上皇に及び、ひいては弟雅信以下の宇多源氏の密着を導き出したものと考える。もし宇多源氏の上皇への奉仕が雅信・重信の政治的野心によるものならば、それは藤原氏特に兼家系との対立を表面化したであろうが、その形跡はみられないのである。

重信については菊池論文に譲って省略する。念のため一点だけ指摘すれば、重信は御願寺円融寺の俗別当であって(55)（『小右記』天元五年二月十二、十七日）、これは直接上皇の身辺に奉仕した院司とは別であろう。現に『御受戒記』は重信を「別当」と記さない。彼は修理大夫として有能であったために、円融寺造立の際重要な役割を果したが(56)、老齢のため譲位後の朱雀院別当としては勤仕しなかったようである。しかし上皇との親密度は並々でなく、受戒御幸の途次上皇は重信の宇治の「山家」に駕を停めて御斎を供されている（『御受戒記』）。これを寛朝がしばしば広沢等の私房に上皇を迎えている事実と合わせ見る時、宇多源氏と上皇との関係の非政治的・風流的性格が看取される。

系譜によって知られることの第二は、藤原氏主流の中では小野宮流よりも九条流の方が上皇に疎縁で、しかも後者の中でも特に兼家系の影が薄い点である。兼家系のうち唯一人別当となった道兼の補任は、遅れて永祚元年（九八九）十二月である。『小右記』には「権大納言（道兼）（中略）為レ思二向後事一、懇切奏聞云々」とあり、父兼家の健康の衰えを見た道兼が、あわてて院の権威に募ろうと企てたものと推定される。

こうした打算で上皇に接近したのは、道兼だけではない。ほぼ同時に別当の宣旨を受けた右大弁藤原在（有）国も（『小右記』永祚元年十二月三日）同様である。在国は平城上皇の腹心だった北家真夏の子孫で、家は代々受領に止まっていた（『尊卑分脈』）。在国自身も東宮・蔵人所の雑色から出身したが、冷泉・円融・東三条各院の院司、兼家の家司となり、またたびたび功・労・賞によって加階し（『公卿補任』正暦元年）、抜群の世才・辣腕によって、門閥固定化の中では異例の昇進を遂げた。『江談抄』（三、雑事）に、在国が伴大納言の後身との説や、花山朝の権臣たる惟成弁に名簿を呈して「入二一人之跨一、欲レ超二万人之首一」とうそぶいたとの逸事がみえ、その風貌が推察される。

在国のような抜目のない人物が晩年の上皇に接近した下心は明らかであるが、さすがに上皇の信任は得られなかったらしく、正暦元年（九九〇）八月昇叙（従三位）の際、還着の宣旨が無かった。その理由は、『小右記』に「依レ多二別当一者」と明記されている（正暦元年九月三日）。この時雅信の子扶義も解任され（健康上の理由か）、多年忠実に奉仕した実資一人に別当還着及昇殿の宣旨があった。この在国の場合から類推すれば、道兼も到底上皇の信任を得なかったと考えられ、結局兼家系と上皇との関係は皆無に近い。

兼通系も朝光一人が別当となっただけであるが、これは道兼と反対に、上皇の最も有力な近臣として信任された。朝光は兼通の四男であるが、異母兄顕光よりも父に愛されて昇進も早く(57)、兼通・媓子の遺領も相続した(58)。また兼家・道隆とも親密で(59)、長徳元年の大疫癘で薨ずるまで、無難に地位を保った。上皇との関係では、五位蔵人・蔵人頭は短期間で、在位当初のそれはさして深くない。しかし、『小右記』天元五年六月五日条の左の記事は注目すべきである。

五日、乙丑、参レ殿、次参レ内、以二左大将（朝光）一為二後院・堀河院等別当一、以二左近中将正清（源）・下官等一為二堀河院別当一

言うまでもなくこの天元五年六月は、遵子の立后によって天皇と兼家との対立が激化した直後である。円融天皇はすでに貞元元年（九七六）五月・天元三年十一月の再度にわたって内裏の焼亡を経験し、前回は約一年間堀河院（兼通第）へ、後には約二ヵ月間後院（頼忠第）へ遷御したことがあった。いま遵子立后による政情不安のもとに朝光等を堀河院別当としたのは、万一を慮って堀河院を修造・管理させるためではあるまいか。果してその年の十一月内裏は三度焼亡し、天皇は堀河院へ遷御あり、ついに新造の内裏へ還御することなく譲位したのである（以上『日本紀略』）。なお後院別当については、この時期の「後院」をいかなるものと理解するかに問題があるので、注(6)に詳述する(60)。このような

使命を持つ堀河院別当に朝光が現任の蔵人頭と共に補任されたことは、信任の厚きを推定させる。その信任は譲位後も続き、実資と双璧をなした[61]。

次に小野宮流の実資が院事に精励したことは、『小右記』によって逐一知られる。そして上皇も実資を厚く信任し、『小右記』(永祚元年十二月五日)によれば、晩年の上皇は「汝殊奉二為公家一致二至忠一、凌二寒熱一為二御祈願一参入、公卿無数有れとも公を思奉たる無を、向後必御後見仕れ、又行幸有ム次ニ可レ申二其由一」と、一条天皇の後見を内命するに至った。傍点部分は、次節に述べる頻々たる石清水代参を指したものである。ただし実資は喜悦しつつも兼家を憚っているし(同上)、上皇もたとえば翌正暦元年正月の朝覲行幸の際などに、実資の後見について天皇に意向を伝えた証拠もない。おそらくそこまでの冒険は敢てしなかったであろう。

院別当として有能かつ精励であった者は他に大江斉光があるが、詳述する必要はあるまい[62]。以上の考察の結果、①円融上皇が上皇に信任された者と院の権威に募ろうとした者の双方を合わせて、画期的に多くの別当に奉仕されていたこと、②その中核となったのは宇多源氏などの皇親であったこと、③藤原氏主流の中でも全盛にさしかかった兼家系が全く疎隔していたこと等を指摘すれば、本項の意図は達成される。要するに在位当時における兼家との対立を院司の人脈にかくも反映させた点からして、引退して上皇となり出家して法皇となった後も、円融上皇は皇室の家父長として外戚の実力者兼家との間に対立を醸し出す条件を備えていたのである。それが具体的にいかなる方面にいかなる程度に実現したかが、次項の問題となる[63]。

(2) 政治関与の性格

前節で述べたように、円融上皇の院庁には多数の別当が補任され、さらに判官代・番頭・主典代・小舎人等の職員を合わせると（系譜参照）、甚だ大規模な組織が成立した。この組織の上に立った上皇は、華麗な仏事・御遊に隠遁的自由を享受したに止まらず、進んで兼家政権に対して強力な政治活動を展開したのではないかという疑問は、当然提起されるであろう。菊池京子氏もこの点に関心し、①円融天皇は「天皇なりに政治的野心をもっていた」が、「特にわが子一条天皇代になってから円融寺において、いわば院政的野心を抱いたのではなかろうか」、②円融寺が宇多上皇（「醍醐天皇崩後わずかな期間ながら〝院政的〟要素をもって存在した」）ゆかりの仁和寺に建てられたのは、宇多上皇にあやかろうとしたもので、円融寺は「明らかに円融法皇の一つの政治権力の場として理解される」こと、③「円融法皇がもう少し長命であり、道長という運・智ともに恵まれた人物が現われていなかったら、院政期はあるいはもう少し早く到来していたかもしれない」こと等を指摘された(64)。私はこの指摘に傾聴する所が多いが、氏がこの結論を導き出すために引用された『小右記』の記事にも多少補い得る条々があり、また引例が如何なる性質の「院政的言動」であったか吟味する余地もあると思うので、追試的に考察を加えたい。

まず花山朝における政治的関与と目すべき事実には、次のようなものがある（史料名を記さぬものはいずれも『小右記』）。

① 永観二年（九八四）十二月一日「入レ夜従レ院有レ召、営参（中略）、被レ奏二讃岐講師事一也」

② 寛和元年（九八五）一月二十五日「依レ召参レ内、晩景被レ奉二御書朱雀院一、〻御返事云、恐承了者、帰二参内一奏二此由一、一日以二三位中将一従レ院被レ奏之事也、是判官代受領云々」

③ 同二十六日「参レ内、今日除目儀、依レ例撰二申文等一、国々司功過定文、被レ申二於院一、即被レ奏了」

④ 同二十九日「依レ召参レ院、仰云、加賀事一日令レ奏、而相叶之由云々、可レ奏二恐由一者（下略）」

⑤ 同年二月十日「依レ召参レ院、仰云、武者所十人可レ被レ聴レ帯二弓箭一之由可二奏聞一、弓箭禁制厳峻之間不レ可二随

身一、仍所レ令レ奏也者、注二十人名薄一有(ママ)レ被二奏聞一」

⑥ 同年三月十一日「又相二逢惟成朝臣一、示二彼十五日童舞事等一、猶候二気色一宜歟、祭日以前如レ然事不レ穏事也、頃之罷出、惟成示送云、十五日事停止云々」

⑦ 同年三月十四日「召二左府(雅信)於御前一、其後被レ命云、蔵人所衆等其数雖レ多、無二従レ役者一、撰二可レ然者一、可レ令レ候者、殿上及蔵人所、武者所等、相逓勘二其上日一、可レ給二京官御給一者、候二陪膳一之次、又承二仰事一」

⑧ 『御受戒記』（寛和二年三月十九日）「先レ是可レ被レ下二宣旨一雑事、以二別当左近衛中将実資朝臣一于レ時為二蔵人頭一被レ奏二大内一、羯磨僧二口無二度縁宣旨一事、可レ聴下公卿及兼二内裏昇殿一者往還上事、可レ令下検非違使設二御船一兼制中濫行上之事、随則以二宣旨一下二東大寺一、以二蔵人所牒一給二大和国一、差二検非違使左衛門少尉布瑠以孝、右衛門少志安茂、兼府生錦為信等一遣レ之（下略）」

⑨ 『古事談』「円融院法皇大井川逍遙之時、寛和二年十月十四日（中略）被レ仰下大蔵卿時中致仕大納言也、右大臣雅信男母右大弁源公忠女拝二参議一之由上云々、非二主上御前一、奉二法皇仰一任二参議一、如何之由、人々多傾奇云々」（第一、王道后宮）

右諸項の内、①は具体的事情不明。②は除目に際して、院分受領について上皇から朝廷に申し入れがあったのであろう。当時冷泉上皇にも御分国があったから、[65] これは格別異例の事ではない。③の受領功過定文を院に奏しているのは、国政への関与というべきである。ただどの程度儀礼的なものか、上皇より何か実質的に口入があったのかは不明で、『小右記』に関する限り後者の徴証はない。④の「加賀」は、『小右記』同年三月二十九日条に「死去之後、其程非レ幾」とある「御乳母加賀」であろう。死病重態の乳母に対する叙位等の申入でもあろうか。以上は大体において院事に関係した件だけで、特に国政への関与とみるべきものではない。

⑤は院武者所に兵仗を帯することの許可を朝廷に要請したもので、これに対して翌十一日、花山天皇は宣旨を左衛門督源重光に下す旨を院に奏させている。しかし当時花山朝廷は「宣旨、非職帯二兵仗一之輩、可レ決二杖八十一」（『日

本紀略』永観二年五月二十六日）等、下級官人の生活難より起こる暴行を抑えるために、帯兵仗の禁制を厳しくする方針をとっていた。上皇はこの「禁制厳峻」に対する例外処置を求めたのだから、義懐・惟成を軸とする花山朝廷にとって歓迎すべき事ではなかった。[66]⑥の童舞御覧については前述したが、上皇の執心は朝廷によって停止された。⑦は蔵人所衆のしかるべき者を院の殿上・蔵人所・武者所等に勤仕させ、恪勤の者に京官御給を給すべしとの申入である。これより先永観二年十月の除目において、花山朝廷は「朱雀院・東宮有二当年給一、受領兼官悉被二停止一、或被レ任二他人一、或為二停任一」（『小右記』十月三十日）の方針を打ち出していた。上皇の意向は、明らかに朝廷のこのような緊縮方針に背くものである。⑧の東大寺御幸も、『御受戒記』によれば「以二其農業未了一、州民有レ煩之故」に「扈従之人省約為レ本」との花山天皇の勅が出され、左右大臣（雅信・兼家）が「院司貫首」および「外戚長者」として扈従を望んだにもかかわらずこれを抑制し、以下の者の扈従についても一々「差定」したので、左右大将以下が院と朝廷の間にあって大いに去就に迷った様子である。

次に⑨は、文字どおりに解せば、公卿昇進の重大人事が遊覧先で上皇によって卒然と決定されたことになる。『公卿補任』によれば、時中の任参議は道兼の任権中納言と同時に、寛和二年（九八六）十月十五日に行われた。大井川御幸はその五日前だから、『古事談』の記事が事実とすれば、義懐を中心とする花山朝廷が意外な事態を非難したのも当然と思われる。しかし、時中は左大臣雅信の男ですでに四十五歳になっていた。二十六歳の道兼の昇進と同時に参議に任ずることは父雅信の熱望であったに相違なく、その心情は早くから上皇にも通じていたと思われる。そうした事情を想定すれば、大井川船遊の際、管弦にすぐれた時中[67]（『尊卑分脈』）を公卿に推挙したとしても、それはかねて進行していた人事を非公式に洩らした程度ではなかろうか。上皇が朝廷の権限を略取したかのような『古事談』の記述は、文字どおりに受取れない。

以上⑤～⑨を通観して、上皇の欲した自由・華麗な生活様式が、花山朝廷の質実な政治方針と摩擦を生じたことを認めざるを得ない。しかし概して言えば、上皇の意志は直接身辺に関する事にのみ非公式に発動し、しかも朝廷にさしたる強圧を加えていないのである。

次に実子懐仁親王が即位した一条朝に入ると、円融上皇の家父長的権威は当然増大したのではないかと臆測され、その点を菊池氏も指摘された。政治関与とみられる事実には、次のようなものがある。

⑩ 永祚元年（九八九）正月十五日「於二摂（兼家）政直盧一、召レ余被レ定二蔵人・昇殿・検非違使一蔵人藤原知光、円融院、被二挙奏一也、（中略）摂政命云、依レ仰以二知光一補二蔵人一了之由、以レ余被レ奏レ院、即参レ院奏聞、聞食□」

⑪ 同二十三日「退帰之途中有二院召一、即参入、仰云、当年院分受領可レ給二判官代重文（源）一、国挙（源）已為二上臈一、而無事勤之由、重文居二当職一兼致二事勤一、以二此由一可レ示二摂政一者、又有二御書一、帰畢之後束帯参二摂政殿一、奉二御書一次申二御消息一云、被レ献二御報一、又被レ申二奉レ仰之由一、廼帰参奏聞」

⑫ 同二十五日「今日依レ召参レ院、下下給大学助有家（藤原）申二式部一中文并左衛門志多米国定申二外記一中文等上、被レ遣二摂政許一、又院分加賀事可レ無二相違一之由有二仰事一、即申二摂政一、被レ奏云、加賀事前日奉レ仰、又両人事諸卿僉議可レ申者」

⑬ 同年二月五日「摂政被レ奏レ院云、（A）元三日間依レ無二宜一日不二令レ参給一、仍来十六□可レ有二御対面一、（B）又来月廿三日可レ有二春日行幸一、依二前年御願一也、人〻夢想早可レ被レ遂之由頻有二其告一、仍可レ被レ果、（C）又以二権大納言道隆一可レ任二内大臣一之由、此両三年左大臣（雅信）有二催奏事一、而所レ不二信容一也、兼家年老位高、旦暮難レ期、近習臣猶可レ居二大臣一、仍殊可二任給一之由仰宣了、来廿三日可レ行二其事一者、参レ院奏聞、仰云、此三事〻〻承レ之者、帰二参内一申二御返事一」

⑭　同二十日「遅明参レ院、奏二身上事一、則退出、参二摂政殿一、被レ命云、院仰已重、難二固辞申一、今日可レ令二奏聞一、可レ在二存心中一、今依二此事一人〻怨多歟、偏依二院仰一所レ可二加任一也者、以二権中納言一被レ奉レ院、是被レ奏二御返事一、已有二可許一、余参レ内、次参レ院、良久候二御前一、奉（奏カ）二摂政之被レ奏趣一、既有二可許之趣一」

右の内⑩は藤原知光なる者を六位蔵人に推挙したのであって、すでに『小右記』前年十二月十七日条に「藤原知光明年蔵人事等、被レ仰二遣摂政許一」とみえる。知光は中納言藤原文範の猶子で（『尊卑分脈』）、上皇が知光を推挙した理由は不明である。明証はないが院司かも知れない。いずれにせよ事が小さい。⑪は恪勤の者を院分受領に推挙したものである。源国挙は永延元年院昇殿を許されて勤仕していたが（『小右記』同年正月二十三日）、上皇は下臈の判官代源重文を強く推したのである（ちなみにこの分国は、次の⑫によって加賀と知られる）。⑫もやはり院司の官途につき申入れているもので、藤原有家は番頭（『御灌頂記』）、多米国定は主典代（同上）であった（系譜⑦参照）。

以上永祚元年正月の除目に上皇の申入は活潑であったが、ほぼ院司のための推挙に限られている。そして⑭別当実資の任参議の推挙も、事の重要性には大差あるにせよ、本質的には右と同様といえよう。実資は前年二月の除目で、若年で下臈の藤原誠信（為光の男）に越えられて無念の思い遣る方もなかった（『小右記』永延二年二月二十八日）。そこでこの度は上皇に事前に愁訴したのである。『小右記』には二月十三日「次参レ院、伺二□（従カ）容一奏二身上事一、頗有二恩□一」とみえ、十五日にもまた重ねて奏した。そして十七日に「八座事昨行幸（注、円融寺への朝覲行幸）間示二摂政一、已有二許容一、且所二喜思一也」との仰せを受けた。しかし同記十八、十九日条の経過をみると、兼家は強い難色を示したらしく、これに対して上皇は「此般事為二他人一可レ無二謗難一、只在二於吾一」と、重ねて強硬な意志表示をした。兼家がいかに渋々これを承知したかは、「今依二此事一人〻怨多歟、偏依二院仰一可二加任一也」と実資を難詰したことによっても推定できる。

公卿人事に対する上皇の口入は重大であるが、先の時中といい後の実資といい、宇多源氏や実資個人との私的関係からする例外的なもので、これを国政一般への介入とすべきではない。したがって「院政的」といえば明らかにオーバーになるが、しかもこの程度の圧力にも、兼家も花山朝廷も強く反撥したのである。

特に実力者兼家との不和はその晩年に至って一層深まった。この点は⑬によって明らかに推定される。ここに兼家が上皇に奏聞した三事のうち、(A)は朝覲行幸の件で、これは問題ではない。(C)の道隆の任内大臣はすでに兼家によって推進されていたのであるが、なお左大臣雅信が両三年催し奏していた事であると弁解がましく奏聞している所に、兼家が上皇を憚っていた様を看取できる。勿論上皇はまだ三十七歳の道隆を内大臣とすることを快しとしたとは思われないが、同日行われた実資の任参議との兼合いで露わに異議を唱えなかったのであろう。両者の恣意が馴れ合いで妥協した形である。しかし(B)については、両者はかなり深刻に対立した。

いうまでもなく、春日行幸はこの永祚元年三月をもって始まったのであるが（『濫觴抄』下）、上皇は在位の時、石清水・平野行幸を始めたにもかかわらず（『日本紀略』天元二年三月二十七日、同四年二月二十日、『濫觴抄』下等）、一条天皇の春日行幸に強硬に反対した。『小右記』前引(B)によれば、兼家は「人々夢想」を理由として行幸を促進したが、上皇は反対に「夢想不レ宜」として延期を兼家に申入れている（『小右記』永祚元年三月十一日）。以下の経緯について詳細に述べることは『小右記』に譲って省略するが、一度は「院仰」によって行幸停止の宣旨が出たが兼家はさらに強硬に院に奏請し、北野天神が皇太后詮子に託宣したこと等もあって、結局対立は兼家の勝利に終った。

円融上皇が春日行幸に強く反対した真の理由は何であろうか。この前後に上皇がしきりに一条天皇の一身について心を悩ましたことは事実で、『小右記』には永祚元年正月十一日条に、「辰時許参二石清水一、院奉三為公家一有二種々御祈一行□神宝・音楽・東遊・院御志、書写供養百部仁王般若経、又転読大般若経」云々とみえるのを初め、同種の記事は上皇の崩御まで頻出する。しかし実資が代参したのは常に石清水であって、他に永祚元年四月と十月に賀茂、同年十二月には大原野にも遣わされているが、兼家の生前にはついに春日に遣わされることは無かった。この事はあながち円融上皇の個人的好悪とはいえないもので、藤原氏の氏神たる春日社への行幸には問題があったのであろう。石清水行幸が円融朝に二度、一条朝に三度、三条朝に一度、後一条朝に二度と繰り返されたのに対して（『古事類苑』神祇部五参照）、春日行幸がこの永祚元年以後、後一条天皇の治安元年まで後続を見なかったことは（『中右記』永長二年三月二十七日）、これを物語るものではなかろうか。そう推定されるならば、上皇の春日行幸反対は外戚と皇室家父長との対立である。そして折衝の末に上皇が摂政に屈服したのは、宇多源氏や朝光・実資等の力に多く期待できなかった、円融上皇の政治力の限界を示すのである。

以上の検討によって、円融上皇には花山・一条両朝を通じて若干の政治的関与がみられることが、明らかになった。しかし、必ずしも一条朝に入って大幅に増大したとは言えない。つまり、当今の父なるが故にみずから政柄を執ろうといった積極的な意志はみられないのである。両朝を通じて、その政治関与は直接院に関係ある案件にほぼ限られ、それさえしばしば朝廷によって抑止された。しかも側面から朝廷に圧力を加えただけで、院庁機構を駆使した行動ではなかった（なお円融院の経済活動については、史料欠除のため推定できないが〔注（6）参照〕、史料の欠除はその不活潑を示す）。

私は菊池氏のいわゆる「院政的野心」が上皇の心底に存在したことは否定しないが、それは太政官機構を掌握した兼家と正面から対決する性質のものでもなく、またそうした可能性もなかったことを指摘したい。その点において、院政期の諸上皇の専制的な国政指揮と程度を異にすることは勿論、嵯峨・宇多両上皇と比較してもかなり限定された活動であった。それは上皇が藤原氏を外戚とし、これと正面から対決する条件を欠いていた結果である。また上皇の個性も、政治的野心とは比較にならぬほど強烈な関心を御遊・仏事に寄せ、寛朝以下の宇多源氏も上皇のそうした文化面に密着したのである。(68) この点を注目するならば、円融上皇は兄の冷泉上皇のような無力な存在ではなかったにせよ、その長命が摂関期の政治史に重大な影響を及ぼしたかも知れないとの仮定は成立しない。院政の出現には、上皇を支持する受領層の成長など歴史的諸契機の発展が必要であった。

しかし、上皇の皇室家父長としての権威は、その活動の故にではなくその存在の故に、おのずから外戚の比重を低下させる。また仙洞が宮廷文化の中心をなすかぎり、後宮の文化的繁栄も相対的に制約される。そうした点からすれば、宮廷文化の指導者としての円融上皇が短命で世を去ったことは、道隆・道長の貴族的栄華をあれほど華麗にした原因とみられるのである。

むすび

本稿は、太上天皇の皇室家父長としての生活と活動を対象として、平安貴族制を構成する諸契機の一を明らかにし、摂関期の政治・文化に対する従来の視野を拡大することを意図した。具体的には、①円融上皇の宇多源氏との密着と兼家系藤原氏との対立を明らかにし、②宇多上皇の先例を意識した円融上皇の華麗な御遊・仏事の実態を述べ、さらに③円融上皇の政治関与の限界を指摘することとなった。結論的にいえば、円融上皇個人の短命は政治史上に直接の影響を及ぼさなかったが、皇室の家父長であり宮廷文化の中心でもある太上天皇の存在が、以後長期にわたって失われたことは、摂関家と後宮文化の全盛をもたらした原因であろう。なお円融上皇が生前保持した家父長的権威が、その女御であった東三条院詮子の女院制創出と政治的活動にどのような影響を与えたかには触れるに至らなかった。

注

（1）　石尾芳久『日本古代天皇制の研究』一〇八頁。

（2）　坂本太郎『日本全史』古代Ⅰ、一二四頁。

（3）　直木孝次郎『持統天皇』二五五頁。

（4）　岸俊男「元明太上天皇の崩御」（『日本古代政治史研究』一九二頁）。なお岸氏は、光仁上皇についても氷上川継の謀反に触れて、「譲位から崩御まできわめてわずかの期間ではあったが、陰謀がともかく崩御をもって発動したことは、まさに光仁の太上天皇としての存在意義を示すものといえよう」とされた（同書二一〇頁）。

（5）　聖武上皇の場合は、病弱と仏教的関心のために政治的関与薄く、代って光明皇太后が「天下の大権を総轄する君主的な存在」となった（林陸朗『光明皇后』一七四頁）。滝川政次郎氏は、この事が例をなして、次の孝謙上皇の大権侵奪が起こったとし、ひいては「紫微中台こそは、実に平安末期における院政の例を為したものといってよい」と強調された（「紫微中台考」『法制史論叢』四、一八六、三三二頁）。

（6）　たとえば『続日本紀』天平宝字二年八月朔条には、孝謙天皇禅位の詔として「掛畏朕婆婆皇太后朝爾母、人子之理爾不レ得二定省一波、朕情母日夜不レ安」と、天皇の公的地位が孝という徳行と相容れないことが表明されている。また天皇は直接上皇に上表することなく、たとえば『続日本紀』天平十五年五月癸卯条に「右大臣橘宿禰諸兄奉レ詔、奏二太上天皇一曰（中略）、於レ是太上天皇詔報曰（後略）」など、間接的な応酬形式がとられた。

（7）　この変については、門脇禎二、大塚徳郎、北山茂夫、佐伯有清氏等の論文があり、私も驥尾に付したが（「平城朝の政治史的考察」『平安文化史論』所収）、この視点からの検討は十分ではなかった。

（8）　仁明天皇が父嵯峨上皇・母橘嘉智子太皇太后に冷然院に朝覲したことに始まる朝覲行幸（『続日本後紀』承和元年正月乙卯条）は、国史編者に「孝敬之道、自二天子一達二庶人一、誠哉」と感動を記させた（同嘉祥三年正月癸未）。また後に清和上皇が封戸を受けるに当たっての陽成天皇への勅答に、諱を記すべきや否やが問題となった時、参議大江音人は「夫天子之礼、雖下与二庶人一異上、而至二于父子之間一、未レ有二差別一」との理由から御諱を書くべきでないと奏議し、ただ文書の差出人を示すために、「偏名不レ諱」との解釈のもとに惟仁の「惟」字を勅書の年月日下に注することとし、朝廷はこれを採用した（『三代実録』元慶元年四月二十一日条）。なお、『菅家文草』巻十所収「奉レ勅重上二太上天皇一請レ不レ減二御封一表」には、「陛下臣之皇天也（中略）、臣陛下之臣子也」という文が、清和上皇に対する陽成天皇の上表としてみえる。こうした推移は、朝儀全般における「大内裏より内裏へ」の移行傾向の一環である。拙稿「宮廷文化の成立」（『王朝のみやび』所収）に述べた。

（9） 言うまでもなく、この事は延喜二年三月の有名な太政官符をはじめとして、『類聚三代格』に収められた一連の史料が雄弁に語っている。石母田正氏は、「律令制的土地所有を根本から震撼しはじめた平安初期にはじまる王臣家および権門勢家の大土地所有制の発展の頂点に立つものが、外ならぬ皇室自身であったこと」、および「皇室のもつ二つの政治的側面、律令制的国家機構の最高の地位にあるものとしての皇室と、私的な独立的な豪族的地位における皇室との二つの側面の交互関係をここでも把握しなければならない」ことを指摘された（『古代末期政治史序説』一一一頁）。また竹内理三氏は、これに対して藤原氏が平安時代に入っても土地私有制を抑制する立場にあった点を力説された（『律令制と貴族政権』一八九頁）。

（10） 厳密に言えば、この中には太上天皇の尊号を奉るに至らなかった場合があるが、しばらく譲位の事実あるものすべてを挙げた。

（11） 拙稿「政治史上の嵯峨上皇」「宇多上皇の院と国政」「文徳清和両天皇の御在所をめぐって――律令政治衰退過程の一分析――」（いずれも本書所収）。

（12） 林屋辰三郎「歴史と鏡」（『国史大系』月報四五号）

（13） いわゆる前期摂関制も、同様に文徳・清和両天皇の短命による空白が良房・基経の権力を伸張させたもので、宇多天皇の早期譲位の理由もこれに関連がある（注(11)前掲論文）。

（14） 黒板伸夫氏は、平安中期には天皇、上皇、母后、外戚である摂関、およびこれらとミウチ関係にある親王、賜姓源氏、藤原氏等の貴族集団が「相互依存の権力の環を形成している」ことを指摘された（「藤原忠平政権に対する一考察」『延喜天暦時代の研究』一四一頁）。賛同すべき見解である。ただし複合体といいい権力の環といっても、天皇が全く無力な傀儡に過ぎなかったと見るわけではなく、むしろその反対であることを指摘しておきたい。

（15） 円融上皇は出家以前は朱雀院と呼ばれ（『小右記』）、以後は円融法皇・円融院法皇・円融寺法皇等と呼ばれた（『日本紀略』）。前者は、書法厳密な『小右記』が例外なく朱雀院と記すことによって証明される（永観二年十月十四日条等）。上皇は天元五年の内裏焼亡以後堀河院を住居とし、新造成った内裏にわざと入ることなく堀河院で譲位し、寛和元年九月の円融寺遷御に及んだ。にもかかわらずその間朱雀院と呼ばれたのは、朱雀院が冷泉院（冷泉上皇の居所）とともに皇室の所領であり、これに対して堀河院は兼通より朝光に伝領されたものの借用であった事情によるのであろう。馴染み薄い朱雀院よりも、親密な兼通系の奉仕を受ける便宜の多い堀河院や宇多源氏とゆかり深い地に建立された円融寺を用いたところに、円融上皇の立場が端的に窺われる。それはともかく、本稿では出家前後に関わりなく「円融上皇」と呼んでおく。

(16)　本稿の骨子を作ったのは数年前であるが、間もなく菊池(所)京子氏の論文「円融寺の成立過程」(『史窓』二五)が発表され、多くの示唆を受けた。以下の所論も氏の主張と大差はなく、細部について多少補足する程度に過ぎまいが、如上の問題意識に立つ一連のモノグラフの一編とする。

(17)　『栄花物語』に「女御の御事(立后以前の正月二十八日、兼家の女で冷泉上皇の女御超子が卒去したことを指す)のゝち、いとゞ御門さしがちにて、男君達すべてさべきことゞもにも出でまじらはせ給はず、内の御使女御(詮子)殿に日ゞに参れど、二三度がなかに御返は一度などぞ聞えさせ給ける」とある。この記述が誇張であるか否かは他の史料によらなければならないが、残念ながらこの時期は史料が極度に乏しい。しかし、正月の小朝拝・賭弓・除目等にはすべて出席していた兼家が立后の儀に姿を見せていないのは(『小右記』)、その心事を反映する。また『小右記』四月二十一日斎院御禊の条に、「今日上卿及参議不レ参二斎院一、仍以二左中弁懐忠一為二上伐(代)一、令レ行二其事一云々、事已希有、奇驚了」とあり、「世間謡言云々如レ雲」きによって賀茂・松尾等の禰宜に祭の平安を祈らせているのは、政情の不安を推定させる。以下公卿不参の記事は、四月二十三日大祓、二十四日賀茂祭、五月三日祈念穀奉幣、六月十一日神今食、同十三日中宮御読経、同二十九日大祓と、頻出する。『小右記』は七月以後記事を欠くが、『日本紀略』永観二年正月二十七日条にも、「除目始、自二去夜一左大臣(源雅信)参宿、他公卿不二参宿一、仍蔵人頭源正清朝臣以下侍臣等取二筥文一、前代不レ見之儀也」とある。これはたとえば『小右記』寛和元年正月十五日条に、兵部手結に公卿一人も参らなかった事を「公事陵遅万事如レ此之」と慨嘆しているように、時代の一般的傾向であったが、遵子立后を機として集中的に現われるのは立后の引き起こした波紋であろう。かつて基経が陽成・宇多両天皇と対立した際における公卿層の動向を想起する。基経と同様に、政略家兼家はこの不出仕が天皇の孤立を招くことを十分に計算していたものと考えられる。

(18)　この逸話は東松本(『日本古典文学大系』)や尾張徳川黎明会本(『国史大系』)にはみえず、流布の岩瀬本・古活字本等にみえる増補部分である。『親信卿記』の古写本本文については、山本信吉氏の教示を得た。

(19)　天延二年二月蔵人頭、同四月参議となる(『公卿補任』)

(20) 『大鏡』の増補部分によれば、兼通は天皇の「御おちたちの中にうとくおはします人」で、天皇は安子の文を兼通から示された時にも彼の姿を見て避けようとしたという。話をおもしろくする誇張には違いないとしても、両者が従来疎遠であったことは事実であろう。

(21) 流布本『大鏡』に、兼家が重病の兼通を見舞わずに門前を素通りして参内したことを怒って、兼通がにわかにこの挙に出たとするが、それだけの動機ではあまりにも説話的である。

(22) 天皇とおなじく安子所生の姉宮資子内親王は兼家系に心を寄せ、遵子立后に対しても「この(懐仁親王の)御ために疎におはします、いと悪しきことなり」と批判したが、天皇はこれを肯定しなかった(『栄花物語』二、花山たづぬる中納言)。天皇が内親王とことのほか仲の良かったことは、『円融院御集』(『桂宮本叢書』第二十巻)にみえる多くの贈答や、『拾遺和歌集』巻十七の中務の歌にみられる乱碁とその勝態・負態(萩谷朴『平安朝歌合大成』二の五一三頁参照)などによって知られ、また内親王の昭陽舎における藤花宴に親臨して一品を賜わり(『日本紀略』天禄三年三月二十五日)、さらに准三宮(『親信卿記』天禄三年十二月十六日)、輦車の宣旨(同天延元年五月二十日)などの殊遇もあった。そうした親愛の仲である同母姉の諫言にも、天皇は従わなかったのである。

(23)(24) 菊池京子、注(16)前掲論文五四、五八頁。

(25) 『慈恵大僧正伝』(『群書類従』伝部所収)に詳細な記事がある。

(26) 兼家が横川に恵心院を建立し、永観元年十一月二十七日盛大に供養を行ったことは、『日本紀略』『山門堂舎記』等にみえる。なお杉山信三「藤原氏の氏寺とその院家」(『奈良国立文化財研究所学報』一九)参照。

(27) 雲林院御塔供養のことは、『扶桑略記』に「辛未、有二雲林院塔供養会一矣、行二幸彼寺一、結構多宝塔一基」とみえる。大江維時作の願文が『本朝文粋』(巻十三、願文上)にみえ、供奉の蔵人藤原雅材が過差禁色を犯したのに検非違使も糺弾せず天皇の御咎めもなかったことが『政事要略』(巻六十七、糺弾雑事)にみえ、塔供養に舞楽の行われた最も早い例なることが『舞楽要録』(『群書類従』巻三四五)にみえる。そして『舞楽要録』はこれに続く例として円融寺供養を挙げているのであって、両供養に共通する華麗な奢侈をうかがうことができよう。

(28) 『日本紀略』永観元年十月二十五日条に、「於二円融院一、始レ修二般若会一、講訖、音楽、一如二御斎会一」とみえるが、行幸の事を記さない。

(29) この日、曾根好忠・永原滋節等が召を承らずに末座に加わって追い立てられたので、両人は平身低頭し衆人の大笑を買ったというハプニングは、両記ともに記載し説話集類にも広く採り上げられたが、『小右記』には好忠を「召人」と記していて、情報に相違がある（拙著『百人一首の作者たち』一八八頁）。

(30) 山中裕「年中行事」（『図説日本文化史大系』平安時代下、三四三頁）参照。

(31) 後者は永延二年三月二十日の円融寺五重塔供養に演じられたものであろう。ただし当日の『小右記』は、大唐・高麗楽各五舞しか記していないが、その前に童舞の「練舞」がみえるから、『小右記』の書き漏らしと推定する。

(32) 林屋辰三郎『中世芸能史の研究』二九一、三四五頁。

(33) 角田文衛氏は『雲州消息』の史料として有用なことに注意を喚起されたが（「江口のあそび女」『古事類苑』月報二五）、この書状の差出人には「参議伴」とあり、これを実在の人物とみるならば、伴氏の参議は天暦四年（九五〇）致仕した伴保平以後にはないから十世紀半ばに溯ることになり、散楽の卑猥な所作が円融上皇の御前で演ぜられたとしても、時代的には不自然でない。

(34) 注(32)前掲書、三〇六頁。

(35) 公任が管弦詩歌おのおの舟を異にする中でまず和歌の舟に乗り、三舟の才を讃えられたのはこの時である（『古事談』第一、王道后宮）。

(36) 第一節第二項参照。

(37) 『百錬抄』も二十五日に係ける。『大日本史料』は『日本紀略』によって二十六日に掲げているが、『小右記』を逸している。

(38) 『本朝皇胤紹運録』は「崩於円融院」と記しているが、『日本紀略』『扶桑略記』『栄花物語』『小右記目録』等には崩御の場所を記していない。したがって遍照寺で崩じた可能性もないわけではない。

(39) 敦固親王の薨去には異説が多い。『紹運録』『尊卑分脈』は延長元年とする。しかし『貞信公記』に従った。

(40) 『河海抄』延喜八年とするが、誤り。

(41) 『大日本史料』一―九、天暦四年十一月十日所収「仁和寺御室御物実録」に、承平元年の実録帳が紛失して作成し直した時、「若可レ開二闔宝蔵一者、加署之人必令二会集一、至二于後代一者、御後為レ長之人率二寺家別当三綱円堂三僧等一、同共勤二此事一」

と定めたが、「為㆑長之人」は勿論敦実親王であり、後には源雅信であったと考えられる。

（42）『貞信公記』天慶八年正月十六日条に、「□御㆓南殿㆒、式部卿親王雖㆓参入㆒、依㆓先年宣旨㆒不㆓立列㆒者、以㆓大納言㆒為㆓貫首㆒、今日不㆑給㆑禄」、また『九暦』逸文（『西宮記』所収、天慶七年正月七日条）に、「先㆑是一品式部卿敦実親王報（起カ）㆓宜陽殿座㆒登㆑殿件親王先年有㆓宣旨㆒、従㆑腋昇」とあり、『九暦』大慶七年五月五日条にも同様な記事がある。

（43）『貞信公記』には一分召の記事が頻出するが、親王は病気の際には式部省に参らず、親王家において公事を行うことを認められていた（天慶三年五月八日条等）。

（44）『九暦』天暦五年十月五日条に、先年大納言元方が宣命使となった時、入道（敦実）親王が「雨儀開㆑書、可㆑開㆓於左掖㆒、而開㆓於右㆒違例也」と非難したが、今日参議雅信が右掖に開いたのは「依㆓父親王教㆒歟」と記し、また「宣命曲折、頗似㆑有㆓師説㆒」とも記している。

（45）『文机談』（『大日本史料』一―一所引）に、「親王、音曲好ませ給けるによりて、風俗催かやうの曲共（朗詠の曲）も、多く伝させ給ふ」として、それが雅信・重信に伝わったとしている。また『拾遺往生伝』には、親王が仁和寺桜会において大法師浄蔵の唄曲を賞し、音曲にすぐれた藤原朝成を恥じ入らせたことがみえる。なお重信については菊池氏注（16）前掲論文五九頁以下に詳しい。

（46）蝉丸の逸話は『今昔物語』（巻二十四、源博雅朝臣、行会坂盲許語第二十三）にみえる。

（47）『西宮記』（七日節会）に、敦実親王が「年来更無㆓如㆑此之時㆒、今日似㆓古昔㆒云々」と当日の儀を評したとみえる。古昔とは延喜の昔を指すものと思われ、語には千鈞の重みがあったろう。

（48）辻善之助『日本仏教史』上世編。薗田香融「平安仏教の展開」（『体系日本史叢書』『宗教史』）七五頁。

（49）長保・寛弘年間、丹波国大山荘等の国免に関する東寺伝法供家牒に、検校僧正雅慶の加署がみえる（『平安遺文』四二八、四五〇号）。また寛弘九年には、東大寺僧規鎮等が大僧正雅慶の房に寄進したと称して、東大寺領春日荘の本願国忌御斎会の料田一五町を横妨し、争論があった（『平安遺文』四六八、四六〇一号等）。

（50）薗田香融、注（48）前掲論文、七六頁。

（51）吉村茂樹「藤原氏の栄華と院政」（岩波講座『日本歴史』戦前版）四一頁。

（52）『御受戒記』は、文人源為憲が「旧臣」として扈従を許され、勅命を奉じて記したもの。また『御灌頂記』は『国書総目録』を参照すると、応永二年堅済書写本が孤本と思われるが、その奥書は「貞和四年九月廿日、於二東寺一書写了、記者可レ尋レ之、／此記天台穆算僧都云々、僧綱補任可二引見一之、賢宝記之」として、供奉の天台僧穆算を著者に擬している。

(53) 林陸朗氏は、「誕生間もない比較的早い時期に、むしろ当然のこととして賜姓」があったものと推定された（「賜姓源氏の成立事情」『上代政治社会の研究』三〇八頁）。

(54) 雅信の女倫子が藤原道長の正室となったのは周知の事実である。しかしそれは永延元年十二月十六日のことで（『台記別記』久安四年七月三日）、すでに雅信は得意の時期に入っていた。雅信は保身のため兼家と縁を結ぼうとしたのではない。むしろ、『栄花物語』（三さまぐ〵のよろこび）には、雅信が道長なる「口わき黄ばみたるぬし」を歯牙にも掛けなかったことが記され、宇多源氏としての自負がみられる。

(55) 菊池京子（「俗別当の成立」（『史林』五一―一）に詳論がある。

(56) 菊池京子「円融寺の成立過程」六二頁参照。

(57) 角田文衛『承香殿の女御』（中公新書）一二一頁。

(58) 『栄花物語』（二、花山たづぬる中納言）に、「（故）堀河（兼通）どの丶御宝は、この大将の御もとにぞ皆わたりにたる。（故）中宮（媓子）の御物の具ども丶、たゞこの殿をいみじきものに思ひきこえさせ給へりければ、それも皆この殿に（ぞ）渡りにける」とみえる。

(59) 永観二年十二月、朝光の女姚子の裳着に、右大臣兼家が権大納言朝光第を訪ねて祝意を表した事を、『小右記』は「大臣未レ有下向二納言家一之例上、天下之人頗驚無レ極」と評し、また頼忠がこれを非難したと伝えている。兼家がこのような挙に出た真意は明らかではないが、円融天皇を譲位に追い込んだ後の事態を改善するには、上皇に密着して「今に世に捨てられ給は」（『栄花物語』二、花山たづぬる中納言）ざる地位を保っている朝光の歓心を買うことを、得策としたものであろう。それゆえ頼忠はこの見えすいた策略を苦々しく見たのではあるまいか。次に道隆と朝光が酒友であったことは、『大鏡』（道隆伝）によって知られる。もっとも『大鏡』のこの記事をそのまま信じえないことは、「日本古典文学大系」補注（四七〇頁）の指摘するとおりであるが、少なくとも両者は不和ではなかったであろう。

(60) 後院には、その性格について疑問がある。先に私は朱雀朝ころまでの実態について、八代国治氏以来通説となっている後院＝冷泉院・朱雀院とする説に疑問を提出し、後院は専ら供御等を弁ずる経済的機能を持つ、別個の存在と推定した（「政治史上の嵯峨上皇」本書所収)。所(菊池)京子氏は論文「平安前期の冷然院と朱雀院―「御院」から「後院」へ―」(『史窓』二八)において私見に賛同され(二頁)、かつ冷泉・朱雀両院は「御院」として、平安中期にも「後院」と別個に存在したが、その「御院」の建物および御物の管轄が「後院」で行われるようになって、両者が同一視されるに至ったものと推定された(一三頁)。

内蔵寮・穀倉院と共に内廷経済における重要な機関である「後院」(所京子氏によれば「天皇の『御倉町』的存在」)が円融・花山・一条朝にも存続し活動したことは、たとえば『小右記』の、「納㆓後院㆒之舞装束」を円融寺に施入したり(天元五年三月三日)、真手結の饗を後院が穀倉院と分掌したりしている(天元五年五月九日)記事によっても明らかである。朝光の補せられた後院別当の「後院」は、この本来の意味の後院と考えられる。

しかし一方、九条家本『延喜式』や『拾芥抄』等に収める諸京図(『京都国立博物館特展目録』一一五「京の絵地図」参照)を見ると、三条南四条坊門北大宮西壬生東と五条坊門南五条北大宮東堀川西の二ヵ所それぞれ四町に、「後院」「後院地」と記されている(延喜式所載図のみ小異)。私はこの内の五条の方を、当時も活動していた御倉町的後院の敷地に比定したいと思う。しかしまだ確実な根拠を発見することを得ない。

四条の方は、五条に後院が移転する以前の敷地かあるいは古くは四条・五条両方が後院の敷地であったのかは不明だが、すでにこの時期にはそこに倉はなかったようで、跡地が頼忠の領有に帰していた。そのことは、『拾遺和歌集』(八、雑上)に、「廉義(頼忠)公、後院にすみ侍ける時、歌よみ侍ける人〳〵めしあつめて、水上秋の月といふ題をよませ侍ける」という詞書で右大将済時・式部大輔文時の作を収めていることによって知られる。そしてこの二首は貞元二年八月十六日の三条左大臣頼忠前栽合の中にみえるので、萩谷朴氏もこの後院を四条後院と推定された(『平安朝歌合大成』一ノ五四九頁)。『日本紀略』天元四年七月七日条に、「天皇遷㆓御四条後院㆒、太政大臣(頼忠)四条坊門大宮等也」とあるのは、四条後院跡に建築された新第の名称と理解すべきものである。

しかるに『日本紀略』は上文に続いて「以㆑之為㆓後院㆒」と記しているが、それは、後院といえば天皇の仮住居を意味する後世の観念による誤った書入か、あるいは「元為㆓後院㆒」といった文の誤写ではなかろうか。ちなみに『日本紀略』天元五年十二月二十五日条に、「天皇自㆓職曹司㆒、遷㆓幸堀河院㆒、件院為㆓後院㆒、公家被㆑造㆑之」とあるのも、後世の観念によって「為㆓後院㆒」の三文字が紛れ入ったものか。ただし「公家被㆑造㆑之」とは興味深い記述で、本文に述べた朝光・実資等の堀河院別当補任はこの修造に当たるためかとも推測される。

さて朝光の補せられた後院別当の「後院」とは、この第二の意味すなわち頼忠の第宅とも考えられないことはない。何となれば、第二回の内裏焼亡の際には、短期間ながらこの四条後院が仮御所に提供されているのだから（本文参照）、堀河院と同様に腹心を別当として修造させたこともありうる。しかし、ここでは第一の意味すなわち本来の経済機関と理解して置くのが穏当であろう。ゆえにこの「後院別当」補任は、天皇個人と朝光の特殊な関係を示すものと見るべきではない。

(61)　たとえば『小右記』永観二年十二月八日に、「又左府・左大将於二院殿上一侍、被レ定二御封・勅旨田事等一」とみえるなど。

(62)　なお師尹系の藤原済時は、『御受戒記』『灌頂記』等による限り院別当の明証はないが、円融院法華八講の僧名定に加わり（『小右記』永延元年二月四日、四月五日等）、雅信・朝光と同席していることなどから、別当の形跡がある。少なくとも上皇の御幸には必ず扈従し（同記永延二年八月二十一日、同年十月二十九日等）、また別当朝光とも格別親しかった点など（『閑院左大将朝光卿集』『国歌大観』所収）、傍証は豊富である。そして、済時の甥で猶子となっていた実方も番頭として院に勤仕し（『御受戒記』）、実方の子賢尋は後に円融寺別当となるなど（『血脈類集記』）、師尹系と円融上皇の関係も浅くはなかった。

(63)　本節で考察した院司の人脈に対して、院の物的側面についても当然分析すべきである。『小右記』によれば、封戸・勅旨田（同永観二年十二月八日）、院分国（永祚元年正月二十三、二十五日）、年給（永観二年十月十四、三十日）等があることが知られるが、これらはいかにも常識的な事柄に過ぎず、所領・財物の大体を把握することはできない。その処分については、『栄花物語』（三、さまぐ〵のよろこび）に「さべき御領の所ぐ〵、さべき御宝物どもの書立目録せさせ給へりけるを、それ皆奉らせ給」とあって、崩御の前に行幸した一条天皇に一切譲られたこととなる。この行幸は他の史料に所見がないが（『日本古典文学大系』頭注）、当然の事で、遺領処分の記事も虚構ではあるまい。

(64)　「円融寺の成立過程」六四〜六七頁。

(65)　時野谷滋「知行国制の起源」（『日本古代史論集』下）六五八頁。

(66)　⑤⑦の『小右記』の記事は、「武者所」の初見とされている。

(67)　時中が管弦にすぐれていたことは、『大日本史料』二―四（長保三年十二月三十日）参照。

(68)　藤原氏を外戚としたこと、仏道に精進したこと、短命だったことにおいて、清和上皇とは共通する所が多い。

藤原道長における和歌

はじめに

藤原道長は日本史上の大権力者のひとりである。しかし彼の権力者としての性格は、他の同類とはかなり異質なところがある。古今東西の大権力者なるものは、旧体制の破壊あるいは新体制の推進によって大権力を掌握するのを常とし、概して乱世に現われ、しばしば劇的な失脚・破滅の厄にも見舞われている。それらは枚挙に遑もない。これに対して道長の場合は、望月の欠けたることも無い栄華を誇ったものの、彼の政権獲得は同族との競争という矮小な「コップの中の嵐」の観があり、またその栄華は皇室の大家父長不在の間隙に、よき子女に恵まれて外戚の地位を確保した偶然の契機によるところが大きかった。当代の法制経済史料の乏しさを考慮に入れても、近来のいわゆる王朝国家論等の成果を参照しても、格別の革新的政治業績を道長に帰することはできないようである。

それならば、大権力者道長の歴史的意義は、一にその文化的業績の卓抜にあるといわねばならない。それもいわゆる有職の面には延喜天暦の「聖代」という輝かしい先蹤があって、道長の時代はその祖述・墨守の段階に入りつつあり、リゴリスチックな同時代人は「末代」の語で当代を酷評したりした(1)。道長の文化的創造への貢献は、むしろ作文・和歌などの文芸や、後宮・私第を場とする宴飲など、ハレとケの中間領域において活潑に行われ、また浄妙寺・

法成寺の創建、金峯山・高野山の参詣、勧学会への関与など、仏教文化の外護者として力強く発揮された。そうした点で、飛鳥文化における聖徳太子、北山文化における足利義満、元禄文化における徳川綱吉などと共通する性格がみられる。大権力者というよりも、大文化指導者であった。

道長の歴史的性格をそのように位置付け、さらに摂関制の歴史的意義を考察するために、本稿では道長の多彩な文化的活動のうちでも、検討の余地を比較的多く残している和歌を対象としたい。勅撰・私撰歌集の成立や内容は国文学の研究に委ねて十分であるが、道長を中心とする貴族社会で和歌の担った社会的機能がいかなるものであったか、そこから当代の和歌にいかなる特色が生じたかといった文化史的視覚も必要であろう。その際頼るべき史料は『御堂関白記』をはじめとする古記録で、これによって和歌が制作され活用された社会的な「場」が明らかになる。巨人道長はその場の中心にいたのである。

1　古記録における和歌関係記事

まず『御堂関白記』（以下『御堂』と略す）に加えて『小右記』『権記』および『左経記』の中から、「和歌」という語を含む記事を抽出してみよう。すでに杉崎重遠氏がこの点に注目し、『平安中期歌壇の研究』の第四章第一節に四記録の記事を網羅的に示された。その数は『御堂』四二項にのぼり、『小右記』一七項、『権記』三三項等計九〇項余に及ぶ。もっとも、他記録には『御堂』と重複する記事がほかに一五項あり、氏は他に『日本紀略』の一項も拾われている。また氏は、「出家後の道長の心は専ら法成寺造営のことに注がれ、（中略）その精力を和歌へ傾ける余裕はなかったであろう」といい、右の挙示でも「出家以後に於ける道長は最早それ以前の如く主導権を握ってはいなかった」として、省略されている。

杉崎氏の綿密な学風には私は古くから敬意を表していて、右の研究にも多大の学恩を蒙った。ただし、出家以後も道長の巨大な力は直接間接に当代を支配していたから、私は考察の範囲を長徳元年（九九五）彼が政権の座に着いて以後寛仁三年（一〇一九）の出家を経て万寿四年（一〇二七）末の薨去までとし、杉崎氏の挙示に洩らされた記事若干を補いつつ、別に整理を試みることとした。

前提として、周知の事ではあるが、四記の特徴と現存状況について一応展望しておく。『御堂』は幸いにして政権獲得後間もない長徳四年（九九八）から記事がはじまり、(2)長保二年（一〇〇〇）半ばから三年半程に及ぶ空白を経て、寛弘元年（一〇〇四）から寛仁五年（治安元・一〇二一）まで、道長全盛期の記事をほぼ存している。ただし記述は概して簡略で、しかも奔放なまでに恣意的だから、記事が事実を網羅していると即断することはできない。もっとも心の赴くまま自由に記述されたという事は、かえって当該事項が記者道長にとって関心深いものであったことを証明する。後世の紋切型の公家日記よりも、恣意的なるが故にこそ史料的価値が高いという、逆説も成立するであろう。

次に『小右記』は、現存の「広本」「略本」および「小右記目録」・逸文によれば、少なくとも天元元年（九七八）から長久元年（一〇四〇）まで、六〇年以上にわたって書き続けられた。その長期の継続と厳格な書法によって稀なる名記という定評がある。しかし「小右記目録」によって標目だけが確認される部分を除けば、実は記事の現存する年月日は大幅に減少し、特に道長政権の前半すなわち長保・寛弘の一〇年余はほとんど記述を欠く。つづく長和・寛仁の間は多く現存するが、実はこの部分の記事にもかなり脱漏がある。(3)それは「大日本古記録」のいわゆる「略本」を底本とした部分である。この場合「略本」という意味は、たとえば現存の『貞信公記』（「大日本古記録」）のように内容を満遍なく簡潔に要約した写本とは異なり、日によっては完全に原本全部を写したり、あるいは逆に日付さえとばしたりした巻を意味する。(4)そのような「抄略」が巻によって行われたり行われなかったりで、「広本」と「略本」は不規則に混在するのであるが、桃裕行氏の綿密な書誌的研究によっても、「如何なる巻について抄略を行ひ、如何なる巻について行はなかつたかの標準は見出し難い(5)」という。

したがって道長政権期の最も網羅的な史料とみえる『小右記』も、実はその内容が完全ではない。ただ権力者道長の動静には過敏なまでに注意を怠らなかった記者のこととて、他人の日記ながら『御堂』を補うべき道長の私生活関係記事の比較的多いのは、もっけの幸いである。

次に『権記』は、長徳・長保・寛弘の道長政権前半期、すなわち『小右記』の欠けた部分が幸いにもほぼ存する。ただし記された事項の多くは、能書行成が屏風・障子の和歌色紙形を染筆したり、勅撰集等の書写を下命され実行したことで、行成が長い期間蔵人頭や公卿として道長に密着していた割には有効な記事は少ない。

次に『左経記』には、寛仁・治安・万寿年間の記事が存し、『小右記』とともに道長政権後半の好史料である。ただし記者源経頼は一条朝より四代に歴仕した恪勤の官人ではあるが、道長の催す和歌関係の行事に列席するにはまだ身分が低かったから、たとえば寛仁二年（一〇一八）十月の有名な威子立后の儀も、詳細な記述を存しながら「この世をば」の和歌には触れていないなど、関係記事は多くない。ただし杉崎氏は二ヵ条を挙げられたに過ぎないが、なお数ヵ条拾える。

以上四種の古記録から「和歌」の語を含む記事を抄出し、これを行事ごとに分類すると、次頁の表ができる。表の行事分類は甚だ便宜的なものであるが、和歌の詠まれた行事の大体を鳥瞰する手段とはなるであろう。

もっとも表の記事には、屏風歌の詠進や色紙形の染筆に関するものや、歌集の書写等に関するもの（『権記』の「その他」の項）が相当数入っているが、前者は晴儀の準備段階の作業であり、後者は行事とは一応無関係で、行事の最

行事別和歌関係記事集計表

行事	御堂関白記	小右記	権記	左経記	計	備考
入内	1	(1)	(1)		1	
立后	1	(1)			1	
大饗・臨時客	7	(5)		(1)	7	(A)
朝覲行幸		1			1	
産養	2	2 (4)	1 (2)	1	6	(B)
着袴		2	2		4	(C)
御対面			1		1	
着裳	1	1			1	
算賀	2	3 (4)	(1)		5	(D)
移徙			1		1	
大嘗・五節・淵酔	2	1		1	4	
祭	2				2	
仏事	3	1 (2)	4 (5)		8	(E)
遊興	2	1	2 (3)	2	7	(F)
遊覧	6	3 (5)	2 (3)	1	12	(G)
参詣		3			3	
送別	2	2 (3)		1	5	(H)
歌合		1			1	
その他	2	5	7 (8)		14	
合計	33	26 (40)	20 (27)	6 (7)	85	

注　括弧内数字は、他記と重複する場合を含むもの。ごく少数、道長の関与しない場合をも含む。

中に催された歌会とは類を異にする。そして入内・立后・大嘗などの重要儀式では、和歌の記事はほとんどこの染筆や書写だけである。したがって、威子立后の宴の「この世をば」のエピソード等を例外として、入内・立后・大嘗などにおける和歌関係記事は、道長における和歌のありようを考えるにはさして重要ではない。これに対してその他の諸行事に共通してみられる和歌関係記事の最大の特徴は、宴、飲を場としていることであろう。表（備考欄参照）の(A)大饗・臨時客、(B)産養、(C)着袴、(D)算賀、(E)仏事、(F)遊興、(G)遊覧、(H)送別など、総じてハレよりもケの性格をゆたかに持つ諸行事では、酒間にかならず和歌が詠まれている。思うにこれらの行事は、宴飲の興趣の高まるにつれて道長がイニシアチブを自由に発揮しやすく、おのずから和歌の唱和となったようである。(A)より(H)までの各行事の実態を次に述べよう。

2　宴飲における和歌

まず(A)大饗・臨時客について。正月における二宮大饗や摂関家の臨時客は、臨時の任大臣大饗と共に、きわめて盛大な祝宴であった。しかし、朝賀や元日節会のような律令制本来の、国政の根本に関わる儀礼とは成立も本質も異なり、平安時代における内廷の発展、貴族の奢侈によって加わった宴飲である。『類聚国史』巻七十一、歳時二に、「二宮饗宴」は淳和天皇天長五年（八二八）正月「皇太子已下奉二賀後宮一」云々とみえるのが初見で、以来さかんに行われたらしく、『三代実録』貞観十七年（八七五）正月二日条には、「凡毎年正月二日、親王公卿及次侍従以上、奉レ参二三宮賜宴一、例也。而年来不レ書、史之闕也」と特筆している。摂関家の正月大饗の起原は明らかではないが、当然右よりも遅れると思われ、山中裕氏[6]は「延喜年間ごろからはじまったらしい」と推察されている。こうした後発のくつろいだ行事だから、道長が進行をのびのびと主導する余地があった。たとえば寛弘三年（一〇〇六）正月三日の中宮彰子の大饗では、これに先立つ道長第の臨時客で早や道長は「数盃及二酩酊一」び、しかる後中宮の御方に参入したのであって、さらに「数巡」してから「和歌之事」があった。こうした「及二酩酊一」的な記述は『御堂』以外の記録にも多く見られ、一座の雰囲気を端的に示すのである。「杖酔」「乗酔」「淵酔之余」「入酔」などの語も頻出する。

また寛仁元年（一〇一七）三月四日、頼通が内大臣に任ぜられた際の大饗でも、隠座で酩酊の間に和歌の興があった。『御堂』には、

人〻有二和歌興一、侍従中納言《(行成)》取レ盃、題桜花、余かく云、こ《(木)》のもと《(下)》にわれはき《(来)》にけりさくら《(桜花)》はなはる《(春)》のこゝろ《(心)》そいと、ひらくる

と自作を書き留めている。ただしこの即興歌は『御堂関白集』をはじめ他の文献には見えないようである。これを道長が日記中に特記したのは和歌の巧拙とは無関係で、ひとえに親心の満足を書き留めておきたかったのであろう。

次に通過儀礼の中で和歌が用いられた双璧は、(B)産養・五十日・百日と(D)算賀の場合である。なかんずく彰子による敦成親王の誕生は最大の慶事だから、五夜（『小右記』『紫式部日記』）、七夜（『小右記』）、五十日（『御堂』『小右記』『紫式部日記』）、百日（『御堂』『小右記』『権記』）と、いずれにも和歌の興があった。五夜のさまは『小右記』（寛弘五年九月十五日）によれば、寛弘五年（一〇〇八）九月十五日酉剋、土御門第の東対に傅大納言（道綱）以下の公卿殿上人が参入し、主催者道長が盃酌を勧めた。「延長両度例無二管弦一、又凡人産間無二糸竹興一」という実資の意見により管弦は行われなかったが、座を渡殿に移して「一両巡後」に「和歌会」が右衛門督公任を中心に行われた。その後「擲采之戯」もあって寅剋一同退出した。この儀は『紫式部日記』には、

> 上達部座をたちて、御階の上にまゐり給ふ。殿をはじめ奉りて攤うち給ふ。かみのあらそひ、いとまさなし。歌どもあり。「女房さかづき」などあるをり、「いかがはいふべき」など、くちぐち思ひこころみる。
>
> めづらしき光さしそふさかづきは　もちながらこそ千代もめぐらめ
>
> 「四条の大納言にさしいでむほど、歌をばさるものにて、こわづかひよういひのべじ」などささめきあらそふほどに、ことおほくて、夜いたふけぬればにや、とりわきてもささでまかで給ふ。

とみえる。こうした歌会では女房も突如指名されることと、公任の権威が大きかったことが推察される。なお七夜の儀は、「今夜公家所レ令レ設、給二饗饌一如二五日一」で、一両巡後に和歌と打攤あること五日と同様であった。

十一月一日、道長の奉仕による五十日の儀にも、『小右記』（寛弘五年十一月一日）によれば同じく東対で饗があり、「卿相酩酊」して管弦と和歌が行われたが、この日の詳細な記事はむしろ『紫式部日記』である。したたかに酔って

柱にもたれる右大将実資、「このわたりにわかむらさきやさぶらふ」と呼ぶ左衛門督公任、さらに道長の「おそろしかるべき夜の御酔ひ」を見て物陰に隠れる式部らに、「和歌ひとつづつ仕うまつれ、さらばゆるさむ」と強要する道長などのさまによって、当夜の雰囲気を生き生きと知ることができる。(7)

百日の儀は、三記がそろっている珍しい例である。『御堂』は簡略なので『小右記』(寛弘五年十二月二十日)によれば、十二月二十日酉剋に「聖上」(一条天皇)の渡御があり、公卿・侍従は「盃酌頻巡、既及二酩酊一」び、さらに大勢の上達部が加わって宴が続いた。そうした昂揚の中で、道長は公任に盃を献じさせ、行成に和歌を執筆させている。内大臣公季は淵酔の余り早々と退散し、右大臣顕光は御酒を供じて退く際に大酔のため顚倒する有様であったが、道長は悠然と天気を候《うかが》い御製を賜わり、返歌を奉った。帥伊周が紙筆を請うて序題を書こうとして満座の物議を醸した事も『小右記』『権記』にみえるが、その和歌序は『本朝文粋』巻十一に採録されている。竜顔に咫尺しての盛宴に侍した事を悦び、和漢の帝王の長寿と多産にたぐえて「康哉帝道、誰不二歓娯一」と帝徳を讃えたのに、この文を奏上することすら非議された伊周と、のどかに御製に唱和した道長との明暗を、歌会はまさに象徴するかの如くである。

なお産養の場合、一条天皇の催しによる七夜には攤と和歌があったが、中宮彰子による三夜には『紫式部日記』は和歌にふれず、春宮大夫頼通による九夜にも和歌の形跡がない。この七夜などの賀歌は先例が『拾遺集』『後拾遺集』などに多くみえ、道長の創意というわけではないが、道長が産養の際和歌を愛用したことは顕著な事実であろう。長和二年(一〇一三)十月二十日の禎子内親王(中宮妍子所生)の百日の儀も、太皇太后宮大夫公任が献盃して賀歌を添え、春宮大夫斉信が序題を書いて管弦と和歌があったことを、道長はくわしく記している(長和二年十月二十日)。

(C)着袴は三、四歳から六、七歳の幼年期の通過儀礼である。(8)男女共に行われ、道長政権初期の脩子内親王(『権記』長徳四年十二月十七日)・春宮(居貞)一宮当子内親王(『小右記』寛弘元年八月二十三日)・敦康親王(『権記』長保三年十一月十三日）の折には、いずれも「和歌之興」があった。当子の寛弘元年（一〇〇四）八月二十三日の場合、両三盃の後春宮大夫道綱が最後の盃を献じ、道長の命によって卿相が和歌を詠んだのである。また寛仁二年（一〇一八）、威子立后直後の十一月催された左大将教通の太娘（五歳）・二娘（三歳）の着袴（『小右記』寛仁二年十一月九～十一日）は、まず第一日に祖父道長第でその儀があったが、翌日二人が教通の第に帰ると卿相はそろって訪れ、道長も同坐して「管弦和歌興」があった。そしてこの日道長は特に公任に馬を与えた。これは前日他の三納言（道綱・実資・斉信）に馬を与え、「四条大納言ハ後仁」と約束したことを履行したと見られるが、おそらくそれは翌日の歌会における公任の活躍を予定しての処置であったろう。公任は実に道長における和歌興の行事には不可欠の立役者であった(9)。

なお例は少ないけれども、着裳の際にも時に歌会が行われた。この儀にはかねて屏風歌の詠進がある。たとえば『栄花物語』巻六（かゞやく藤壺）冒頭に彰子（十二歳）の入内直前の着裳を述べ、

屏風より始、なべてならぬ様にし具せさせ給て、さるべき人〳〵、やむごと無所〻に歌は読せ給。和歌は主がらなん、をかしさは勝ると云らむやうに、大殿やがてよみ給。又花山院よませ給。又四条の公任宰相など読給へる、

藤の咲きたる所に、

紫の雲とぞ見ゆる藤の花　いかなる宿のしるしなるらむ

とあるなどは、屏風歌についての記述である(10)。そして『御堂』長保元年（九九九）二月九日条は「比女御着裳」以下、記事簡略で和歌の事を記していないが、幸いに『玉蘂』建暦元年（一二一一）三月四日条に引く『小右記』（逸文）によれば、盃酒数巡の後「次――公卿献二和歌於左大臣一、〻〻和レ之、行成卿書二序題一、然之後有二贈物一」とあって、席題の下に和歌が交わされたことが知られる。

こうした着袴・着裳における和歌興は、常に催されたわけではない。『御堂』などの記録に着袴および元服・着裳

の記事は多いが、道長にとって特に重要な敦成・敦良両親王の着袴などには、記事詳細にもかかわらず和歌の形跡がない。また元服の場合は、教通や後一条天皇などの折にさえ和歌興はない。長家の元服では同腹の女尊子の着裳も同時に行われたのに、歌会は催されなかった。概していえば女子の着袴・着裳特に前者には、興趣の高まりにつれて歌会が催されたようである。そこには、后がねの女子の成長に対する道長の格別な思い入れが看取される。

次に(D)算賀は、奈良時代から行われた盛大な通過儀礼である。[11] 仁和元年（八八五）十二月光孝天皇が仁寿殿に催した僧正遍昭七十賀の「太政大臣左右大臣預レ席焉、献二倭歌一、有二御製一」という記事（『西宮記』巻十二、賀事）は『三代実録』にはみえないが、[12] その折の光孝天皇の賀歌は『古今集』に採録されているから、[13] 興の高まる中で和歌が詠まれたことは確実であろう。『西宮記』にはまた延喜十三年（九一三）十月清涼殿で催された尚侍藤原満子四十賀の詳細な記事がみえ、そこにも「夜闌之後、被《醍醐》レ仰云、宜三流盃之次、聊献二倭歌一、左衛門督召二伊衡・兼茂等一、令レ上レ題、即伊衡上レ題、侍臣唱歌」とあって、勧盃のついでに詠歌が天皇から命じられた。

元来算賀の際には、あらかじめ縁者によって大和絵屏風が調進贈呈されるのが常で、その画題にふさわしい屏風歌が歌人に用命される。『貫之集』に「尚侍四十賀屏風歌、依二内裏仰一奉レ之」などの詞書が多くみえるのはその例であるが、右に引いた「流盃之次」に献ぜられた和歌はこれとはまったく別の即興である。こうした即吟が古くから算賀の余興とされたのも右のとおりで、道長が好んでこれを行ったのは怪しむに当たらない。

長保三年（一〇〇一）十月九日、土御門第に一条天皇を迎えて、母后東三条院詮子の四十賀が催された。その経緯は『権記』（長保三年十月七〜八日）・『小右記』（長保三年十月七日逸文）によって詳細に知られ、特に前者には、祭主大中臣輔親以下多数の歌人に道長自身も加わって屏風歌を詠進し、能書行成がそれらを揮毫したことが記されている。しかし、『拾遺集』巻十八、雑賀に、

東三条院の賀左大臣のし侍りけるに、かむだちめかはらけとりてうたよみ侍りけるに　　右衛門督公任

きみが世に今いくたびかかくしつつ　うれしき事にあはんとすらん

とある作は、屏風歌ではなく盃酒の間の詠とみるべきである。この和歌興は『権記』『小右記』の行事当日の記載に洩れたが、この種の作歌は算賀行事の常例であったと思われる。

長和四年（一〇一五）十月、皇太后彰子は土御門第西対において父道長五十賀を催した（『御堂』長和四年十月二十三〜二十五日、『小右記』長和四年十月二十五日）。道長はその行事を感銘ふかく記している。

数献後、太皇《(公任)》大《〔太〕》后宮取レ盃進、有二余賀心和歌一、侍従中納言取レ筆、

我

あひおひ《(相生)》のまつ《(松)》をいと、もいのる《(祈)》かな　ちとせ《(千年)》のかけ《(影)》にかくるへけれは

おい《(老)》ぬともしる《(知)》ひと《(人)》なくはいたつらに　たに《(谷)》のまつ《(松)》とそとし《(年)》をつま《(積)》、し

人々此歌有二褒誉気一、度々吟詠、[14]

公任のいささか追従ともみえる勧盃の歌に対する道長の満悦、道長の返歌に対する一同の「褒誉の気」、この雰囲気は人のよく知る「この世をば」の宴とほとんど変らない。公任はのち治安三年（一〇二三）十月の源倫子六十賀でも道長の指名によって盃を取って和歌を詠み、行成がこれを執筆している[15]（『小右記』治安三年十月十三日）。おのずから念頭に浮ぶのは、かの寛仁二年（一〇一八）十月の威子立后の饗宴の場には、この大納言公任と中納言行成が共に「不参」だったことである。それは「依二故四条宮司一依レ有レ所レ避云々」（『小右記』）、すなわちこの年六月の太皇太后藤原遵子の崩御による服喪であった。ここに懸け替えなき役者公任を欠いた道長は興趣の募るに堪えず、和歌が苦手の実資を招いて「誇たる歌になむ有る、但非二宿構一」などと照れかくしをしつつ「この世をば」と詠む仕儀となり、

しかも自身の日記には省略したほどの駄作を、実資によって麗々しく後世に伝えられることになったわけである。[16] 春秋の筆法をもってすれば、公任の欠席こそ「この世をば」の挿話を後世に伝えたというべきか。

次に(E)仏事結願後の宴に和歌の興があったことは諸記録にみえるが、格別に指摘すべきこともない。[17] 次には如上の諸行事よりも一段とリラックスした行事を仮りに(F)「遊興」の名で一括して、その有様をうかがうことにする。まず挙げられるのは「庚申」である。周知のごとく庚申信仰は、人の腹中に住む三尸という虫が天帝に罪過を告げることを防ぐためと称して徹夜する、中国伝来の習俗であるが、[18] 室町時代以後庶民世界にあまねく拡大した場合と同様に、平安時代でも怨霊の畏怖や物忌の慎みのような真剣さとは異なり、むしろ舶来の俗信をよい口実として徹夜で歓談を交す、遊興的性格がきわめて強かったように思われる。[19]『御堂』寛弘元年（一〇〇四）閏九月九日条には、「庚申、依二物忌重一籠居、籠二物忌一人〻守二庚申一、賦レ詩読二和歌一」とみえ、物忌の徒然を慰めるために、側近と共に作文と和歌に興じた。『小右記』寛仁三年（一〇一九）九月八日条にみえる頼通第の例でも、兄弟や近習が参会して「管弦・和歌・攤等」を行っているが、道長はこうした際特に作文と和歌を愛好した。庚申の例は案外少ないが、次に述べる(G)「遊覧」と併せ考える時、道長のこの好尚はかなり顕著であろう。

遊興の中にはまた「羹次《あつものついで》」という異色の行事がある。『御堂』寛弘元年（一〇〇四）十月十七日条に、「従二内大臣(公季)御許一、右頭中将(実成)来云、今月可レ奉二仕羹次一、若可レ参否者、従レ兼依レ可レ参、即参入、事有様如二先日一、有二御楽事一、有二和歌一、賜二上達部御衣一、殿上人匹見(ママ)、事了還出」とあり、『権記』同日条に「参レ内、内府(公季)今日被二羹次一、淵酔之余有二和歌之興一、余奉レ勅序、入レ夜退出」とあるのを併せ考えれば、内大臣公季の酒食提供によって、公卿・殿上人が内裏で一夕の歓を尽し、その際「淵酔之余」に「和歌之興」が催されたのである。私は寡聞にして羹次を詳述した文献を知らず、やや相似た遊興かと思われる「一種物」についてもその実態を把握していない。[20] しかし『御堂』前引記事の傍点で示したように、その直前の十日にも内裏で羹次が催され、この場合は『御堂』に次の詳細な記述がある。

十日、庚寅、天晴、早朝春宮大夫(道綱)来云、可レ奉二仕内羹次一、可レ参者、同道参入、奉二仕其事一、候二女方一渡殿南北障子并蔀等取放、為二上達部座一、後涼殿簀子(ママ)候二殿上人一、火爐等新造、女方御障子南立二大床子御然(ママ)一、御二其下一終日、事了出二弓場殿一給（後略）

ここで注目されるのは、内裏の羹次は女房の詰所たる渡殿の障子・蔀を取り放って、そこに「火炉」を新たに設け、終日飲食が行われたことである。この日はその後主上も弓場殿に出御、賭弓が行われたが、和歌は行われていない。ともかくも初冬に炉火を囲んで羹《あつもの》を煮、他の宴飲の献立とは大いに異なるいわばヴァイキング風（？）に歓を尽す気楽な遊興だったことが、ほかならぬ道長の筆によって知られる。一種物の際と同様に、羹次の際にも和歌・賭弓その他各種の遊びがにぎやかに行われたようである。そうした場合の和歌が、真剣に優劣を競いひたむきに文芸的価値を追求する体のものと程遠かったことは、指摘するまでもあるまい。

右のような眠気ざましや腹ごなしの詠歌よりも多少優雅な遊興も行われている。『権記』長保二年（一〇〇〇）二月三日条の梅見と、同記長保五年六月二十日の納涼の記事などである。特に前者は当代史料には珍らしい連歌の記事なので、煩を厭わず抄出する。

参二東宮(居貞)一、有二御射事一、弾正親王(為尊)・大宰帥親王(敦通)・左大臣(道長)被レ候、射場事訖、有二蹴鞠之戯一、儲君御二其庭一、両親王・丞相亦従レ之、（中略）遊戯已闌、光景云斜、左大臣退出、于レ時殿前梅樹南枝先開、殿下令曰、花色新開、不レ可二空過一、大臣即跪奉レ令、進二於花下一、攀得二一枝一献レ之、令曰、君折礼波匂勝礼利梅花、大臣登時啓曰、思心乃有礼波鳴可、大臣又啓久、栽置之昔乃人乃詞尓毛君可為とや花尓告兼、事是所忽、興味有レ余、及二于秉燭一各退出、

行事は梅見というよりは皇太子居貞親王の宮に催された賭弓・蹴鞠の遊興であったが、折しも開きそめた庭前の梅

花をめぐって、皇太子と道長との間に交わされた連歌と、これに加えた道長の即吟は見事な風流である。三条天皇と道長との仲は、その譲位をめぐっての確執がもっぱら『小右記』によって知られているが、道長政権初期にはこのように和やかな交誼があったもので、『権記』の記者ならずとも「興味有レ余」というべきではあるまいか。道長が連歌を得意としたことは他にも史料が存するが[21]、それは彼の和歌に対する気楽な態度と密着させて考えるべきものであろう。なお後者の場合は、北馬場での納涼に右衛門督斉信が酒食を提供し、囲碁や競馬に興じた後、「陰夜待月」の題で歌会が催されたのである。これまたそのリラックスした雰囲気が察せられる。

こうした遊興を愛した道長は、さらに郊外に遠出しての(G)遊覧も誰よりも好んだ。たとえば寛弘元年(一〇〇四)三月、道長は花山院の召しに応じて白河に花見をし、観音院勝算の房に酒食を儲け、公任・院・道長の間に和歌の応酬があった。道長は日記の紙背にまで筆を及ぼしていて、気分の昂りが知られる(『御堂』寛弘元年三月二十八日)。しかし、遺憾ながら和歌そのものは歌集の類いにみえない。

春の花に対するのは秋の紅葉である。長保元年(九九九)九月十二日の西山辺の紅葉遊覧は、『御堂』『小右記』『権記』の三者がそろう稀な例であるが、『権記』が最も詳しい。

十二日、早朝与二中将一同車詣二左府一、〻〻野望、一昨与二左右金吾(誠信・公任)・源三相(時中)公幷予・右中丞(道方)一相約有二此事一、各調二餌袋破子一、先到二大覚寺・滝殿・栖霞観一、次丞相騎レ馬、以下従レ之、到二大堰河畔一、式部権大輔(匡衡)依二丞相命一上二和歌題一云、処〻尋二紅葉一、次帰二相府馬場一、読二和歌一、初到二滝□(殿)一、右金吾詠云、滝音能絶弖久成奴礼東名社流弖猶聞計礼、

『小倉百人一首』によって有名な公任の名歌の生まれたこの遊覧は、道長側近の発企であった。ただしこの遊覧を「奇怪事也、往古不聞之事云々」と苦々しく非難したのは実資(『小右記』同十三日)である。実資はその二日前にはみ

ずからも「密〻向㆓嵯峨㆒奔、休㆓慰心情㆒、於㆓大井㆒食、聊有㆓和歌興㆒、乗㆑月帰」（『小右記』長保元年九月十日）と、まったく同種の遊覧を行っていて、この非難は何故であろうか。両者の相違は、強いていえば同行者の顔触れと歌会の場所だけである。実資の随行者は「右兵衛督《(源憲定)》・右近源中将《(頼定)》・侍従《(源敦定)》・左馬頭《(藤原通任)》・宮権亮《(藤原景斉)》・致時《(中原)》・守隆《(源)》・兼澄《(源)》・伊祐《(藤原)》等朝臣」、これに対して道長側は『小右記』『権記』を併せ見れば、左衛門督誠信・右衛門督公任・大納言時中《(源)》と右大弁（蔵人頭）行成・右中弁源道方・外記慶滋為政である。すなわち道長方は慶滋為政という文人を除いて皆公卿（ないしは有力な候補）であったのに、実資方の公卿は非参議源憲定だけ、他は源頼定・藤原通任がのちに公卿に昇る他はおしなべて四位（歌人兼澄は五位）に終る。[22]どうもこの顔触れの較差と、道長の歌会の場が東三条院馬場殿であったことが、実資を憤らせたのであろう。非難はいかにも実資の狷介な性癖によるものとはいえ、道長の遊覧・和歌は先例を超越した華麗にして闊達なものであった。春の花秋の紅葉を賞でる風流の発達にも、道長は大きな寄与を果したというべきであろう。[23]

道長は桂や宇治に山荘を営み、しばしばそこに遊んだ。桂の場合は長和四年（一〇一五）倫子を伴って赴き、道綱・頼通・公任以下公卿計一一人と殿上人等が従い、殿上人以上が和歌を詠んだが（『小右記』長和四年八月二十九日）、より興味深いのは寛仁二年（一〇一八）九月十六日、小一条院の「野望」である（『御堂』同日）。一行は嵯峨野から大堰河に舟を浮べ、管弦と共に慶滋為政の献じた「紅葉浮水」の題で歌を詠み、次いで乗馬で「桂家」に至って披講があった。一行は摂政頼通や公任ら公卿一三人。道長夫妻はこれに加わらなかったが、その原因は一ヵ月後の威子立后の盛儀を控えた多忙のためであろう。小一条院と道長の関係については改めて説くまでもないが[24]、皇太子辞退後の院に対しては、経済的処遇や女寛子を妃に進めたことなどと共に、右のような心配りもしているのである。

桂山荘行きにも嵯峨野からの舟旅が好まれたが、宇治の山荘行きの場合は、むしろ往復の舟中における管弦・作文・和歌が大きな目的だったといってもよい。長保五年（一〇〇三）五月（『権記』長保五年五月二十七日）の際には随行者は「作文・和歌・管弦者之外無二他人一」で、作文の序は「弼相公」有国、題は「晴後山川清」、探韻は大江以言が献じた。この折の重点は和歌よりも作文にあった。長和二年（一〇一三）十月（『御堂』長和二年十月六日）の折にも「舟中管弦・連句・和歌有二其数一」とはいうものの、公卿・殿上人多数が励んだのはまず作文であった。道長における作文と和歌の比重の相違については、次節で言及したいと思う。

最後に、(H)送別の宴がある。特に二大辺境たる大宰管内と陸奥国への赴任の場合が、記録にみえる。たとえば長徳二年（九九六）八月、『本朝麗藻』に屈指の詩才をのこす藤原有国の大宰大弐としての赴任や（『小右記』長徳二年八月七日）、長和四年（一〇一五）四月、道長とただならぬ宿執に結ばれた隆家の帥としての赴任には（『御堂』長和四年四月二十一日、『小右記』同月二十二～二十四日）、いずれも餞の宴に和歌の事があった。後者については道長の比較的詳しい記述がある。隆家は罷申に内裏へ参入した後、中宮（妍子）を経て道長第へ来、上達部十余人と「五六巡後、和歌」が行われた。その後、東宮・皇太后宮にも参ったという。『新古今集』巻九、離別には、「大宰帥隆家くだりけるに、あふぎやるとて」という「枇杷皇太后宮」妍子の作「すずしさはいきの松原まさるとも　そふる扇の風はわすれそ」の一首を伝えるが、残念ながら道長第での作は管見に入らない。また実資は惜別に堪えず、数日後に「和歌一首贈二帥納言一、其返太憐、落涙難レ禁」と記しているが、残念ながらこの作品も残っていない。そもそも各勅撰集に「離別」や「羇旅」の部立があり、私家集にも豊富な詞書をもつものが多いとはいえ、むなしく湮滅した佳什の方がはるかに多いはずで、古記録はこの失われた史実の片鱗を伝えてくれるのである。

陸奥国の場合には、寛弘元年（一〇〇四）三月、守橘道貞の赴任に際して、道長は盃酌を賜い和歌の事があった[25]（『御堂』寛弘元年三月十八日）。道貞は道長の権勢確立につれて接近し、家司的存在となっていたから、これは格別の待遇であって、しかも和歌が宴に興を添えたのである。この席に妻の和泉式部が加わっていたならば一段とおもしろいが、通説によればすでに離別していたらしく、同年閏九月「陸奥守道貞朝臣妾子下向」に際して装束等を道長から贈られ、これに和歌をもって答えたのは他の女性のようである(26)（寛弘元年閏九月十六日）。

むすび

縷述したように、古記録を通じて知られる道長の和歌との関わりは、その大部分が宴飲たけなわの酔余の即興である。権力者道長はこのにぎやかな雰囲気を殊に愛好した(27)。

このような道長における和歌のありようは、彼の作文への対応と著しく異なる。後藤昭雄氏が指摘されたように、「一条朝においては、内裏での詩宴とともに、東三条院あるいは土御門第といった道長の邸宅で、しばしば詩会が催され」、「道長の第宅が一条朝における漢文学活動の一方の大きな場であった」し(28)、その事実は三条朝以後にも変らない。飯沼清子氏の作られた作文年表(29)を手掛りに展望すると、道長政権期を通じての作文回数は内裏と道長第とがほぼ伯仲する。しかしそれは公卿・文人を文殿等に集めて真剣に質実に詩作に励むもので、時に管弦を伴うことはあるが、酒興とは全く無縁のわざであった(30)。道長は作文と和歌への対応を厳密に区別していた。

道長における和歌の生態は、この時期の晴儀歌合の不振とも無関係ではあるまい。長保五年（一〇〇三）五月十五日、道長は法華三十講の際に土御門第で歌合を催した。公任を判者とし、輔親・兼澄・長能・輔尹・道済等の歌人が出詠しているが、萩谷朴氏はそのほとんどが「同時に名の知られた文人である」ことに注目し(31)、「ここに、主催者道長の詩文を主に和歌を従にした趣味教養のありかたが知られる」ことを指摘されている。萩谷氏が(32)長徳元年（九九五）

から万寿四年（一〇二七）に至る時期（ほぼ道長政権期）を歌合の「第二次衰退期」と区分されたのは従うべきである。

道長が和歌をもっぱら宴飲の座興に止め、これを文芸として高めようとする意欲を欠いた理由は、詩文を主に和歌を従にした道長個人の性向に加えて、彼が政権の座に着く直前に、多くの有力歌人が続いて世を去ったという歌壇情勢にも存するのであろう。いま便宜『三十六人歌仙伝』および『中古歌仙三十六人伝』を用いて彼等の没年を示すと、次のようになる（円融朝以後に限って列挙する）。

源　信　明　天禄元年（九七〇）卒（『三十六人伝』）
藤原義孝　天延二年（九七四）卒（『中古伝』）
藤原仲文　貞元三年（九七八）卒（『三十六人伝』）
源　　順　永観元年（九八三）卒（同右）
徽子女王　寛和元年（九八五）卒（同右）
清原元輔　永祚二年（九八九）卒（同右）
平　兼　盛　正暦元年（九九〇）卒（同右）
大中臣能宣　正暦二年（九九一）卒（同右）
藤原道信　正暦五年（九九四）卒[33]（『中古伝』）
藤原実方　長徳元年（九九五）陸奥守、同四年（九九八）卒（『同右』）
源　重　之　長徳元年（九九五）陸奥行、某年卒（『三十六人伝』）

右のごとく、当代歌人の有力者は十世紀末の約十年間に潮の退くように総退場したのであった。道長時代に生き残った者は小大君や大中臣輔親など、寥々として稀になった。しかもこれらの人びととの特徴は、生前そろって不遇沈淪を痛感し、これを詠歌の中で訴嘆してやまなかったことである。その痛切な心情が彼等の作品に迫力を生んだが、その後の歌壇をリードした花山院や公任の身分と心情は、まことに彼等と好対照である。そして道長における和歌興がこの二人の貴顕を常に念頭に置いたのは、自然の成行きであった。(34)

道長政権期に女房歌人が華やかに輩出したのも、また自然の成行きである。いま便宜『小倉百人一首』を手掛りにすると、その第五十六番以下には、和泉式部・紫式部・大弐三位・赤染衛門・小式部内侍・伊勢大輔・清少納言と、隙間もなく道長政権期の女房が並び、前後の右大将道綱母・儀同三司母・相模・周防内侍を加えて、まさに「女の世紀」の壮観を呈している。小式部内侍や伊勢大輔の百人一首歌の挿話をことさら引くまでもなく、それらの歌は宮仕えの折々、咄嗟に発揮された機智の所産であった。いわば前代の男性の「訴嘆の歌」が、今や女性の「機智の歌」に替ったのである。(35)そして再び『百人一首』を例に取れば、次の時代の祐子内親王家紀伊・待賢門院堀河・皇嘉門院別当・式子内親王・殷富門院大輔・二条院讃岐の作が、いずれも入念に作られた歌合詠進歌ないしは百首歌・題詠であったのと、道長政権期の女房歌の生れた場面は対照的である。(36)もっとも古記録による限りでは、宴飲の和歌興にかならず女房たちが参加したという明証はないが、産養の際における『紫式部日記』(前引)の例に徴しても、宴飲の席ではいつ機智が試されるか油断は禁物という緊張状態に、彼女等は置かれていた。このように見るならば、十一世紀の女房歌人は、道長における如上の宴飲即興を重要な一契機として輩出したといわねばならない。「はじめに」で述べた、道長が大文化指導者たる所以は、この女房文学の振興という一点だけでも明らかではなかろうか。(37)

古記録を史料として、当代の文化指導者としての道長における和歌活動の特質を考えようとした本稿の意図は、ほぼ以上の叙述に尽きる。ただし最後に、道長についての有力史料である『栄花物語』における和歌のあり方を、右の叙述と比較して一言しておきたい。かつて河北騰氏は『栄花物語』正編が法成寺関係の巻々に加えて、「あはれにかなしい巻々」と「めでたく明るい話の巻々」と両グループをなして作られ、やがて現在の順序に編成されたという「試論」を提出された。[38] 山中裕氏も、「この叙述が明暗二面を交互にくり返しながら進められており、その明暗二面のえがき方の中には、文学的手法のするどさも見出し得る部分がある」と指摘された。[39] 右の明暗対照的な巻々の色調は、たとえば巻五「浦々の別」と巻六「かがやく藤壺」、あるいは巻二十八「わかみず」と巻二十九「たまのかざり」等々を比較すれば、本書に疎い私などにも一目瞭然である。それに加えて私が指摘したいのは、明暗二色の巻々のうちで著者が和歌を活用して効果を高めているのは、質量ともに「あはれにかなしい巻々」の方であるという事実である。たとえば、巻五では伊周・隆家の配流をめぐって離別・哀傷歌を中心に一四首ほども活用するが、次の巻六では彰子の裳着・入内・立后をめぐって公任・花山院などの屏風歌四首を挙げるにすぎず、道長その人の作さえ省略している。また巻二十八では中宮威子の出産による産養・五十日などの慶事を扱いながら、これらに際して行われたと想像される和歌興には全くふれず、したがってこの巻には実に一首の歌も採録していない。ところが次の巻二十九はこれと対照的に、皇太后妍子の崩御や道長の死病をめぐって一四首もの哀傷・悲愁の和歌を挿入した。正編各巻を明暗二種に分類し（無論単純に分けがたい巻々も存在するが、あきらかに分類できる巻が多い）、和歌の用い方が「あはれにかなしい巻々」に大きく偏る事実をいま詳細に説明することはしない。しかし『栄花物語』正編における和歌史料が、古記録から得られる和歌史料とほとんど対照的な性格を持つことを、ここで確認しておく。

なお『栄花物語』について言えば、続編における和歌の用い方には、正編のような明暗二種の巻々の基調を意識した効果的・印象的な区別は見られない。むしろ高陽院水閣歌合十番二十首（巻三十二、歌合）や後三条院天王寺御幸の作四五首（巻三十八、松のしづえ）を一括して挿入するなど、まことに安易な採録態度があり、正編に劣ること程遠い。正編・続編が作者を異にするという通説には、当然これらの差も補強材料となるであろう。

『栄花物語』における和歌については、巻々の題名の中に和歌の詞や歌意から採られたものの多いことが早く和田英松氏によって指摘され、[40] また松村博司氏の論文「栄花物語の和歌に関する諸問題」の冒頭には、本稿とは内容を異にするがかなり詳細な「和歌の概観」が述べられている。[41] しかしその後、『栄花物語』編纂の史料としての和歌は、不思議なほど研究者に無視されて来たように見受けられる。[42] 本稿で古記録によって概観した道長と和歌との関係と対比する意味でも、『栄花物語』における和歌史料の検討を今後に要望しておきたい。[43]

注

(1) 拙稿「末代末法と浄土信仰」(『数奇と無常』所収) 参照。
(2) 山中裕氏は、「長徳年間に、内覧、左大臣となったのを記念して日記を書きはじめたと考えるのが自然であろう」(『藤原道長』) と見ておられる。
(3) 「大日本古記録」『小右記』十一解題。いま『国史大辞典』四「記録」の項の皆川完一氏の労作による年表を見れば、表面的には記事はほとんど欠落が無いようにみえるが、実質はしからざる事以下に述べるとおりである。
(4) 「大日本古記録」『小右記』解題参照。
(5) 桃裕行「小右記諸本の研究」(『桃裕行著作集』四)。
(6) 山中裕『平安朝の年中行事』一一五頁。
(7) 当夜の紫式部と道長の詠歌は、幸いにも『紫式部日記』『紫式部集』『栄花物語』(巻八、はつはな) を経て、後世の『続古今集』(巻二十、賀歌)『続拾遺集』(巻十一、賀歌) にまで伝えられた。古記録の記事と仮名の史料の対応する、稀少かつ貴重な例である。なお『御堂関白集』は、杉谷寿郎氏 (「御堂関白集の性格」『言語と文芸』三〇) が論じられたように、寛弘期における「道長家の人々の交遊、私生活の記録」として特異な私家集であるが、収録七四首のうち道長作と明記されたものは七首に過ぎず、記録との対応は少ない。
(8) 中村義雄『王朝の風俗と文学』一〇三頁。

（9）　小町谷照彦『藤原公任』（「王朝の歌人」七）。

（10）『拾遺集』巻十六、雑春には、「左大臣むすめの中宮のれうにてゝうじ侍りける屛風に」の詞書で収められている。

（11）注（8）前掲書、一七〇頁。

（12）同書十八日条には、「延二僧正法印大和尚位遍照一於二仁寿殿一申（ママ）二曲宴一、遍照今年始満二七十一、天皇慶賀、徹レ夜談賞、太政大臣左右大臣預レ席焉」とみえるのみ。

（13）『古今集』巻七、賀歌に、

仁和の御時僧正遍昭に七十賀たまひける時の御歌

かくしつゝとにもかくにもながらへて　君がやちよにあふよしもがな

なお拙稿「光孝天皇の御事蹟について」（本書所収）参照。

（14）行成の「賀藤道長五十算和歌序」には、「爾時太皇后宮大夫藤原（公任）朝臣、進執レ盃輸二令旨一、我国風俗献レ賀之時、先唱二卅一字之歌詠一、兼祈二百千年之春秋一」と、これに対応する記述がある（『本朝文集』巻四十五）。惜しむらくは、『御堂関白集』『公任集』ともに、これらの歌を収めていない。

（15）『栄花物語』巻二十御賀に、

やう〳〵夜に入る程に、上達部南の簀子にて遊び給ふ。昼の楽よりも、これはおもしろき事限なし。月も疾く出でゝ遙に見やらるゝに、所〴〵の柱松明、又手ごとにともしたるなどいみじう明きに、又殿ばらの御かはらけもあまたゝびになりて、さか月の光もさやかに見ゆる程に、

よろづ世と今日ぞ聞えんかた〴〵に　み山の松の声をあはせて　四条大納言公任

ありなれし契も絶えで今さらに　心かけじに千代といふらん　との、御前道長

以下、実資・頼通・教通・斉信・行成・頼宗・能信（歌略）の作を列記したのは、記録と対応する稀少の例である。多くの場合対応しない理由は、本稿の「むすび」で言及するように、『栄花物語』はめでたい行事を記す場合には、ほとんど和歌を用いないからである。なお、「賀藤道長夫人六十算和歌序」（藤原行成、『本朝文集』巻四十五）参照。

（16）竹内理三氏は道長が「この世をば」を日記に記さなかったのは、「われながら照れたのではあるまいか」また「深く盈満思想にとらわれていたのではないか」（「『この世をば』の歌を日記に書きとめなかった藤原道長」「日本古典文学大系」『栄

花物語』下月報、のち『古代から中世へ』上に収録）と鋭い考察をされた。私は、道長は酔余の即興を、芭蕉のいわゆる「文台ひきおろせば、すなはち反古」と扱うのが常で、実資が事々しく書き留めたことこそ異例だったと付け加えたい。

(17) なお「祭」にちなむ和歌としては、寛弘元年（一〇〇四）二月六日の公任・花山院・道長の贈答があり（『御堂』寛弘元年二月六日）、紙背に及ぶ詳細な記事は殊に有名である。ただしこれは祭の行事における和歌興ではなく、嫡男が祭使に立った悦びの奔りによる贈答で、本稿の論点からすればややずれた記事である。

(18) 村山修一『日本陰陽道史総説』等参照。

(19) たとえば『栄花物語』巻二、花山訪ぬる中納言にみえる、冷泉院女御超子が庚申の夜寝所に入って頓死したことも元方の怨霊に結び付けられ、三尸虫への怖れとは解されていない。

(20) 一種物については、『続古事談』第一、第二などに片鱗をうかがわせる記事がある。羹次については博雅の示教を請いたい。

(21) 『実方集』に、

ゆきふれるあした、こき殿のきたおもてに、さ京の大夫道ながのきみ

とあれば

あしのかみひざよりしものさゆるかな

こしのわたりにゆきやふるらむ

という応酬がみえる。

(22) 『公卿補任』『尊卑分脈』。実資の同行者も内輪の家司などではないから、メンバーの差は人心収攬度の違いであろう。

(23) 道長の参加しない遊覧もさかんであって、たとえば『権記』長保四年（一〇〇二）八月二十九日条には、行成・公任・有国が同車白川に赴き盃酒があった。この時「自二左府一差二右近府生（秦）止近一、被レ給二和歌一、金吾（公任）奉レ和、有二纒頭一」とあり、道長は不参加を残念がって和歌を贈ったのである。またたとえば『小右記』長和二年（一〇一三）八月十四日条には、教通以下の公卿・殿上人が酒食を携えて嵯峨野に赴き、「於二野中一食、更到二右近馬場一読二和歌一」、さらに皇太后宮に参り、待ち構えた道長らと共に「酒食」があったと伝える。ここでは当然当日の作歌が披露されて興を添えたものであろう。『本朝文粋』巻十一、和歌序にも、江匡衡の「暮秋泛二大井河一各言レ所レ懐和歌序」に、「寛弘之歳秋九月、蓬壺侍臣廿輩、合

二宴亀山之下、大井河之上一、或高談艶語、或糸竹觴詠」とみえ、源道済の「初冬泛二大井河一詠二紅葉芦花一和歌序」に、某年十月三日、員外大納言源相公（俊賢）に随行し、「遂及二盃酌之無一レ算、記二風俗一而詠レ歌」とみえるなども、遊覧の盛況が道長の周囲にあった実態をうかがわせる。

(24)　山中裕『平安人物志』第六章「敦明親王」参照。

(25)　山中裕『和泉式部』参照。

(26)　先学の説に、『赤染衛門集』にみえる「左京命婦」なる者であろうという。ただしそのような人の下向に何故道長がそこまで手厚くしたのか、何となく疑問が起こる。

(27)　池田尚隆氏は「『御堂関白記』の位置―その仮名表記を中心に―」（『国語と国文学』昭和六十二年十一月号）で『御堂』にみえる和歌の記載はわずかに八首、「いずれも『御堂関白記』の文面では、盃酒にともなう即興の感じが強い」と説かれた。氏はむしろ「和歌と『御堂関白記』もまた離れている」と見られたのであるが、作品そのものを記さずとも、和歌興を記事の中に取り上げたことは既述のごとく多いのである。道長の生活における和歌の比重は、その意味では決して軽くない。

(28)　後藤昭雄「一条朝詩壇と本朝麗藻」（『国語と国文学』昭和四十四年八月号）。

(29)　飯沼清子「平安時代中期における作文の実態―小野宮実資の批判を緒として―」（『国学院雑誌』八八―六、昭和六十二年）。なおこれより先、酒井みさを「藤原道長と文学」（平安朝文学研究会編『平安朝文学の諸問題』所収）にも表があるが、『権記』を全く拾わぬなど網羅していない。

(30)　たとえば、『御堂関白記』長和二年（一〇一三）十月二日条に、「庚申、上達部五六人許被レ来、作文者七八許人守二庚申一、題落葉泛如舟、其次有二管弦事一」とあるなど。

(31)　萩谷朴『平安朝歌合大成』三ノ六九五頁。

(32)　注(31)前掲書十ノ二九三九頁。

(33)　没年は『小右記目録』に従う。

(34)　『公任集』における道長との関係の深さ多さは際立っている。注(9)前掲書、特にその一六二頁等参照。花山院については、今井源衛『花山院の生涯』第四章四「花山院と道長」が至れり尽せりである。

(35)　拙著『百人一首の作者たち―王朝文化論への試み―』の六章「訴嘆の歌と機智の歌―文人と女房の明暗―」参照。

（36）注（35）前掲書、同章二〇四頁以下。
（37）ただし道長の制作した詩文および和歌の後世への伝存は少ない。詩は『本朝麗藻』の著者高階積善と道長の関係が薄いためであろうが多くを伝えず、和歌は道長自身が詠み棄てて顧りみなかったので勢い散逸したと思われ、まことにやむを得ない。しかし、作品の質と量に関わりなく、公任とは別の意味で道長は当代文化の大指導者であった（拙稿「道長をめぐる能書」本書所収参照）。
（38）河北騰『栄花物語研究』二二八〜九頁。
（39）山中裕『平安朝文学の史的研究』二二八頁。
（40）和田英松「栄華物語研究」（日本文学研究資料叢書『歴史物語』Ⅰ所収）
（41）松村博司「栄花物語の和歌に関する諸問題」（『日本学士院紀要』一六―一）なおこれは正編を範囲とし、次いで「栄花物語続編の和歌に関する諸問題」が同紀要二〇―二、三号に出た。
（42）たとえば山中裕編『平安時代の歴史と文学』歴史編・文学編には、『栄花物語』の原史料を追求した新進の論文数編があるが、いずれも和歌には注目していない。たとえば杉本一樹氏の論文「栄花物語正編の構造について」は「多様な原史料群」として漢文体史書（六国史）・女房日記・作り物語（源氏物語）の三者を挙げ、「仏典との関係には触れなかった」ことを丁寧に注記されたが、勅撰集・私家集の類には一顧もされていない等。
（43）拙稿「史学古典籍としての歌集」（『鄙とみやび』所収）参照。

宇治大納言源隆国について

はじめに

歴史学という学問の方法論からみれば、説話という興趣ゆたかな史料も「世相は伝えていても史実を伝えていない」[1]として、基本的には信用を保留せざるを得ないので、いわゆる「良質の史料」の古記録・古文書などと対比しながら用いなければならないが[2]、しかもなお説話によって解明される史実は少なくない。また説話あるいは説話集を当代の文化的所産として考察することも重要な主題であるが、この方面はおそらく戦後史学の最も不毛だった分野の一つであろう。

私などは勅撰和歌集・私家集や『伊勢物語』『大和物語』その他の文学的古典を、史料の乏しい平安時代の研究に比較的よく利用してきた一人で、『今昔物語』にも多大の関心を抱いてきたが、これを積極的に活用したり正面から考察するには至らなかった。その最大の理由は、『今昔物語』の成立論が茫乎としてとらえがたい薄明の中にあるという点である。『伊勢物語』なども似たような点があろうが、『今昔物語』はその厖大な説話群の個々が、先行あるいは後出の同類の書と幾重にも錯雑した関係をもつ点に特徴がある。孤立した史料のように、気やすく不用意に引用するわけには行かないのである。

国文学における『今昔物語』の研究では、これらの糸の複雑な絡み合いを解きほぐす作業が精力的に進められてきたように見受けるが、現状では研究の進歩はむしろ問題の根深さを露わにしているようで、門外漢には成立論の研究史を正確に把握することさえ容易ではない。したがって当面私に可能なのは、『今昔物語』が現存の本に帰着した時点よりも遙か彼方に動いている歴史上の存在について、確かめうる史実を取り出し、これによって物語成立の背景をおぼろげながら想像するくらいではなかろうか。ここに「宇治大納言」をめぐって彼れこれ言うのは、以上の理由によるのである。

1　原『宇治大納言物語』

『宇治拾遺物語』の序に、

（A）世に宇治大納言物語といふ物あり。此大納言は隆国といふ人なり。西宮殿高明也の孫、俊賢大納言の第二の男なり。（B）年たかうなりては、あつさをわびていとまを申て、五月より八月までは平等院一切経蔵の南の山ぎはに南泉房といふ町にこもりゐられけり。さて宇治大納言とはきこえけり。（C）もとゞりをゆひわけて、おかしげなる姿にて、むしろをいたにしきてすゞみゐはべりて、大なるうちわをもてあふがせなどして、往来の者たかきいやしきをいはずよびあつめ、むかし物語をせさせて、我はうちにそひふして、かたるにしたがひておほきなる双紙にかゝれけり。（D）天ぢくの事もあり、大唐のこともあり、日本の事もあり、それがうちにたうときこともあり、あはれなる事もあり、きたなき事もあり、少々はそら物語もあり、利口なることもあり、さまぐ\様く\なり。世の人これをけうじみる。（E）十五帖なり。その正本はつたはりて、侍従俊貞といひし人のもとにぞありける。いかになりけるにか。後にさかしき人々かきいれたるあひだ、物語おほくなれり。大納言よりのちの事かき入たる本もあるにこそ。（後略）

とあるのは、『今昔物語』の成立と伝来についての有名な伝承である。片寄正義氏は右のうち（A）は「全く事実を伝へてゐる」、また（B）は「証する資料はないが、要は宇治に居たので宇治大納言と世人が称したことを語るもの」とし、これに対して（C）の「成立事情」の記事は「序文中最もいかゞはしい個所である」が、「そこに所謂民譚・伝説等の蒐集せられる一つの過程が暗示されてゐる」と考えられた(3)。また（D）は物語の内容が天竺・震旦・本朝の各種各様の事に及んでいること、（E）は物語の分量が本来は一五帖だったのが、宇治大納言の没後に増補されたことを記している。

この原「宇治大納言物語」は、『宇治拾遺物語』序文が「正本」は「いかになりけるにか」と述べている所に従えば、序文の書かれた中世初頭にはすでに散逸していた。そして、序文にいう増補「宇治大納言物語」と『今昔物語』『打聞集』『古本説話集』等との関係についても、定説と目すべきものは確立するに至っていないようである。したがって、「宇治大納言」その人と現存の説話集とくに『今昔物語』との関係はまことに間接的かつ流動的であるが、さりとて決して無関係でないことは不動の前提としても差支えあるまい。

したがって「宇治大納言」に注目した研究者は多く、中でも長野甞一氏はきわめて詳密な調査を行われた。以下に述べることは氏のすでに明らかにされた事実を追試するに止まり、しかも補正する点はほとんど無いことをお断わりしておく(4)。

2　「宇治大納言」の父と兄

前引『宇治拾遺物語』序文によれば、宇治大納言は源隆国の通称らしい。源俊房の『水左記』承暦四年（一〇八〇）十月二十九日条に、「今夜有㆓御方違㆒、子細見㆓昨日記㆒、亥初令㆑渡㆓朱雀神（ママ）路小路故宇治大納言堂㆒給」とみえ、これは源隆国の薨じた承保四年（承暦元）七月九日よりわずかに三年後のことだから、生前の通称を伝えたことは確実である。

「宇治」の地は、宇治川の水上交通の便宜と景観の美から、平安初期以来「貴紳の別荘地として発展」した。後に藤原忠実の「富家殿」となったといわれる藤原忠文の別業（『拾芥抄』）などもその例で、最も大規模なのは、左大臣源重信の後家から道長に買得され、頼通に伝領され、永承七年（一〇五二）に寺とされた平等院である。平等院には天喜元年（一〇五三）造立の現存の阿弥陀堂や、女寛子の発願による康平四年（一〇六一）の多宝塔など、堂塔が着々と整備されたが、杉山信三氏が「別業を捨て、寺にしたとはいえ、別業としての建物は従来のまゝで、その域内に以上の堂塔をたてたというべきである」(5)と注意されたように、頼通は薨去に至るまでこの別業をこよなく愛して滞在した。後述のごとく、「宇治大納言」はこの「宇治殿」頼通に終始密着した人物だから、長野甞一氏は、「彼は康平四年、五十八歳で権中納言を辞してから治暦三年、六十四歳の身を以て権大納言に復活するまで、政務から解放された五、六年の間を、平等院南の山際の南泉房で送った。この時分の宇治は両巨頭を中心に随分と話に花が咲いたことであろう」と推定された。『古事談』第二に、「隆国卿於㆓宇県㆒参㆓仕宇治殿㆒之時、真実ノ小馬ニ乗テ乍㆑騎㆑馬出入云々。大納言被㆑申云、此ハ馬ニハ候ハズ、足駄ニテ候ヘバ、可㆑蒙㆓御免㆒云々。宇治殿令㆑入㆑興給テ許容云々」とあるのは、説話ながら隆国のやや奇矯な性行の一面と、頼通との狎れ狎れしさをうかがうべき史料である。また『愚管抄』巻三に、一条院の遺品の中に道長の専権に対する批判の詩があったという秘話を、「宇治殿ハ隆国大納言ニハカタリ給ケルト、隆国ハ記シテ侍ナレ」とあるのは、両者の話柄が禁廷・公事の表裏に多くふれたであろうこと、および隆国がこうした談話を記文にとどめたらしいことを伝えている。両書とも成立年代の下る点で史料的価値を割引かざるを得ないが、後述の隆国の官歴に徴しても虚伝とは見なされない。

さて『尊卑分脈』によれば、源隆国は醍醐源氏で、安和の変で失脚した左大臣源高明の孫、道長時代に藤原公任・斉信・行成と並んで「四納言」とうたわれた源俊賢の子である。俊賢の母は藤原師輔の女であり、隆国とその兄顕基の母も、師輔の子で祖父忠平の猶子となった忠尹（一説忠君）の女であったから、隆国は源氏のうちでも、母系によって藤原氏の主流・九条流ときわめて密接な間柄であった。

『公卿補任』長元七年（一〇三四）条以下によれば、隆国は寛弘元年（一〇〇四）すなわち藤原道長の政権がほぼ確立した時点で生れた。父俊賢はこれより先長保四年（一〇〇二）中宮彰子の権大夫となり、寛弘八年（一〇一一）中宮大夫藤原斉信が敦成親王（後一条）の立坊によって春宮大夫に転じた後を襲い、以後彰子の地位の移るに従って皇太后宮大夫・太皇太后宮大夫と職名は変ったものの、一貫して彰子の後宮に勤仕した。その万寿三年（一〇二六）彰子の出家によって大夫を辞し、翌年六月、道長に先立つこと半年にして薨じたことを見ても、俊賢が道長政権存立の基礎である外戚関係の中枢に終始したことは明らかである。

父のこうした摂関家への密着は、二子顕基・隆国（前名宗国）[6]の官途を有利にした。道長政権への痛烈な批判を記す小野宮実資の『小右記』にはその万寿二年三月十五日条に、民部卿俊賢が太政大臣藤原公季の孫・左中将公成を参議に昇進させ、その後任にわが子・右中将顕基を、また顕基の替に左少将隆国を任じようと画策したことが記され、実資は「民部卿、謀略尤も高し」と非難している。この策略はただちには奏功しなかったが、[7]翌三年十月顕基は左中将、隆国は右権中将に昇進した。[8]かがやかしいエリート・コースを雁行しつつ、兄弟は父俊賢の死を見送ったのである。

しかし、その後の兄弟の運命はきわめて対照的となる。顕基はこれより先治安三年（一〇二三）後一条天皇の蔵人頭となり、のち長元二年（一〇二九）には参議、同八年には権中納言に昇進したが、翌年三十七歳で出家した。それは親しく仕えた後一条天皇の崩後数日のことで、『扶桑略記』には、「依二先帝御愁一、忽発二菩提心一、於二大原一出家入道。尊卑為レ之落涙矣」と記されている。『古事談』第一にはさらに、天皇の崩じた際、主殿司の官人がみな新主の事に勤めるのみで、梓宮に灯明を供することがなかったと聞き、たちまち発心したと伝える。この説話は『今鏡』『古今著聞集』巻八にもみえる。説話は人名に錯誤もあって、そのままには信じられないが、『古事談』にも、顕基が常に白楽天の「古墓何世人　不レ知二姓与名一　化為二道傍土一　年々春草生」の詩を詠じたことや、「アハレ無レ罪配所ノ月ヲ見バヤ」と語ったことが伝えられ、顕基の人柄を如実に示す。長野甞一氏は顕基を「平安朝後期の美的理念、『あはれ』を人格化したやうな人物」と、適切にも論評している。さて、これと対照的に「実に不思議な性格の持主であった」と長野氏のいわれた隆国の官歴は、どのように推移したであろうか。

3　関白頼通への密着

源隆国は、約五十年にわたる頼通時代が開始されたばかりの長元二年（一〇二九）、後一条天皇の蔵人頭に「最下臈」の身をもって抜擢された。この時頼通は、蔵人頭が帝王の尊貴に仕える重職であるとして、隆国の座次を諸殿上人の上に定めたようである。もっとも、小野宮実資の孫である資房が後年蔵人頭になった時、頼通はみずから定めたこの先例を平然と無視し、反主流の資房に、おのれが関白にとって如何に「無恩」の存在であるかを慨嘆させている。(9)この事は取りも直さず、隆国が関白頼通の特別の恩顧を受けていたことを証明するであろう。したがって資房の日記『春記』はその随所に、天下の政治が頼通「一人之唇吻」(10)によること、その豪奢が「天下之衰弊」(11)を招くことを批判し、これに追従している隆国・経頼・経輔・兼頼等に対して、「心底非㆓善人㆒」「積悪之家」「当世之凶乱人」などと、口を極めて悪罵を放っている。(12)これらの人々が実はみな隆国と婚姻関係で結ばれていることは次節に述べるが、彼等は資房から見るかぎり、頼通にひたと密着して主流派を形成していたのである。

『栄花物語』(歌合)に、「その頃の頭は、故民部卿の御子隆国の頭中将(中略)、才などありてうるはしくぞものし給ける。文つくり歌よみなど、古の人にはぢずぞものし給ける」と評されたように、隆国はすぐれて優雅であり有能でもあったが、彼に驥足をのばさせたのは一代の権力者の庇護であった。資房の筆は、祖父実資の先例故実に徴しての理詰めの批判に比べると著しく感情的で、とかく漫罵のきらいがあるので、右の非難を文字どおりに受取るわけには行かないが、少なくとも隆国の人柄が『宇治拾遺物語』序文に描かれたような脱俗・洒落の面だけでなかったことは、確認できるであろう。

頼通体制における隆国の密着度は、永承六年(一〇四六)すなわち頼通時代の半ばにさしかかった頃、後冷泉天皇の皇后に冊立された長女寛子の皇后宮大夫に任じられたことによって、一段と深まった。『栄花物語』(根あはせ)はこの後宮の繁栄を、「皇后宮、さらぬだに殿(頼通)おぼしめさんところあれば、おろかにもてなしきこえさせ給べきにあらぬを、(帝の)御心ざし浅からず、いとめでたし」云々と述べているが、そこで催された数々の華麗な行事のうち『栄花物語』(根あはせ)に特筆された天喜四年(一〇五六)の「春秋歌合」には、宮大夫隆国も歌人として二首を詠んだ。

　山里の垣根に春やしるからん　霞まぬさきに鶯の鳴く

　住の江に生ひそふ松の枝ごとに　君が千歳の数ぞ籠れる

は格別の秀歌ではないが、『千載和歌集』巻一、『新古今和歌集』巻七にそれぞれ入集している。権中納言隆国はこの年五十六歳、位も数度傍輩を超えて正二位に昇進しており、頼通政権も隆国の生涯もその頂点に達した観がある。

　康平四年（一〇六一）、五十八歳の隆国は三男俊明を加賀守に申任して権中納言を辞職したが、皇后宮大夫は治暦元年（一〇六五）まで引きつづき勤めた。大夫致仕後は、長男隆俊が権大夫ついで大夫として父の跡を襲ったが、承保二年（一〇七五）父に先立って薨じたので、隆国は再び出仕して大夫となり、承暦元年（一〇七七）七十四歳で薨ずるまで、老軀を押してその任にあった。この間の治暦三年（一〇六七）、前権中納言隆国は廟堂に返り咲き、しかも一躍権大納言に任ぜられた。これは『今鏡』（藤波の下）に、「前の中納言より大納言になりたること」と指摘されたのをはじめ、後世長く「先例」として記憶された目覚ましい昇進であるが、その理由の一つに、隆国一家の寛子へのたゆみなき奉仕を挙げることができるであろう。(13)

4　僧俗の子

　官途を捨てて大原に遁世した顕基が、ただ一つ不肖の子の前途を心に懸けこれを頼通に洩らした話は『古今著聞集』巻八にみえるが、隆国は兄と対照的に、みずから体制の中心に終始しただけでなく子女にも恵まれた。源経頼の日記『左経記』長元五年（一〇三二）四月二十六日条に、「丑剋、頭中将（隆国）内房有二産気一之由云々。仍馳詣。及二寅剋二平生二女子一。仰二信公一令レ成二勘文一。中将依下内令レ悩二瘧病一給上不レ穢、余觸穢。是兼有二觸穢之内一、依二先人提携一。巳卯剋余切二臍緒一。同剋産婦乳付歟。余帰レ家」とあるのは、隆国が宇多源氏源雅信の孫経頼（参議）の女子を妻としていた明証である。[14]『尊卑分脈』には、隆国の子隆俊・隆基・隆綱・俊明を「参木伊頼女」の所生としているが、「伊頼」という公卿は該当者がないから、国史大系本頭注のいうように、「伊頼」は「経頼」の誤りであろう。

一男隆俊は父と相似た官歴で、蔵人頭を経て三十五歳で参議に任じられた。皇后宮権大夫として寛子に仕えたことは、前述のごとくである。二男隆綱は同じく蔵人頭を経て、二十四歳の若年で参議に任ぜられた。「春宮（後三条天皇）と御中悪」（『栄花物語』けぶりの後）かった晩年の頼通が宇治に隠遁する治暦四年（一〇六八）には、隆国父子三人がそろって廟堂に並ぶ壮観であった。しかし、隆国が権大納言を辞職した承保元年（一〇七四）に隆綱（四十二歳）、翌年隆俊（五十一歳）が相次いで世を去ったことは、頼通の薨去とともに老隆国に対する痛撃であった。『朝野群載』巻二十所収の「宇治大納言遺二唐石蔵闍梨許一江佐国作」書状に、

抑宇県禅定前大相国（頼通）、去延久六年甲寅二月二日薨去。同年九月廿六日愚息左親衛相公（隆綱）、溘然長逝。承保二年乙卯三月十三日、又家督礼部納言（隆俊）尋而薨逝。余以愁生、不レ能レ欲レ死。天之不レ与レ我、而非二我詞頑筆禿一。猶難二一一一而已。

とあるのは、よく隆国の心事を伝えた文辞であろう。

隆国をわずかに慰めたのは、隆俊の薨じた三ヵ月後に、三男俊明が三十二歳の若さで参議に任ぜられ、廟堂に後継者を確保したことである。一体三子がそろって俊秀であったことに付いては、『古事談』第一に、隆国が後冷泉院在位の間、朝恩に誇って春宮（後三条）に対してけしからぬ振舞が多かったので、後三条天皇は受禅後、多年の意趣を思って彼等を事のついでに罪科に処しようとされたが、三子とも容貌・能力・忠勤すべて抜群だったので、これを召

仕わなければ朝家の損失なりとして、「近臣無㆓比㆑肩人㆒」者にされたという説話がある。説話の論文中に説話を史料に引くのは循環論法の誹りをまぬがれまいが、三子のうちでも俊明などは殊に有能で、次の白河天皇の信任もあつく、院政開始後は院近臣の第一号として活躍したのであって、『古事談』の記事は事実と判断される(15)。

さて前引の『朝野群載』所収の隆国書状の宛先「石蔵《いわくら》阿闍梨」とは、奝然・寂照につづく入宋僧として著名な、『参天台五台山記』の著者成尋のことである。『成尋阿闍梨母集』を後世に遺したその老母は、源俊賢の女すなわち隆国の姉だから、成尋は隆国の年長の甥に当たる。その「石蔵阿闍梨」と呼ばれたのは、岩倉の地に円融上皇の御願で建てられた大雲寺に住していたからであるが（『大雲寺縁起』）、縁起に収められた「大雲寺諸堂記」によれば、隆国はこの寺に「円生樹院」および「尊光院」を建立し、その子隆覚が成尋の弟子として円生樹院に住している。

書状にはまた、「彼安養集、称揚之由、随喜無㆑極」と述べているが、この書物は隆国が叡山僧数十人とともに、阿弥陀功徳の要文を抄集したもので、成尋が入宋の際これを携行し、かの地で好評を博したものである。永井義憲氏が『安養集』なる編著の成立に関して、「隆国の背景に多くの協同助力をしたグループの存在」に注目されたことは、『宇治大納言物語』の成立についてきわめて示唆に富むと思う(16)。

隆国の子で仏門に入った者には、隆覚のほかに有名な鳥羽僧正覚猷がある。覚猷は寺門の僧で、法勝寺その他諸寺の別当を歴任し、園城寺長吏・天台座主にも任ぜられた高僧であるが、そうした僧歴よりも、画技に長じ『鳥獣戯画』の作者に擬せられてきたことで有名である。数多くの奇行が諸書に伝えられるが、家永三郎氏は、「天台座主の地位を僅か三日で辞退した（『天台座主記』）事実からも察せられるように、名利には恬憺たる人物であったようで、後に伝えるもろもろの奇行は、因襲化し俗化した山門の行政家にはおよそ不向きであったことが考えられる。その点で、彼が洒脱な、しかも型破りの戯画の名手として喧伝されるにいたったのも偶然ではなく、芸術家として特異の新天地を打開したのは、やはりその個性にみちたパーソナリティーの然らしめたところなのであろう[17]」と述べられた。これをもって父隆国の性格のある一面を類推することもできるであろう。

以上、隆国の子女のうち男子の主な者を挙げてきたが[18]、隆国はみずから頼通時代の主流を歩いただけでなく、僧俗の男子も人物・才能ともに優秀で、それぞれ多彩な活躍をしたことが知られる。

むすび

簡略ながら隆国の官歴と係累、つまり公私両面の実生活をたどってみた。要約すれば、①隆国が係累をも含めて頼通に密着し、長らく政界の中心にあったこと、②隆国自身とその周辺に仏教との関わりがいろいろ見られること、③隆国に奇矯な、脱俗的な性行があったらしいこと、こういった特徴が検出されたのである。

はじめに述べたように、この人間像から原『宇治大納言物語』の内容を云々することは、ほとんど不可能に近い。強いて結論めいたことを付け加えるならば、隆国の長い官歴と子息がそろって廟堂に進出した点（①）にかんがみ、隆国が平生関心を抱き見聞した所を語りあるいは書き留めたとすれば、その内容は必ずや公事にも比較的大きな比重が懸けられたであろうと、私は思う。すなわち、やや後の関白藤原忠実の『富家語』『中外抄』や権中納言大江匡房の『江談抄』などと共通な先例故実への深い関心が、権大納言源隆国にも当然あったと考えられるのである。もとより、『宇治拾遺物語』序文や、『古事談』などの説話、あるいは子の鳥羽僧正覚猷の性行など（③）からすれば、隆国には『今昔物語』本朝世俗の部に収められたような巷談逸事への興味も異常に強かったと思われるが、彼の日常がすべて「往来の者」に「むかし物語」をさせて楽しむことに明け暮れたわけではあるまい。そうした、いわば褻《け》の世界への耽溺と晴の公事尊重が併存・両立しうることは、かの忠実や匡房の例がよく示している。また大雲寺、『安養集』、二子の出家（②）などに徴して、「物語」は多くの仏教関係事象にふれていたことと思われるし、成尋に著作を託した所には、震旦ひいては天竺への視野をうかがうべきであろう。

もし散逸「宇治大納言物語」にこうした特徴があったと仮定すれば、それは僧侶・遁世者や文人・歌人の著作とは微妙な差をもったはずである。それはつまり、貴族社会の人々が有能・精勤の公人の面と、これをはみ出す洒脱な私生活や敬虔な信仰の面をよく兼備しえた摂関期における、典型的な一上層貴族の創造にふさわしい著作ではなかったか。そして、こうした想像が多少とも当っているならば、この原『宇治大納言物語』と次代の『今昔物語』との距離の背景には、平安末期の貴族社会における、公私両面の爛熟と分裂という歴史的推移が横たわっているのであろう。

注

（1）竹内理三「史料としての『今昔物語集』―特に巻廿五に関連して―」（『日本古典文学大系』月報五七）。

（2）たとえば、安田元久氏は『今昔物語』巻十九「摂津守源満仲出家後第四」に描き出されている源満仲の多田荘の館や郎党について、「京都をその政治活動と生活との主舞台とする下級貴族たる側面をもつ満仲が、たとえ別業に籠居した後であっても、果して中世武士団的なヒエラルヒーを、石母田氏（『古代末期政治史序説』三四五頁）が鮮かに描かれたほどの完全さをもって構成し得るであろうか」と疑問を提出し、説話にみえる中世武士団的なヒエラルヒーは、『今昔物語』の成立した「十二世紀初頭の現実ではなかったろうか」と考えられた（「源満仲とその説話について」伊東多三郎編『国民生活史研究』所収）。結論についてはなお多少の考慮の余地があるとしても、説話集の史料的性格についての配慮はまさにこのように慎重であるべきであろう。

（3）片寄正義『今昔物語集の研究』上第七章。

（4）長野甞一「宇治大納言をめぐる」（日本文学懇話会版『日本文学の諸相』所収）。この論文は昭和十七年刊行であるが、ここでは『日本文学研究資料叢書』版に依った。私事を付記すれば、長野氏は遠い昔に拙著『紀貫之』に対し、『解釈と鑑賞』

誌上で過褒の辞をもって書評された。以来音信を交わしながら、ついに相見る機会がなかった。氏の訃報に接して後間もなく学恩にあずかるに至ったことは感慨深い。

(5) 杉山信三『藤原氏の院家と御堂』（『奈良国立文化財研究所学報』一九）

(6) 『御堂関白記』寛仁元年九月十日条には「宗国」、同三年三月十一日条には「隆国」とみえるから、改名はこの間すなわち隆国の十四～十六歳の時である。なお、同記長和四年（一〇一五）正月十三日条に「源中納言子元服」とみえる。これは十二歳の隆国（宗国）を指すものと思われる。

(7) 『公卿補任』長元七年条の記載に「万寿二年二月廿六日任右近衛権中将」とあるのは誤り。現に『小右記』万寿三年七月二十一日条に「左少将」、『左経記』同年十月二十二日条に「四位少将隆国」などとある。

(8) 歌合史上有名な晴儀とされる、長元八年（一〇三五）頼通によって賀陽院水閣で催された歌合は、顕基・隆国兄弟にとって晴れがましい場であった。『左経記』同年五月三日条によれば、彼等は頼通の意を体してその準備に参画していたようであるが、二十巻本所収の仮名日記に、「その日のつとめて、上達部のなかに、若やかにをかしうみえたまふを頭とおぼしくて、わがみたまふ左には、宰相中将兼頼の朝臣、左兵衛督公成、右には源宰相中将顕基、右兵衛督隆国をわかたせたまへり」とみえるのは（『栄花物語』歌合にもみえる）、殊に注目される（萩谷朴『平安朝歌合大成』三参照）。

(9) 『春記』長久二年十二月二、七日条。

(10) 注(9)前掲書、長暦三年閏十二月十日条。

(11) 注(9)前掲書、長暦四年十一月五日条。

(12) 注(9)前掲書、永承七年七月四日、長暦三年閏十二月十日、長久元年六月十七日条。

(13) 『中右記』大治二年八月十四日条に、「承保元年六月廿日為二太皇太后一、其後坐二宇治別業一、修二種種仏事一」とみえる。すなわち隆国が権大納言を辞して後承保二年十二月太皇太后宮大夫として再び寛子に奉仕した頃には、寛子はもっぱら宇治にいたのである。寛子はおそらくこれより以前にも宇治にはしばしば滞在したと思われる。それゆえ、いま隆国が権中納言を辞してより権大納言に返り咲くまでの六年間宇治に籠居したようだという長野氏の推測に従うとしても、その間の過半は引きつづき大夫を勤めており、しかも出仕の場は主として宇治であったろう。したがって隆国の宇治「篭居」は、公事を完全に離脱した隠遁ではなかったわけである。

(14)『古今著聞集』巻八によれば、経頼が「最愛の子女」を車に乗せて行幸を見物させ、女子も経頼自身も、供奉の人々の中で隆国に「過たる人はあらじ」と見込んで、婿取ったという。

(15)『愚管抄』巻七には、「白河院ノ後、ヒシト太上天皇ノ御心ノホカニ、臣下トイフモノ、センニタツ事ノナクテ、別ニ近臣トテ白河院ニハ初ハ俊明等モ候、スヱニハ顕隆・顕頼ナド云物ドモイデキテ」云々とある。同書巻四にはまた隆綱について、『古事談』と同じ話がみえる。

(16)永井義憲「今昔物語集—作者隆国説の再吟味—」(『解釈と鑑賞』昭和四十年二月号)。

(17)家永三郎「鳥羽僧正覚猷について」(『日本絵巻物全集』第三巻)

(18)『中右記』嘉承元年六月五日条に、「又故若狭守師基女房老尼、年七十七云々卒去云々、是故宇治大納言殿第三女也」とみえ、少なくとも三人の女子がいたことは確実である。同記十二月十三日条には、「今日午時許、故小野宮中納言兼頼卿女房逝去云々年八十二。是故宇治大納言殿長女、民部卿(俊明)同母妹(ママ)也。年来守二貞節一為レ尼也」とみえる。師基は道隆流の経輔の子である。経輔・兼頼が『春記』に悪口されていることは、前節にふれた。

Ⅲ　鎌倉幕府と後鳥羽院

鎌倉幕府草創期の吏僚について

はじめに

鎌倉幕府を創始した源頼朝には、東国の在地領主層の輿望をにない、その精強な武力を駆使して完全な軍事的勝利を獲得した「棟梁」的性格と、「京下官人」や御家人中の「馴二京都一之輩」をもって構成された政務機構によって公家政権と対抗しあるいは交渉した「貴種」的性格とが共存していた。新時代を打開する鍵となったのは勿論前者であるが、鎌倉初期の政治・文化の全体像を描き出すためには、後者の究明も必要であろう。しかし管見によるかぎり、頼朝の政務機構やこれに参加した吏僚についての研究は比較的乏しい。

この観点から、頼朝をめぐる吏僚の概要について一つの覚書を記してみたいが、あらかじめお断りしておかねばならぬ二、三の点がある。第一に、使用する史料はさしあたり『吾妻鏡』であるが[1]、周知のように同書の特に当該時期の部分には杜撰と曲筆があり[2]、文字どおりには信用しえない。にもかかわらず、これを縦横に利用しなければ主題の追求は不可能だから、私は近年進展しつつある『吾妻鏡』の史料批判の業績[3]に学びながら、同書の記述をいわば最大公約数的に把握し、誤差をなるべく少なくしようとした。しかし勿論、細部については今後の研究者によって訂正されることを予期するので、文字どおりに覚書であり試論であると自覚している。第二に、『吾妻鏡』からピック・ア

政務機構の変遷表

年月日	機構	別当	令	案主	知家事	その他	史料
元暦元・10・6	公文所	中原広元				寄人＝中原親能・藤原行政・足立遠元・大中臣秋家・藤原邦通	吾妻鏡
元暦元・10・20						問注所＝三善康信・（藤原）俊兼・（平）盛時	吾妻鏡
文治元・9・5	（二位家）政所	（中原）広元	（藤原）行政	大中臣秋家	（足立）遠元	惟宗孝尚・橘以広・藤原邦通・（藤井）俊長・（中原）光家	吾妻鏡
文治3・10・29	（二位家）政所	「前因幡守中原」（広元）	「主計允」（行政）	「大中臣」（秋家）	藤原（邦通？）・中原（光家）		吾妻鏡（鎌倉遺文二八〇号）
建久2・正・15	前右大将家政所	平（ママ）広元	藤原行政	藤井俊長（鎌田新藤次）	中原光家（岩手小中太）	問注所執事＝三善康信 侍所別当＝平義盛・所司＝平景時 公事奉行人＝藤原親能・藤原俊兼・三善康清・三善宣衡・平盛時・中原仲業・清原実俊 京都守護＝（藤原）能保 鎮西奉行人＝藤原遠景	吾妻鏡
建久2・2・21	前右大将家政所	中原（広元）	藤原（行政）	藤井（俊長）	中原（光家） 惟宗（孝尚） 藤原（邦通？）		鎌倉遺文五一一号
建久3・6・3	前右大将家政所	中原（広元） 「前下総守源」（邦業） 「散位中原朝臣」（久経？）	藤原（行政）	藤井（俊長）	中原（光家）		鎌倉遺文五九四号

建久3・8・5	将軍家政所	中原広元 源邦業	藤原行政	藤井俊長	中原光家	「候其座」＝藤原俊兼・平盛時・藤原邦通・三善康清・清原実俊・中原仲業	吾妻鏡
建久4・3・7	将軍家政所	中原（広元） 「散位藤原朝臣」（行政）	「大蔵丞藤原」（頼平）	不明	中原（光家）		鎌倉遺文六六一号
建久4・4・3	将軍家政所	中原（広元） 藤原（行政）	藤原（頼平）	清原（実俊？）	中原（光家）		鎌倉遺文六六五号
建久7・7・12	前右大将家政所	中原（広元） 藤原（行政）	藤原（頼平）	清原（実俊？）	清原（光家）		鎌倉遺文八五六号

注(1)　史料はメンバーに変化あるもののみ掲げた。
(2)　（　）内は推定である。官職名および「朝臣」は省略し、ただ実名推定の手掛りとした場合のみ、「　」を付して記した。
(3)　知家事の「藤原」は（俊兼？）とすることも可能である。

ップしうる「京下官人」と「馴二京都一之輩」は、建久末年までと限定しても優に一七〇名ほどに及ぶ。彼等の多彩な政治・文化両面にわたる活動を網羅するのでは叙述が広がりすぎるので、御家人中の「馴二京都一之輩」すなわち北条時政・足立遠元・梶原景時・土肥実平・天野遠景・近藤七国平その他大勢の活動については割愛し、本稿はもっぱら文民的な吏僚の検討に限定することにした。

別表は政務機構の成立・変遷とその主要メンバーの交替を示すために作製した。元暦元年（一一八四）の新造公文所の発足が、本稿の主題における最も大きな画期であることは言うまでもないが、挙兵から寿永二年（一一八三）までの謀叛人だった期間、あるいは溯って挙兵以前の長い流人生活の期間に頼朝の側近に勤仕した者も閑却できない。また元暦以後も、文治末年（一一九〇）までの戦乱期（政権成立期）と建久の平和期（政権守成期）とには、若干のニュアンスの差がみられよう。したがって政務機構とこれに参加した吏僚の実態を考察するには、大きくは以下の二時期、こまかく分ければ四時期の区分が適当であろう。

1　流人期および謀叛期の吏僚

(1)　流人頼朝の近侍者

永暦元年（一一六〇）伊豆国に配流されて以来二〇年間にわたる流人生活の間に、多くの男女が貴種頼朝の身辺に勤仕していたが、これを詮索することは当面の課題ではない。挙兵当初すでに随身していた者を取出したいのであるが、その手段はあるだろうか。『吾妻鏡』治承四年（一一八〇）八月二十日条にみえる、[4]石橋山出陣に扈従した「伊豆相模両国御家人」交名の末尾に一括して記された、「中四郎惟重・中八惟平・新藤次俊長・小中太光家」の四人にまず注目したい。[5]四人のうち俊長は藤井氏他の三人は中原氏で、いずれも典型的な下級官人の家筋であり、しかも後に俊長は政所案主、光家は同知家事に登用されているからである。

交名の中には彼等の他にも北条時政以下、吏務にも従った御家人が多くみえるが、彼等は交名中に散在している。しかるに前記四人を末尾に一括して記したのは、『吾妻鏡』の編者が彼等を特殊な役割の者と認識したためではないか。何故かといえば、この交名は『延慶本平家物語』の第二末にもみえるが、そこでは四人は適当に散在しているからである。

一体『吾妻鏡』の冒頭にみえるこの交名には、どの程度の信憑性があるのだろうか。『延慶本平家物語』は平家諸本の中でも比較的原本の形を存するとの評価が近来高まりつつあるが(6)、その『延慶本』と『吾妻鏡』の交名を比較すると、次のようになる。

A　『延慶本』『吾妻鏡』ともにみえる者　　人名略（四二名）

B　『延慶本』にあって『吾妻鏡』にみえない者　城平太　筑井次郎義行　同八郎義康　新開荒次郎実重　飯田五郎　大沼四郎　多毛三郎義国　丸五郎信俊　安西三郎明益（以上七名）

C　『吾妻鏡』にあって『延慶本』にみえない者　平六時定　加藤五景員　堀平四郎助政　天野平内光家（以上四名）

この異同をみると、両者が同一の史料かまたはきわめて近い関係の史料を利用していることは確実で、しかもその史料はある程度の信憑性あるものと認めて差支えあるまい。

そこで相違について検討すると、Bの七名のうち、筑井次郎義行は『吾妻鏡』では合戦に遅参した三浦一族の中にみえ（治承四年八月二十二日）、八郎義康も義行の同族で行を共にした可能性が多い。飯田五郎（家義）は大庭景親方に属し、合戦が始まって後山中で帰順した（治承四年八月二十三、二十四日）。丸五郎信俊は、頼朝が合戦後「安房国丸御厨」を巡見した時案内者となっているが（同年九月十一日）、「丸」の名乗からすれば丸御厨在地の者で、「伊豆相模御家人」ではあるまい。安西三郎明益は、『吾妻鏡』に「安房国住人安西三郎景益」とある者とみられ、「御幼稚之当初、殊奉二昵近一者」であるが、彼が「参上」したのは安房上陸後の頼朝の招きによる（同年九月一、四日）。これらはいずれも『吾妻鏡』が他の史料を参考にして原史料から削除した者ではあるまいか。

次にCの四名については、平六時定は北条時政の「腹心」「眼代」として、『吾妻鏡』はその卒去を特筆している（建久四年二月二十五日）。陪臣だから交名に加えるべき筋の者ではなく、これを加えた所には、編者の北条氏への過剰な配慮の跡が歴然としている。加藤五景員は、石橋山で頼朝に敵対した者として『吾妻鏡』はその逸話を叙述しており（治承四年八月二十四日）、交名に加えたのは錯誤であろう。

以上の検討によれば、『吾妻鏡』には杜撰な点もあるが、概して言えば『延慶本』よりも正確である。原史料に対して編者はかなり吟味を加えたようである。そこで問題の四名について言うならば、原史料では『延慶本』と同様に四名は交名中に散在していたのかも知れない。『吾妻鏡』の編者は史料吟味の過程で、吏僚の性格・役割が他の御家人と異なるとの認識の下に、彼等を末尾に一括したのではあるまいか。つまり彼等は直接戦闘に従ったわけではなく、中四郎惟重が以仁王令旨を付けた旗を捧げて頼朝の背後に候じた行動（同年八月二十三日）に象徴されるように、部隊本部的役割をもって扈従したものと『吾妻鏡』は分別しているわけである。

鎌田新藤次俊長および小中太光家の前歴は詳かでない。両人とも後に政所の案主・知家事を勤めた所から推して文筆に長じていたが、他の政所勤仕者とちがって通称に官名を帯びていないから、早くから流人頼朝に仕えていた者ではあるまいか。何故か元暦元年（一一八四）の公文所新造吉書初の記事にはみえないが、両人とも文治年間に一条能保の許へ使節として派遣されるなどの実績をもつから（文治二年三月十二日、同四年四月二十一日）、公文所の時期にも引続いて吏僚の中に加わっていたのであろう。頼朝が寵愛の亀前と光家宅で密会していることなどは（寿永元年六月一日、同年十二月十日）、その親密な近侍を示す逸話である。次に、中四郎惟重と中八惟平は兄弟であろう。惟重はしばしば使節として派遣され（治承四年九月二十九日、寿永元年二月八日）、惟平も同様な役割を勤めたとみられる。しかしこの両人の吏務活動は顕著でない。

次に前記交名には入っていないが、文治元年（一一八五）に近藤七国平と共に使節として上洛した典膳大夫（中原）久経も、あるいは流人頼朝の身辺に勤仕して重んじられた人物ではなかったか。彼は文治元年近藤七国平と共に「鎌倉殿御使」として京・畿内近国一一ヵ国さらに鎮西四ヵ国に派遣され、院宣を奉じて武士の非法狼藉停止に当たったことによって有名である。(7) 久経・国平のコンビは、前者が「携二文筆一」者であり後者が「勇士」でかつ「有二廉直誉一」る所から組合わされたもので（文治元年二月五日）、したがって田中稔氏の説かれるように、「院との折衝には久経が、非法停止のための実力行使には国平が、それぞれ主な役割を果したのであろう」(8)。この使節活動は本稿にいう政権成立期に属するが、久経勤仕の初見は溯って挙兵半年後の養和元年（一一八一）二月二十八日、「志太三郎先生義広濫悪掠二領常陸国鹿嶋社領一之由、依二聞食一之、一向可レ為二御物忌沙汰一之由被二仰下一、散位久経奉行之云々」という記事である。(9) 元来久経は「故左典廐（義朝）御時殊有二殊功一」と記され（文治元年二月五日）、また頼朝の兄朝長の生母波多野義通妹の子ともいわれる（治承四年十月十七日）。この女性が義朝の妻妾となる以前に下級官人中原某に嫁して久経を生み、久経が母に従って義朝に仕えたとでも理解すべきであろうか。伯父波多野義通はやがて義朝と不和になり、保元三年（一一五八）春のころ相模国波多野郷に居住したとあるから（同前）、久経も母の里方波多野郷に下向した可能性がある。後述のごとく中原親能も波多野一族の許で成長し、中原氏と波多野氏との関係はふかい。こうした事実から、私は久経が親能と同様に挙兵以前から頼朝に密着し、しかも挙兵当時在京した親能とちがい、挙兵の前後にも終始頼朝の身辺に近侍していたのではないかと推定する。

久経は新藤次俊長・小中太光家などと異なり、「典膳大夫」というれっきとした官歴を有する。義朝の許にいたことが事実とすれば、この官歴は相模下向以前のものと考えてよい。ただいささか不審なのは、久経には文治元年より二年にかけての前述の「鎌倉殿御使」活動以後、吏僚として活動した形跡がない。かなりの年齢だから死没したのかとも疑われるが、下って建久三年（一一九二）の二通の政所下文（『鎌倉遺文』五九四号、『吾妻鏡』建久三年六月十二日所収文書）に別当「散位中原朝臣」とみえる人物は、中原親能がこれより先藤原に改姓している事等を考慮すれば、久経以外に比定すべき者が見当らない。[10] 後述するように、建久年間には頼朝の権威を誇示するために政所別当の増員が行われているので、長老久経を優遇する意味で短期間別当に補任したものか。しかりとすれば、久経はこの間引きつづいて鎌倉で吏僚として活動していたはずであり、『吾妻鏡』がこれほどの人物の沙汰、奉行の事実を全く記さないのは、いとど不審である。それにつけても思うに、そもそも同書に奉行人の名があれほど克明に記載された史料的根拠は何であろうか。史料はおそらく鎌倉のしかるべき文殿に保存されていたもので、基本的にはでたらめではあるまいとする立場で本稿を綴りながらも、[11] 史料の性格への疑問が常に念頭を離れない。

さて以上のように、流人頼朝の側近に中原氏が多くいたことは特に注目すべきである。後述のごとく、親能・広元・仲業等もやがて加わり、中原氏は頼朝の吏僚の中軸をなしたと言っても過言ではない。明経道の家としては中原氏と双璧をなす清原氏の勤仕が少なかったこと（後述の実俊のほかには清定くらいのもの）と、それはまことに対照的である。清和源氏と中原氏のこの深い関係の由来について博雅の示教を請いたい。

(2) 謀叛への参加者

挙兵以来頼朝の身辺は頓に多事となり、鎌倉に本拠を構えるに及んで家政機構を拡充することが急務となった。そこで心利いた御家人や現地在住の元官人が起用され、また近辺の流人やいったんは仇敵に属した者も、忠誠と有能が確認されれば積極的に登用された。それは一言にして評せば、極度に泥縄式な間に合わせの体制であった。しかしその中の有力メンバーは、次の政権成立期にも引き続いて公文所・政所あるいは問注所に活動する。前掲の表中、邦通・俊兼はいわば現地採用の元官人、秋家は降人（実俊も時期は下るが降人）である。親能は例外的に京下官人であるが、また下に述べるような在地性も兼備している。以上の点は、次の時期に生粋の京下官人が機構の主体をなすのと対照的である。

藤判官代邦通は山木攻めに際して事の次を求めて敵兼隆の館に入り、酒宴郢曲の間数日逗留し、周囲の地形をことごとく図絵して策戦資料に供したという。彼は「洛陽放遊客」で、武蔵国の御家人藤九郎盛長の挙申によって候じた者である（治承四年八月四日）。ここでの「放遊」の意味は曖昧であるが、私は『政事要略』（巻五十一）所収天慶九年（九四六）十二月七日太政官符にいう「遊蕩放縦之輩」を、何となく想起せざるをえない。それは「而今如レ聞者、遊蕩放縦之輩、不二必国司子弟一、妄仮二威権一、多成二党類一、練二兵器一、聚二養人馬一、或託二田猟一、或寄二事負債一、威二劫郡司一、圧二略民庶一、凌二辱妻子一、奪二掠牛馬一、以二彼産業一、為二己利潤一、昨為二徒歩単衣之輩一、今率二肥馬軽裘之身一（下略）」と官から指弾されたような存在で、国衙の威を仮り郡司百姓を収奪する徒輩をいうのである。[12] この場合には党類をなし兵器を操る軍事的性格がいちじるしく、それゆえに指弾されたのであるが、国衙に寄生する「遊蕩放縦之輩」にはもっと知能犯的な者も多くいたと思われる。邦通が「大和判官代」といい（治承四年六月二十三日）、また俊兼が「筑後権守」を名乗る所からしても（元暦元年四月二十三日）、彼等は国衙に寄生した元受領・院司の類ではなかったか。邦通は「有職」に通暁し（文治五年正月十九日）、文筆に長じ（文治二年九月九日）、絵画・卜筮その他百般の才能があった（治承四年八月四、六日）。後に公文所寄人となり（元暦元年十月六日）、政所にも候じたが、謀叛期においては特に右筆として貴重な存在であった。治承四年（一一八〇）八月十九日条に収める伊豆国蒲屋御厨住民への下文は疑問とすべき文書であるが、[13] この文書の発給について「邦通為二奉行一、是関東施行之始也」と記されているのは、当たらずといえども遠からずであろう。

次に筑後権守俊兼の初参した時期は不明であるが、遅くも謀叛期を下るものでないことは寿永元年（一一八二）正月二十八日の太神宮奉納神馬御覧に、「次神馬十疋引二立庭上一、俊兼候二簀子一、勒二毛付一」とみえることによって明らかである。実は元暦以前に俊兼の名はこの一条しか見えないが、この条は十疋の馬の毛色と貢献した御家人の名を克明に記録しているから、信頼すべき史料による確実な記事と推定される[14]。

俊兼は政権期になると、三善康信の下で平盛時と共に問注に当たることを命じられ（元暦元年十月十五日）、さらに政所の公事奉行人にもなったが（表参照）、特に右筆としての活動が注目される。その点については、次節で平盛時と比較しつつ述べよう。

次に甲斐小四郎（大中臣）秋家は、降人から採用された者である。彼は甲斐源氏の一条次郎忠頼に仕えていたが、主忠頼の誅殺された後「堪二歌舞曲一之者」として頼朝に召出された（元暦元年六月十七日）[15]。ところが吏務能力を認められたとみえて、表のごとく公文所寄人となり、政所にも勤仕した。政所文治元年（一一八五）設置説[16]の根拠に挙げられている二つの史料（表参照）、すなわち文治元年九月五日威光寺僧が小山太郎有高の押妨を訴えて「政所」に参上した記事と、同三年十月二十九日条に収める「政所下文」とにおいて、秋家は前者では中原広元等と共に「署判」を加えているし、後者でも広元以下五名連署の中の「大中臣」は秋家以外に比定すべき者がない。地位は案主であろう。ただし秋家の沙汰・奉行の記事は、右以外にほとんど無く、建久以降には全く見えない。

時期は下って政権期に入るが、奥州藤原氏に仕えていた豊前介清原実俊が、故実に明らかで陸奥出羽両国の絵図・券契をそらんじていた功によって召出され（文治五年九月十四日）、政所の公事奉行人に加わり（建久二年正月十五日、同三年八月五日）、さらに案主に抜擢されたのも（『鎌倉遺文』六六五号等で推定される）、頼朝が降人を登用した好個の例である。なお後出の武藤頼平の場合も参考になろう（注(31)参照）。

政権期になってさえそうした事がある程だから、猫の手も借りたいほどの挙兵火急の際に手近な流人・降人の用いられたことは怪しむに当たらない。山木攻の際、邦通と共に卜筮に当たった住吉小太夫昌長は、治承三年（一一七九）

伊豆に配流された筑前国住吉社の神官佐伯昌助の弟で（治承四年七月二十三日）、兄が頼朝の知遇を得ていた縁で挙兵直前に初参した。また波多野右馬允義常の許にいた太神宮祠官の後胤大中臣頼隆は、頼朝に背いた主義常の許を去って参上し、昌長と共に軍陣の祈禱に従事した（同年七月二十三日）。また頼朝は鶴岡に八幡新宮若宮を勧請すると、上総国から阿闍梨定兼を招いて供僧職に補任したが、この定兼は安元元年上総国に配流された者である（治承四年十二月四日）。

ちなみに『吾妻鏡』および『鶴岡八幡宮供僧次第』によれば、建久末年までに成立した供僧二五坊の初代には「平家一門」の者が一五人も含まれている。これは『鎌倉市史』社寺編の説かれたように「戦後の処置として興味あるところ」で、「一種の救済事業でもあり、一種の監督でもあったのであろう」が、また一面から見れば、草創期の鎌倉でいかに人材を得ることが困難であったかをも示す。したがって平家一門でも適材とみれば頼朝は積極的に登用したもので、その随一は平時家である。時家は大納言時忠の子で、治承三年秋、後白河法皇昵近者三九人の一人として右近衛権少将兼伯耆守を解官され（『玉葉』治承三年十一月十七日）、上総国に配流された[17]。頼朝に勤仕したのは、彼を「聟君」とした上総介広常の挙申によるもので、初参は寿永元年（一一八二）正月であった（養和二年正月二十三日）。四位少将は頼朝の身辺に比肩する者もいない貴紳であり、しかも時家は平維盛と並んで蹴鞠の堪能を賞揚されたほど優雅な公達だから（『玉葉』安元二年三月五日）、頼朝は鎌倉の儀礼を整備したり京客の接伴に当たったりする要員として殊に「憐愍」した。ただし政務機構に叙述を限定した本稿では、こうした人々にまで詳しく触れる余裕がない。

余談に類するが、伊豆・上総辺の流人がこのように変革の歴史に名を留めたことは、私に歴史上の個人の運命に感慨を深めさせる。彼等がもし西国に配流されたとすれば、その生涯は全く違っていたであろう。そしてこの事は何よりも、頼朝自身の配流の地が累代御家人の密集する東国の伊豆であったことに於いて、最も劇的である。彼の配流地がいかにして決定されたかの経緯は知る所でないが、この埋没してしまった小さな事実が歴史に大きく作用しているわけである。

さて、以上のような現地採用や流人・降人を加えた間に合わせ体制の中に、斎院次官中原親能が下向したことは特に注目すべきである。その鎌倉下向の事情を推定する手掛りは、『玉葉』および『山槐記』の治承四年（一一八〇）十二月六日条に記された一事件である。両史料の伝聞はほぼ一致しているから、簡潔な『山槐記』の方を引用する。

六日甲申、陰晴不㆑定、卯始剋許前中納言（源）雅頼卿家三条南猪熊東、追捕。前右大将宗盛差㆓左少将（平）時実朝臣㆒、相㆓副勇士十数騎㆒、令㆑乱㆓入家中㆒。明経博士（中原）広季子号㆓次官㆒失名、在㆓彼家㆒、依㆑有㆘可㆑被㆓召問㆒事㆖欲㆓捕取㆒之処、逃脱不㆑獲㆑之。其間武士等入㆓寝所塗籠等㆒、皆剝㆓取女房衣服㆒云々。不㆑可㆑言之。為㆓予近隣㆒、仍騒動音所㆑聞也。武士退帰之後、差㆑使訪㆓納言㆒。

明経博士中原広季の子「次官失名」（『玉葉』には「次官親能」と明記）は、この夜平宗盛の命によって源雅頼家で追捕を受け、辛くも逃脱した。近隣の中山忠親および親密な九条兼実は、ともに使を差して雅頼を見舞い、使者の報告によって記事をなしていて、かなりショッキングな事件であった。親能が追捕された理由は、「自㆓幼稚之昔㆒、被㆑養㆓相模国住人㆒、自㆓彼国㆒成人、然間依㆘近々与㆓謀叛之首頼朝㆒年来為㆗知音㆖、依㆓此事㆒、為㆑被㆑尋㆓問子細㆒、所㆑被㆑召云々」（『玉葉』治承四年十二月六日）というのである。この「相模国住人」とは余綾《よろぎ》郡波多野郷を本貫とした波多野氏の一族で、足柄郡大友郷を領した波多野四郎経家である[18]（文治元年四月十四日）。豊後大友氏の祖能直は、頼朝の寵愛をうけて懐妊した経家の女利根局の生むところで、生後利根局の姉婿の中原親能の養子として成長したとは、豊後大友氏の家譜類の所伝である（『編年大友史料』参照）。この落胤伝説には疑問があるとしても、親能が在地で成長し、頼朝と「年来知音」であったことは信ずべきであろう。親能は頼朝よりも四歳ほど年上であるが[19]、やがて上京して官仕し、斎院次官等を経る一方、中納言源雅頼の家人となり、その妻（波多野経家女子か）は雅頼の子兼忠の乳母となっていた（『玉葉』寿永二年九月四日）。

親能が謀叛人頼朝の与党として追捕された事情は右のごとくで、平家の詮議はその後もきびしかったろうから、いったんは逃脱しても長く都に潜伏することは不可能で、間もなく鎌倉に下向したのではあるまいか。生立ちからして半ばは在地の者といえるにしても、成長後は京官として公家社会の表裏に通暁した親能に対して、頼朝の期待は大きかったであろう。そして謀叛期の親能はよくこの期待に応えた。

『吾妻鏡』における親能の初見は、頼朝が本位に復した後の元暦元年（一一八四）二月五日条一ノ谷合戦発向の軍勢交名まで下るが、幸いに『玉葉』によって、謀叛期における親能の参謀的、あるいは外交官的活動ぶりがつぶさに知られる。従来親能はその鎮西との関係にのみ研究者の注意が集中した観があるので[20]、その補遺として必要なかぎり述べておこう。『玉葉』寿永二年九月四日条に、

前源中納言雅頼卿来、（中略）又語云、頼朝必定可二上洛一、次官親能広季男者（中略）一昨日以二飛脚一示送云、十日余之比、必可二上洛一、先為二頼朝之使一、有レ申二院事一、親能可二上洛一也、万事其次可二申承一云々、如二此等一之事、多以談語、推レ刻之後帰了、

とある。当時京都の人々は平家を追って上京した木曽義仲勢の狼藉に苦しみ、「所レ憑只頼朝之上洛」としながらも、「彼賢愚又暗以難レ知」と不安におののく状況であった（『玉葉』寿永二年九月五日）。この時親能は頼朝の意向を体し、旧主源雅頼を通じて兼実と頼朝の意志疎通を計り、また院庁との折衝にも加わろうとしていたようである。親能はやがて義経の軍勢に加わって上洛するが[21]、その役割は「頼朝代官」として「万事為二奉行之者一」であり（『玉葉』寿永三年正月二十八日）、また「頼朝之近習」として「今度為二陣行事一為二上洛一」した者であった（同二月一日）。したがって

兼実は旧主雅頼家に滞在している親能を通じて軍勢の狼藉取締を義経に申入れたりしている（同寿永三年正月二十八日）。また親能が雅頼に対して「若可レ被レ直二天下一者、右大臣（兼実）殿可レ知二食世一也、無二異議一」と頼朝の意向を伝えたのも注目すべきである（同二月一日）。もっとも雅頼がこの旨を上奏すべきか質したのに対して親能の答は煮え切らず、「不覚人也」と責められているが、この辺が親能の政治的手腕の限界であって、次期公武折衝の主役は舎弟の広元に引き継がれる。

しかし文治以降も親能はしばしば上洛して公家との交渉に当たり、勿論公文所・政所にも勤仕しているものの（表参照）、建久以後はむしろ京に多く在住したらしい。卒去も「五条大宮新造屋」であった（『吾妻鏡』承元二年十二月二十六日）。詳細は煩を厭うて省略するが、[22]ただ一ついわゆる守護地頭の設置に関して言及したいことがある。文治元年（一一八五）十一月十四日、兼実が例のごとく源雅頼の示送として記すところによれば、「相模国住人其名有久」という者が上洛して、頼朝追討宣旨が鎌倉に達した時の状況を伝え、さらに「有久（十月）廿七日出レ国、次官親能、今四ケ日之後可レ出レ国云々」と申した。この有久は相模の住人でしかも雅頼にゆかりがあるから、かならずや親能の成長した彼の波多野氏の者で、有久のもたらした親能の動静も確かなものと考えられる。親能が実際に上洛した明証はないが、少なくとも守護地頭の申入を行うに当たって、頼朝は親能を上洛要員とする方針であったと推定される。それゆえ同月二十八日北条時政の吉田経房に対する申入の際、京下官人中原親能がこれに随行して申入の趣旨を敷衍した可能性は否定できない。

要するに、中原親能は謀叛期に活動したほぼ唯一の京下官人で、その公武折衝に果した役割は大きかった。親能が他の京下官人に先んじて、謀叛人頼朝の与党として誅戮される危険をあえて冒したのは、おそらく東国に成長したことによるのであって、生粋の「京下官人」と東国御家人中の「馴二京都一之輩」の中間に位置する特異な存在である。

2　政権成立期および守成期の吏僚

(1)　京下官人の勤仕とその役割

寿永二年（一一八三）十月九日の小除目によって、頼朝が勅勘を免ぜられて本位従五位下に復し（『百錬抄』『公卿補任』）、またいわゆる十月宣旨によって東国支配を公認されたことは、鎌倉幕府成立史における最大の画期とされるが、(23)本稿の主題である政務機構の発展とこれに参加した京下官人の進退からも、これを裏付けることができる。すなわち、元々「貴種」意識を強くもっていた頼朝は、これを機に有能な下級官人を多く招致して、本格的な政務機構を発足させようとした。一方、明哲保身を体質とする下級官人にとっても、鎌倉下向はもはや謀叛への冒険的加担ではなく、安全にして有望な就職となった。

こうして、寿永二年末から翌元暦元年にかけて官人の東下りが陸続としてつづいた。その主要な者について、下向の時日と動機、下向以前の官歴、および下向後の活動を順次検討することにしよう。

まず下向の時日と動機であるが、『吾妻鏡』が最も明瞭に記しているのは三善康信（入道善信）の場合である。康信が頼朝の「連々」の「恩喚」に応じて下向参着したのは、元暦元年四月十四日である。元来彼の母は頼朝の「乳母妹」で、その縁から彼は毎年三度使者を派遣して、流人頼朝に洛中の情報を伝え、以仁王の挙兵を見るや弟康清を差進して急を告げたというのは、有名な逸話である。その康信にして、実に挙兵後四年ようやく下向したのだから、いかに下級官人が慎重な行動様式をもっていたか、思い半ばに過ぎるであろう。

頼朝の吏僚の筆頭なる中原（後に大江）広元の参着時日については明証を欠く。ただ『玉葉』寿永三（元暦元）年三月二十三日条に、

（前略）広季只今入来云、頼朝奏二条々事於院一、其中下官可レ為二摂政藤氏長者一之由令レ挙之由、自二広元之許（広季之男也）一所二告送一也云々、即其正文可レ経二御覧一之由、広季令レ申云々、（中略）件状加二一見一返遣了、件脚力去十九日到来、頼朝奏レ院之状、即広元執筆付二泰経卿一云々（下略）

とあり、広元はすでに鎌倉にあって公武の折衝等に活潑に活動していた。これより先寿永二年四月九日、広元は従五位上に叙し外記を止められた（『尊卑分脈』）。ゆえに下向の上限は寿永二年四月、下限は翌年三月となるが、常識的には義仲滅亡・頼朝復位の後ではなかろうか。しからずんば兄親能の誘いによって、あえて謀叛期の頼朝に初参したものか。もしそれならば、後々まで幾度か幕府の政治的危機に対して非凡の洞察と決断を示した広元らしい、天晴な進退というべきであるが。

広元は参議藤原光能を実父とし、母の式部権大輔大江維順女が中原広季に再嫁したので、したがって広季の養子となったという（『系図纂要』）。前述のごとく中原親能も広季の子であるが、その出生について疑問が多く（『編年大友史料』参照）、両人が血につながる兄弟とは確かめがたいが、少なくとも九条兼実が両人を指す場合常に「広季男」「広季子」と注記していることは（前引史料参照）、広季と親しい兼実の念頭には親能・広元が兄弟として強く意識されていたことを示す。両者のこのような関係からして、広元の下向が兄親能の勧誘・仲介によると推定することは自然であろう。

長く広元の女房役として政所令を勤め、後に別当に昇進した二階堂（藤原）行政は、元暦元年八月二十四日、新造公文所上棟の奉行として初見するが、下向の時日は詳かでない。その家は南家乙麿流で、祖父以前代々駿河守に任じ

(『尊卑分脈』)、在地に根を下して武士化しつつあったものと見られる。父行遠は「保延之比殺二害遠江国司一、仍配二尾張国一」された(同上)。『尊卑分脈』に行政の母が「季範妹」とあるのは熱田大宮司季範の妹の謂で、行遠は尾張の配所においてこの女と結ばれたものであろう。言うまでもなく源義朝の正妻つまり頼朝の母は季範の女子だから、行政と頼朝は共に熱田大宮司家を母方としている。行政が下向したのはこの血縁を契機とするのであろう。

以上三人の他に、後に前右大将家政所知家事となる惟宗孝尚が元暦元年四月三日条に、尾張国住人への所帯安堵下文を奉行した者として初見し、また右筆として著名な平盛時が元暦元年十月二十日条に、三善康信に従って問注に当たった者として初見する。いずれも広元・康信と前後して下向、初参したのであろう。さらに翌文治元年には、橘判官代以広・大和守(藤原)重弘が初見する。以広はその十月五日、政所において孝尚・邦通と共に押妨停止の事を奉行しており、重弘は十月二十一日勝長寿院法会に奉行したのを初め、大和守・大舎人允従五位上(『尊卑分脈』魚名流)の官歴を利してしばしば上洛使節となり、公家との応接に活動する。この両人も広元・康信と前後して招致されたと理解すべきである。以上の代表的人物の下には、当然相当数の卑位・卑官の者が駆使されていたから[24]、雑任クラスの官人でこの時期に下向した者はかなりの数に上ると推定される。

次に彼等の下向以前の官歴であるが、中原広元は仁安三年(一一六八)十二月三日明経生より縫殿允(『兵範記』『山槐記』除目部類)、嘉応二年(一一七〇)十二月五日権少外記(『愚昧記』)、承安元年(一一七一)正月十八日少外記、同三年正月五日従五位下、同二十一日兼安芸権介を歴た(『尊卑分脈』)。太政官事務機構の要枢たる外記局は中原氏の家職で、広元は高名な大外記清原頼業の下で「一臈外記」としてこれを輔佐した。その間には、伊勢神宮への公卿勅使の派遣等につき行事上卿の右大臣九条兼実の意を体して活動している事実もある(『玉葉』承安元年九月七日、同二年六月七日、同二年十二月三日等)。この古い関係は、兼実と頼朝との同盟を促進する一契機となったのかも知れない[25]。ともかく外記在任十余年の経験は凡百の京下官人の遠く及ぶ所ではないから、頼朝が広元をスカウトした利益は測り知れないほど大きかった。

三善康信は「中宮大夫属」と呼ばれているが（養和元年閏二月十九日）、『山槐記』附載の「除目部類」によれば、永暦元年（一一六〇）正月除目の任人に「右少史三善康信諸司」、応保二年（一一六二）二月十九日中宮職補任に「少属正六位上三善朝臣康信兼」、同年十月二十八日の秋除目に「三善康信史」を従五位下に叙したこと等が知られる。すなわち康信は諸司の雑任を経た後、平治の乱直後から長く弁官局に勤仕したのである。広元の外記に対する康信の弁官は好一対で、その問注所執事への起用は正に適材適所とすべきであろう。なお人脈として、康信が中宮少属に補任された時の中宮大夫が兼実であったことを附記しておこう。

二階堂行政については、治承四年（一一八〇）正月二十八日の除目入眼に「主計少允正六位藤原朝臣行政本寮奏」とみえる（『玉葉』）。『除目大成抄』第七によれば、正六位上藤原行政は、「携二文簿之業一、可レ堪二勾勘之節一、見二其器量一、尤足二吹薦一之上、行政者、為レ修二造本寮守公神宝殿一、運二置其材木等於御金一、期二拝任一。為レ寮為二要樞一、為レ朝為二公平一」として、主計寮の挙奏によって主計少允に任ぜられている。成功に応じたものだから財力もあったろうが、卓越した吏務能力も備えていた。広元の外記、康信の弁官に対してここに有能な民部の官人を加えたことは、現代の官庁・会社でいえば総務・人事・会計の三位一体がそろったことになる。三人の下向がそれぞれ頼朝とのプライベートな関係によることは前述のごとくであるが、しかしそれは単なる情実的採用ではなく頼朝の周到な計画による招請であった。太政官政務機構の縮冊版を彼は構想していたのであろう。京下官人の前歴について管見の及ぶ所は以上の程度にすぎないが、他の者もそれぞれしかるべき官歴を持ち、その経験を幕府機構の中で活用させられたものと推定される。

次に吏僚の活動についてであるが、これを詳述することは結局幕府政治の全容を述べるにひとしく、到底本稿では不可能である。今は二、三の点に言及するに止めたい。彼等の活動を通観すると、おのずから二つのタイプが認められる。これを実務家タイプと政治家タイプとでも名付くべきか。前者の代表とすべき者は二階堂行政で、彼の「沙汰」「奉行」した事柄は数十項目も『吾妻鏡』にみえるが、取り立てて重要な政治的役割を果したことはなく、すべて実務担当者として記載されている。もし『吾妻鏡』が奉行人の名を克明に記さなかったとすれば、行政の名はほとんど歴史に遺らなかったに違いない。これは政所における助役的存在の「令」の職掌として当然であろうが、縦横の政治的手腕を発揮した別当広元の輔佐役として正にその人を得た観がある。広元に比較すれば、三善康信もまた堅実な実務家タイプで、彼の上洛活動は無きにひとしい。

実務家タイプの中で、特に「右筆」の平盛時・藤原俊兼について所見を述べておこう。頼朝は盛時には御教書特に公家に送る書状を担当させ、俊兼には御家人等への下文の類を担当させ、両人を私文書・公文書にほぼ使い分けている。まず盛時についてみれば、文治二年（一一八六）十月一日頼朝は帥中納言経房への書状の副書に、

（前略）如レ此奏覧状に、判をし候てまいらせ候。而広元・盛時か手跡にて候はさらん時は、判を可レ仕候也。是一筆にて候へは、今度は判を仕候はぬに候。恐々謹言。

と啓している。また文治四年五月十七日にも、「御恩劇之時、御教書不レ可レ被二御判一、可レ為二掃部頭判一[26]、若故障之時者、可レ為二盛時判一之由」を定められたという。盛時は政所・問注所に候じていたものの、知家事以上に任じたわけではない[27]。しかし右筆としては広元に次ぐ者とされ、その筆跡は吉田経房にも熟知されていたわけである。

盛時奉の御教書が他の何びとの奉書よりも多いことは、『鎌倉遺文』を参照すれば分明である。私文書の性質上頼朝の口吻を彷彿とさせるものが多くあって、たとえば年貢対捍の御家人に対して国衙の下知に従うべきを仰せた御教書に「誠不善の物（者）にありけり。口の落合ぬさま、猶奇怪也。家人にてありなから、いかてか君にあしきさまの見参に

入れむとはするそ」とあるごとき（文治三年四月十八日）、また島津左衛門尉（忠久）に対して所領を舎弟忠重に譲るべきを仰せた御教書に「奉公の物《(者)》のあと《(跡)》をハ、御いとをしミあるへき事にてあるうゑ《(上)》、証文を以□れハ、たふ《(給)》へきなり、いまたわか《(若)》き物《(者)》にて、ものに心えぬところやあるらんとおほしめせとも、ほうこうて《(マヽ)》ゆのゆかりなれハ、かくおほせつかはすなり」とあるごとき（『鎌倉遺文』第一〇〇〇号）、それぞれ頼朝の憤怒や愛情をなまなましいまでに伝える。これは盛時の文筆の達者を示すだけではなく、右筆がいかに頼朝の私生活に密着していたかをも示すものであろう。(28)

これに対して俊兼の場合は、前述のように謀叛期から右筆として勤仕していたが、広元・盛時下向の後は、その地位を彼等に譲ったように思われる。元暦元年（一一八四）四月、下河辺政義を「殊糸惜思食」す故にその所領への臨時国役を免除すべき旨を常陸国目代へ仰せ遣わした書状が「俊兼奉」であるのを異例として（元暦元年四月二十三日）、俊兼奉書は一通も管見に入らない。しかし『吾妻鏡』には、文治以降にも土肥実平・梶原景時（近国惣追捕使）への濫妨停止の下文（文治元年四月二十六日）、神護寺僧文覚への濫吹停止の下知（文治元年七月十五日）、新日吉社領への地頭の年貢対捍・狼藉につき下河辺行平・武蔵守（平賀）義信への仰遣（文治二年七月二十八日）、義経の残党蜂起の風説につき越後・信濃の御家人への軍勢催促（文治五年十二月二十三日）、その他「俊兼奉行」は数多くみえるから、政所下文の類には俊兼の筆に成るものが多いと思われる。頼朝の身辺に侍した事実がないわけではないが、(29)京下官人との間に若干職務の軽重が生じたことも見逃しえない。

さて、以上の実務家タイプに対して、政治家タイプの代表は言うまでもなく中原広元である。彼の活動は、いわゆる「広元伝説」を割引してもなおそのまま鎌倉幕府草創史をなす。特に兄親能と共に連年上洛して公武の間を周旋した活動は重要かつ興味深いが、本稿では一切省略することにする。

(2)　建久年間における儀容と門閥

奥州藤原氏の滅亡によって内乱の季節が終った後、幕府の性格は大きく変化した。[30]それは外に公家政権との融和が図られ、内に幕府の儀礼が整備されたことである。頼朝は建久元年（一一九〇）秋権大納言・右近衛大将に任じられると、翌春「政所吉書初」を行い、さらに建久三年征夷大将軍に任じられると、また当然の事ながら、「政所始」を行い、政務機構と文書様式を一新した（建久二年正月十五日、同三年八月五日）。文書については、二年正月条に「前々諸家人浴二恩沢一之時、或被レ載二御判一、或被レ用二奉書一、而今令レ備二羽林上将一給之間、有二沙汰一、召二返彼状一、可レ被レ成二改于家御下文一之旨被レ定云々」とあるように、政所官人連署の様式を採用した。『吾妻鏡』文治三年（一一八七）十月二十九日条に収める常陸国奥郡宛政所下文を信用するかぎり、この様式の採用は従二位叙位当時に溯ると考えられ、右大将、征夷大将軍と頼朝の官職が改まる毎に、一段とこれを強化したものであろう。しかしこの改革は、千葉介常胤がこれを不満として、「謂二政所下文一者、家司等暑名也、難（ママ）レ備二後鑑一、於二常胤分一者、別被レ副二置御判一、可レ為二子孫末代亀鏡二」と所望した逸話で明らかなように（建久三年八月五日）、棟梁頼朝と在地御家人との人格的主従関係を阻隔する方向であった。それはおそらく貴種頼朝の京都憧憬を利用した吏僚の策動によって実現したのであろう。政所はここに軍国の要務を能率的に処理することを旨とした従来の機能に加えて、頼朝の貴族的権威を荘厳する機能をいちじるしく増大した。そして文書形式におけるこの変化に対応して、機構の面において別当がこれまでの広元一人から複数となったことも注目される。これまた、別当が一〇人・二〇人綺羅星のごとく並ぶ院庁・摂関家政所への、摸倣あるいは対抗意識のあらわれであろう。

この機構拡充によって新たに別当に加わった者には、源邦業・「散位中原朝臣」・「散位藤原朝臣」がある（表参照）。

源邦業はその系譜および治承以前の経歴は詳かでないが、ともかく「御一族功士」として頼朝の分国下総の国司に挙申されているから（文治二年二月四日）、清和源氏の名流であったらしい。頼朝が同族に心許さなかったことは周知の事実で、同じく一族の長老平賀義信などは早く武蔵守に挙申され（元暦元年六月二十日）、治績大いに上がって頼朝の御感に預っている程であるが（建久六年七月十六日）しかも儀礼の際に門客の筆頭として礼遇されただけで、ついに幕政に関与しなかった。義信と同時に駿河守に任じられた源広綱等も同様である。邦業も建久三年に政所別当に補任されるまで、鎌倉の吏務に携った形跡はない。広元・行政健在の際これを別当に加えたのは、鎌倉殿の儀容を張る以外にさしたる理由を見出しがたいのである。

同じく別当として政所下文に連署している「散位中原朝臣」は、前述のごとく（第一節第一項参照）、中原久経に比定されるが、これも長老の優遇と幕府の儀容を張るためと考えられる。同じく「散位藤原朝臣」は二階堂行政に比定すべきで、昇格後の「令」は武藤頼平[31]によって埋められた。行政の昇格は多年の令としての功労に報いるためと、別当の儀礼的増員の一翼をになわせる意味であろう。

以上のごとく、頼朝の権威を増し幕府の儀容を張る要素が政所の性格に加わり、しかも別当の増員に宿老優遇の意味が含められたことは、鎌倉政権がようやく草創より守成の時期に移ったことを示すものである。そしてこの変化に対応して、広元・康信の同族中原・三善氏の者で新たに吏僚として勤仕する者が増加し、政務機構の中に門閥形成の端緒があらわれた。中原氏では仲業・季時、三善氏では宣衡や康信の子行倫・康俊等がある。建久二年の前右大将家政所吉書初に公事奉行人として初見する「左京進《ママ》中原朝臣仲業[32]」「文章生三善朝臣宣衡」は、頼朝上洛の際にスカウトされた者かと思われる。仲業は「右筆」としてすこぶる有能であったが（建久三年六月三日、正治元年十月二十七日）、元来は「親能入道家人」なのであって（承元四年十二月二十一日）、この人脈を無視することはできない。ただし彼等の本格的活動は、行政の子二階堂行光等と共に頼朝の死後に下るので、叙述はこの辺で打留めにしよう。

むすび

以上の叙述を要約すれば、①鎌倉幕府政務機構の成立・発展において、寿永二年（一一八三）秋の頼朝の復位と東国支配権の公認が最も大きな画期となったこと、②それ以前の体制は在地の者に流人・降人などをまじえた間に合わせのもので、それ以後は京下官人を主体とする本格的体制に拡充されたこと、③親能・広元兄弟を筆頭として、流人期間からすでに中原氏の大きな人脈が存在すること、④吏僚の中核をなした広元・康信・行政の官歴が外記・弁官・民部という実に合理的な組合わせである点からみても、京下官人の招致には頼朝の周到な計画があったこと、⑤建久年間に入ると政務機構の上に草創から守成への転化が顕著にあらわれたこと、ほぼ以上のような結論になるであろう。

鎌倉文化に関心をもつこと久しかったので、執筆の機会を与えられたことについて貫達人氏と三浦古文化研究会に感謝する。

注

（1）『吾妻鏡』を利用するに当たって、御家人制研究会編『吾妻鏡人名索引』の学恩を蒙ること多大であった。竹内理三氏編の『鎌倉遺文』が刊行されはじめ、また、多賀宗隼氏が不日公刊予定の『玉葉索引』の利用を許されたのも、ありがたいことであった。

（2）八代国治『吾妻鏡の研究』。

（3）平田俊春・石母田正・益田宗・毛利一憲・笠松宏至・石井進その他、諸氏の研究業績はいま一々列挙しない。

（4）以下出典を記さない場合は、すべて『吾妻鏡』当該年月日条である。

(5) あるいは惟重の前に記された義勝房成尋をも加えるべきか。成尋は武蔵横山党の者で、上洛して鳥羽城南寺の執行となっていた「馴二京都一之輩」である（渡辺世祐・八代国治『武蔵武士』）。宇都宮氏と関係ふかく、考証は省くが宇都宮氏および頼朝乳母（近衛局または寒河尼）の縁で頼朝に仕えたらしく（『続群書類従』所収「小野系図」。治承四年十月二日、建久六年七月二十八日等）、仏教儀礼に多く用いられている。その子中条家長も吏務に長じ、嘉禄元年評定衆に加えられた（『関東評定衆伝』）。こうした点から『吾妻鏡』編者が成尋を惟重以下の四人と共に吏僚と目していたとも考えられるが、在地の御家人である点に若干の差があるので、しばらく一括の中に加えなかった。なお成尋と同様に宇都宮氏の縁につらなる者に一品房昌寛があり、挙兵当初から馳せ参じて特に作事に手腕をふるっていて、吏僚的性格においてよく似ている（小林栄子「昌寛法橋―鎌倉幕府成立史の一駒―」『史窓』二六参照）。これも「馴二京都一之輩」であるが、「はじめに」でお断りしたように、「馴二京都一之輩」の検討は別の機会に譲る。

(6) 赤松俊秀「平家物語の原本について」『文学』三五―一等参照。

(7) 石井進『日本中世国家史の研究』第一章「大宰府機構の変質と鎮西奉行の成立」。

(8) 田中稔「『鎌倉殿御使』考」『史林』四五―六。

(9) この一条が果して養和元年二月の事実であるか否かには疑いがある。何故ならば、つづく閏二月二十日義広は謀叛を起し、鎌倉を攻撃しようとして敗走したと『吾妻鏡』にみえるが、これは同書の誤りであって、事件の発生は実は二年後の寿永二年二月であろうと、石井進氏（「志太義広の蜂起は果して養和元年の事実か」『中世の窓』十一）は説かれた。この説は従うべきものと考えられるが、しからば問題の二月二十八日条も、同様に寿永二年に移すべき必要性はないにしても養和元年の事実と確定することは憚られよう。ただし、蜂起記事の誤りは八代国治氏のいわゆる「切り張りの誤謬」で内容の妄誕ではないので、二月二十八日条も内容まで特に疑う必要はあるまい。たとえ寿永二年二月に係けるべきであるとしても、依然として久経の勤仕が謀叛期であることの証とはなる。

(10) 『鎌倉遺文』も久経に比定している。

(11) 『吾妻鏡』にきびしい批判を加えた八代氏も、その編纂が「幼稚にして余り斧削を加えず、材料其のまま採録し」た点はかえって評価している。

(12) 鈴木国弘「中世前期・国衙権力をめぐる二、三の考察」『日本歴史』三〇一。

(13)　注(2)前掲書。

(14)　この一項『吾妻鏡人名索引』に脱落。『平安遺文』四一八六号に、秋家に住所本宅を安堵した頼朝の下文がみえるが、疑問。

(15)　石井良助「鎌倉幕府政所設置の年代」(『大化改新と鎌倉幕府の成立』所収)。

(16)　時家の配流は「継母之結構」によるもので(寿永元年正月二十三日)、正式の流罪か否か当時でも疑問視されていたが

(17)　(『玉葉』文治二年正月二十三日および二十四日)、上総に赴いたことは確実であろう。なお『吾妻鏡』建久四年五月十日条に「前少将従四位下平朝臣信時於二鎌倉一卒」とみえるのは、時家の誤りと思われる。そこには「安房国」とあるが、正確には上総であろう。

(18)　芥川竜男「豊後大友氏と相模大友郷」『日本歴史』二八七。

(19)　『吾妻鏡』承元二年十二月十八日の卒去の記事より逆算して康治二年生れ。

(20)　瀬野精一郎「中原親能と鎮西との関係」(『九州史学』二七・二八・二九合併号)。先行学説は同論文参照。

(21)　親能がかく身許を兼実に知られており、一方義経は「不レ知二実名一」(『玉葉』寿永二年閏十月十七日)とか「誰人哉、可二尋聞一」(同十一月二日)などと不審がられるほど無名であって、軍勢の着京までは、「次官親能広季子并頼朝弟九郎等上洛云々」(同十一月七日)、「頼朝代官九郎并斎院次官親能等也」(同十二月一日)のごとく、兼実は親能をもって軍勢を率いる存在と目している。着京後はじめてその地位・役割を正確に認識したようである。

(22)　なかんずく、文治三年閑院殿、同四年六条殿、建久二年法住寺殿等、皇居・院御所の造営・修理を弟広元と共に奉行しているのは、その役柄を最もよく示すもので、頼朝は「当時親能・広元雖二在京候一、元自非二武器一候」として、彼等が洛中の治安維持等には無力であることを経房に申し送っている(文治三年八月十九日)。なお建久六年の頼朝上洛の際の「惣奉行」が親能であったことも(建久五年十二月十七日)、この上洛の政治史的意味を考える上に参考となろう。

(23)　佐藤進一『鎌倉幕府訴訟制度の研究』。

(24)　吏僚に従属した雑色については、福田豊彦「頼朝の雑色について」(『史学雑誌』七八―三)に詳論がある。

(25)　龍粛「清原頼業の局務活動」(『鎌倉時代』下)に、頼業と兼実の強い結び付きが指摘されている。また多賀宗隼(「藤原兼実について」(下)『日本歴史』二四九)は、頼朝の兼実選択を導いた者として、親能・広元・康信の三人に注目された。

(26) 広元はこの時点ではまだ掃部頭に補任されていないから、厳密にいえばこの記事をそのまま信用することはできない。しかしもう一つの史料と対照して、事実は認めても差支えないであろう。

(27) 建久六年五月日将軍家政所下文案二通（『鎌倉遺文』七九一、七九二号）に、広元・行政（『大日本史料』は行政でなく遠景に当てるも従えない）と共に「平朝臣」が連署している。これは盛時以外に比定すべき者がなく、事実とすれば別当となるが、本文書は先学が一致して偽文書とされる。されば連署の「平朝臣」も、むしろ偽文書の一徴証とすべきである。

(28) 頼朝が文治元年四月、その推挙を得ることなく欲しいままに任官した御家人一同に対して、本国に下向するを禁じ、「若違レ令下二向墨俣以東一者、且各改二召本領一、且又可レ令レ申二行斬罪一」と激怒した有名な文書は（文治元年四月十五日）、副えられた交名注文に任官輩の容貌挙止を一々口汚く罵っている異色あるもので、右筆が頼朝の人間性を権威の壁に閉じこめるほど官僚化していなかったことを示すであろう。この筆者はやはり盛時か。

(29) 東大寺再建勧進の途中鎌倉に立ち寄った西行が頼朝に弓馬の事を語った時、俊兼がこれを筆記したのは（文治二年八月十六日）、その一例である。

(30) 上横手雅敬「鎌倉初期の公武関係」（『日本中世政治史研究』第三章第一節）。杉橋隆夫「鎌倉初期の公武関係―建久年間を中心に―」（『史林』五四―六）。

(31) 武藤頼平は官名「大蔵丞」なので（建久四年十一月二十日）、建久四年三月七日将軍家政所下文案（『鎌倉遺文』六六一号）以下の文書に「令大蔵丞藤原」とあるのは頼平に比定される。その吏務に従った初見は、建久二年三月八日鶴岡若宮仮宝殿造営事始奉行である。しかし、ここに至るまで全く政所に関与しなかった者がいきなり令に抜擢されるとは考えにくいから、勤仕はさらに溯るのであろう。なお頼平の子資頼が天野遠景に代って大宰府の最高責任者となった年代も、父頼平の令就任と前後する頃と推定されているが（佐藤進一注(23)前掲書、石井進「鎮西奉行の成立」（『日本中世国家史の研究』Ｉ第一章））、この資頼の初見は、文治元年十月二十四日南御堂供養随兵としてである（ただし、文治五年正月十九日条に彼は「囚人」として三浦介義澄に預けられていることがみえ、元年の記事と少し矛盾する）。

しかるに右文治五年記事によれば資頼は元々は「平氏家人」で、『続群書類従』所収「武藤系図」にも「始ハ平知盛卿ニ奉公、一谷合戦之時、梶原ト為二同意一、始テ御方参」云々と記されている。そして系図には頼平についても、「平家之比者、平知盛為二国司大（代カ）官一、武蔵国居住之」とあり、頼朝が武蔵国で御勢をととのえた時、祖先が八幡殿から給わった旗を指して馳せ参じたという。知盛は永暦元年から仁安元年まで武蔵守になっているから（『公卿補任』）、頼平が目代であったという所伝もあながち否定できない。このように、累代御家人と称してもながらく平家の家人であったとすれば、吏僚となるには難点があったが、頼平の大蔵丞という官歴は政務機構にとって貴重であり、資頼も故実の心得があったので（文治五年正月十九日）、元々降人登用に寛容であった頼朝によって重用されるに至ったと考えられる。

(32)　他の記事を参照するに「右京進」が正しい。

山田重忠とその一族

1 『承久記』の英雄

山田次郎重忠は承久の乱の院方の武士で、『承久記』の英雄である。流布の古活字本『承久記』には、雲霞のごとき東軍を美濃の墨俣に迎え撃ち、味方が不甲斐なく敗退する中を杭瀬川で九十余騎踏み止まって戦い、敵のつかんだ甲のしころを切って落ちのびたこと、最後の防衛線たる勢多に発向しての武者ぶり、さらに院御所へ帰参した時、すでに降伏の方針を決めた後鳥羽院が「武士どもは是より何方《いずかた》へも落ち行け」と、無情にも門を開かなかったので、「大臆病の君に語らはされて、憂《うき》に死せんずる事、口惜しく候」と罵ったこと、嵯峨の奥でその子が敵を防ぐ間に自害したこと、などが活写されている。

重忠は承久の忠臣として大正六年（一九一七）正五位を贈られたものの（『贈位諸賢伝』）、『承久記』は保元・平治・平家と並ぶ四部合戦状の一つながら、軍記としては最も成長しなかったので、重忠の英雄像も未成熟に終ったのは惜しいことである。

もっとも物語として未成熟という事は、かえって史実がナマに記されているともいえるが、古活字本にはすでにかなりの筆の走りがあるようである。諸本のうち最古の成立とみられる「慈光寺本」は、公家側の情報だけに精通した何者かが乱の直後に執筆したものと思われるが、この本には「大臆病の君」云々と後鳥羽院を罵った事実はみえない。鎌倉の有力御家人でありながら兄義村と不和のため上洛して院方に加わった三浦判官胤義が、院のすげない仰せに接して我が武運の拙なさを悔んだ言葉だけがみえる。この方が事実に近いのであろう。後出の古活字本や前田家本は鎌倉側の情報を加えて記事を増益し、その中では、卑賤の重忠が加わったとも思われない後鳥羽院御前の軍評定の場で彼に発言させたりしている。重忠に後鳥羽院を罵らせたのも、物語成長の過程で院への風当たりが強くなったため付加された説話かと思う。本稿は系図の検討を通じて、『承久記』の英雄山田重忠の実像に溯及することを目的としている。

2　系図の史料批判

重忠で特徴的なのは、その名乗りが単に「山田次（二）郎」で、官職を帯びた形跡のないことであろう。『承久記』の呼称「山田殿」には、いかにも生え抜きの野人という響きがある。院方の主力は「在京御家人」だから、院の北面・西面あるいは衛府・受領に補任された者と見られ、何々衛門尉がむやみに多いが、中にあって重忠の「山田殿」はまことに異色である。その水際立った武勇は彼の深い在地性に本源をもつのであろう。

さてその重忠の系図であるが、『尊卑分脈』清和源氏満政流を抜萃すると、二一六・二一七頁のようになる。ゴジック活字の人名は、承久の乱に討死したと尻付にみえる者である。『系図纂要』の系譜もほぼ同じである。しかしご覧のように、この系図には同名異人が枚挙にいとまないほど見え、ほとほと処理に困却する。私は王朝貴族を調べる際に、室町時代に編纂された『尊卑分脈』の網羅性と正確性の前につねに脱帽するのであるが、さしもの洞院公定らも武門の末裔まで誤りなきを期する術はなかったのであろう。

「重」の一字を共通にするとはいえ同名が多すぎるから、すでに新訂増補国史大系本が気付いた重複を頭注している。私が名の左に仮りに大文字(A)(B)(C)を付した重満・重国・仲重・重頼・良円・重成がそれである。なお、国史大系本は重頼(A)の子重高と時成の子重隆をも同一人とみている。これらの頭注はおおむね従うべきであろうが、重複はその他にも多いのである。全部指摘するのは煩雑なので、いまは尻付に承久の乱に討死とある人物（ゴジックで示した）の重複のみを検討する。

まず重継が三人討死している。名の左に小文字(a)(b)(c)(d)を付した四人のうち、重忠の子(a)と小島五郎《ママ》(b)と山田先生重貞の子(c)がゴジックである。同名三人討死とは何とも不自然であろう。次に重朝が三人いる。拍合冠者(a)（ゴジック）と足助太郎(b)と山田先生重貞の孫(c)であるが、木田三郎重長の孫重知（ゴジック）も異字ながら同じくシゲトモである。ゴジックのシゲトモが二人いること、および重朝(c)と重知の父がともに重国（『国史大系』は同一人とみている）であることが気にかかる。次に重季が四人もいる。ゴジック重朝(a)の子平野冠者(a)と足助重長の子足助冠者(b)と山田小二郎(c)とゴジック木田太郎(d)である。これもすこし念が入りすぎている。

そこで略系図全体を見渡すと、混乱・重複の核はどうやら山田先生重貞系と木田三郎重長系にあるらしい。なぜならば、討死を示すゴジックは、ご覧のように系図右側の山田二郎重忠の近辺に集中しているが、別に二、三世代もさかのぼって重貞系と木田重長系に計五人いる。そして、たとえば木田系のゴジック重国(C)と重季(d)の兄弟にはそれぞれ遠い昔木曽義仲に討たれた者がいるので、あきらかに尻付に時間的混乱がある。またたとえば重貞系に限り他の系統のような名乗りがまったく記されていないのも、まるごと追補かとの疑いを抱かせる。[1] 総じて重貞系より左側の記載は、右側の重実・重遠以下の本流に比し、いちじるしく信憑性に欠けるようである。

清和源氏満政流略系図

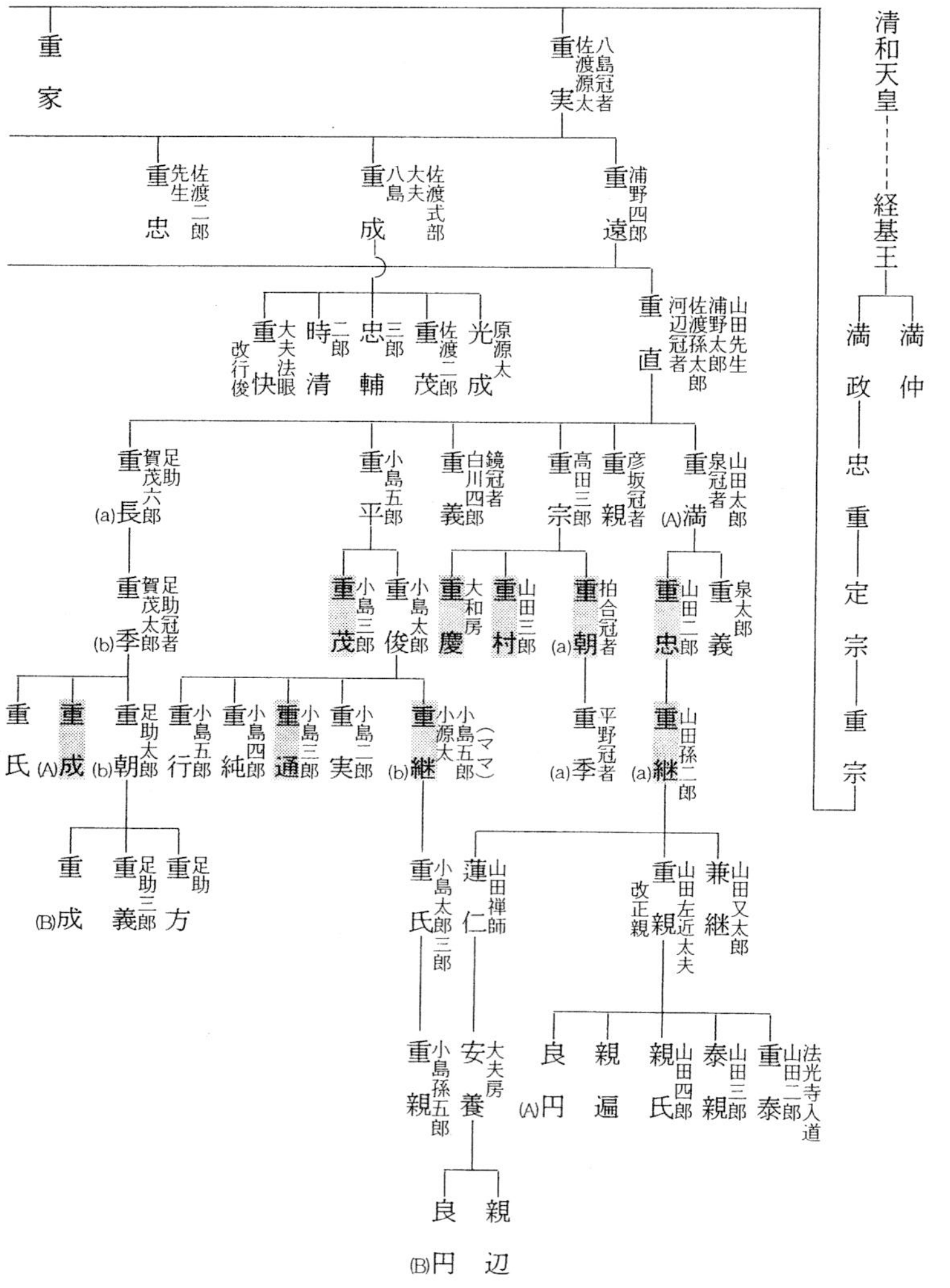

〈『尊卑分脈』による。ゴジックは承久の乱に討死した者〉

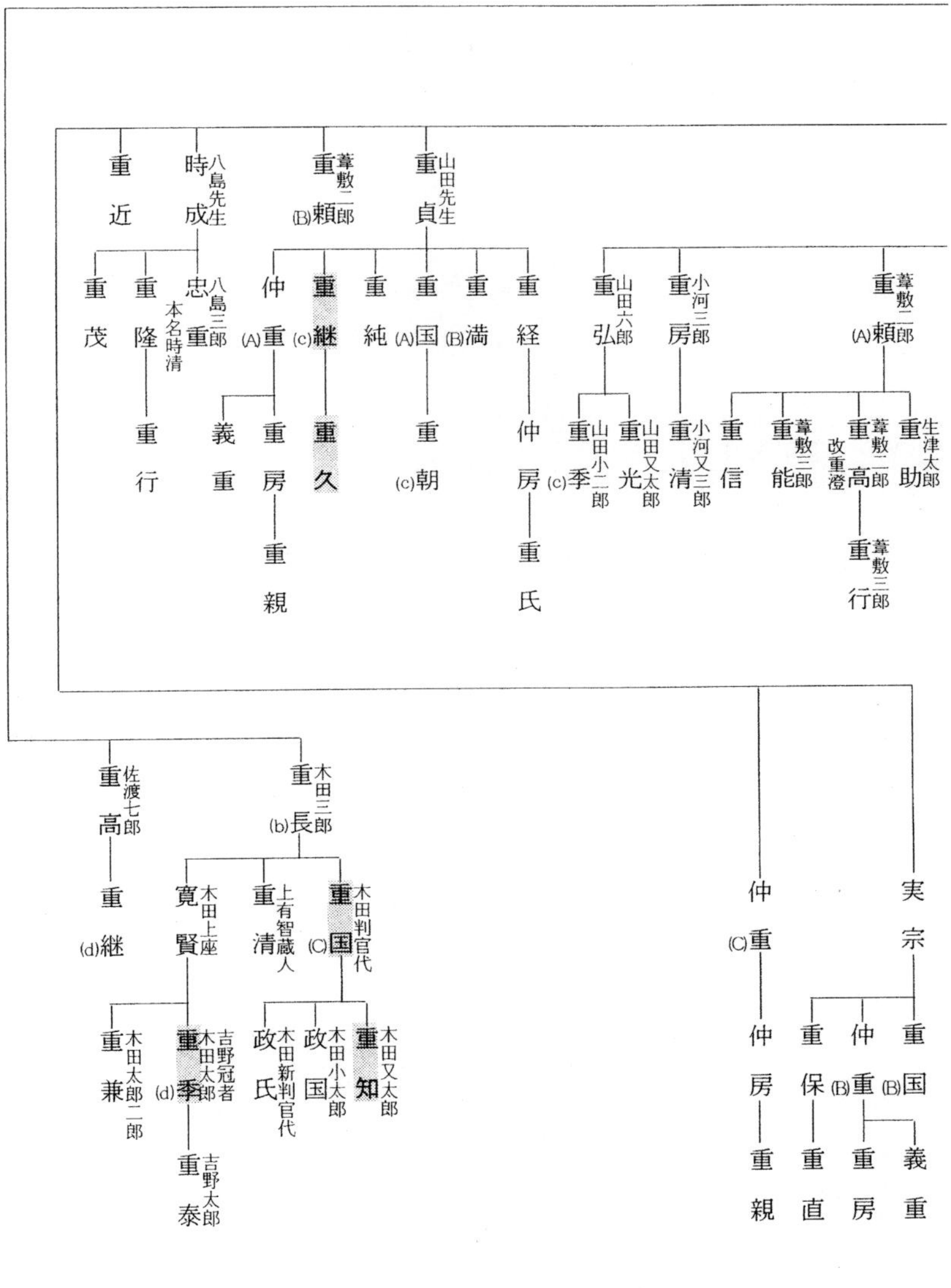
重近
時成 八島先生
重頼 葦敷二郎 (B)
重貞 山田先生
重茂
重隆
重行
忠重 八島三郎 本名時清
仲重 (A)
義重
重房
重親
重継 (c)
重久
重純
重国 (A)
重朝 (c)
重満 (B)
重経
仲房
重氏
重弘 山田六郎
重季 山田小二郎 (c)
重光 山田又太郎
重房 小河三郎
重清 小河又三郎
重頼 葦敷二郎 (A)
重信
重能 葦敷三郎
重高 葦敷二郎 改重澄
重行 葦敷三郎
重助 生津太郎
重高 佐渡七郎
重継 (d)
重長 木田三郎 (b)
寛賢 木田上座
重清 上有智蔵人
重国 木田判官代 (C)
重兼 木田太郎二郎
重季 吉野冠者 木田太郎 (d)
重泰 吉野太郎
政氏 木田新判官代
政国 木田小太郎
重知 木田又太郎
仲重 (C)
仲房
重親
実宗
重保
重直
仲重 (B)
重房
重国 (B)
義重

では、重貞系と木田重長系を混乱の核とすべき理由が何かあるだろうか。まず木田系の場合は、木田重長(b)が本流の足助重長(a)と同名（異人）だったことによる紛れではあるまいか。足助系は隣りの山田・高田・小島系にゴジックが多いのに、重成(A)だけがゴジックで、その父重季(b)も兄重朝(b)もゴジックでない。そこで、試みに木田系の重季(d)と重知のゴジックをこちらに移しかえると、足助系は本流の諸氏とみごとに足並みをそろえて討死し、系図はきわめて自然になる。

次に重貞系の追補の理由として思い当たるのは、この山田先生重貞が飛び切りの有名人だったことである。重貞はかの剛勇の鎮西八郎為朝が保元の乱後近江国にひそんでいるのを逮捕し、その「別功の賞」によって右衛門尉に任じられた（『兵範記』『保元物語』）。その派手な勲功がいかに都びとの脳裏に焼き付いて離れなかったかは、たとえば慈光寺本『承久記』がわが重忠をつねに「重定（貞）」と誤記していることをもってしても明らかである。

以上、武断をかえりみず重貞系と木田重長系を混乱・重複の元凶として整理すると、本流の重忠父子の世代が同族一丸となって出陣し討死した実態が、系図上にあざやかに浮び上るのである。重忠の奮戦は、一族の力強い団結に支えられていたのであった。

3　美濃・尾張の清和源氏

しからば重忠一族は、いかにして院方に付くに至ったか。さかのぼって祖先の足跡をたどってみよう。方法は系図の尻付を他の史料で検証することである。清和源氏多田満仲の舎弟満政の系統は代々受領となり、孫定宗は大納言藤原斉信女を妻とした。斉信は道長時代に公任・行成らと共に「四納言」とうたわれた名士である。そこで外孫重宗は五位の佐渡守になったが、承暦三年（一〇七九）八幡太郎義家が国房なる者と合戦した時討死したと、尻付にある。しかしこれは不正確で、真相は『為房卿記』[2]にみえる。美濃国で右兵衛尉重宗が散位源国房（頼光の孫）の住所へ押しかけ合戦したので、義家に追討の宣旨が下った。重宗はやむなく降人となって上洛し、「重犯」として獄に投じられたのである。国房（通称美濃七郎）も再従兄弟義家の郎等と争い、義家が急を聞いて美濃に馳せ下ったことがあるから（『古事談』第四）、院政期はじめの美濃は、清和源氏入り乱れての勢力争いの場であった。

重宗の子重実は「鳥羽院武者所」として出仕し、在地の争いに関わらなかったようだが、その子重遠は祖父重宗の猶子でしかも義家の婿となっていた。そこで、祖父の勅勘に連坐して美濃を退去したようで、尾張国浦野に移って浦野四郎と号した。その子重直が浦野太郎のほか山田先生・河辺冠者などを名乗るのは、移住後に山田荘や河辺荘を開発したからであろう。山田荘は尾張国山田郡（のち東春日井郡）にあり、天平時代にすでに東大寺領荘園としてみえる（『荘園志料』）。河辺荘は現在の名古屋市中心部をはさんで山田荘の西方にある。[3]こうして、満政流のうち重遠系は尾張国を本拠として土着することになった。

重遠の兄弟重貞が為朝を捕えた武勲は前述したが、その兄弟重成も保元の乱に活躍した。『保元物語』には、義朝・清盛勢のほかに「兵庫頭頼政百余騎」「佐渡式部大輔重成七十騎」などがみえる。『兵範記』の記事によっても、重成は一方の旗頭であった。そして平治の乱に敗れた義朝に従って落ちる途中、美濃の青墓で身代りとなって自害した（『平治物語』）。

話は下って源平合戦期に入る。重直の子山田太郎重満は、治承合戦の時美濃の墨俣で平家に討たれたと尻付にみえる。いかにも『吉記』治承五年三月十三日条に、討取られた三九〇人のうち大将軍四人として和泉太郎重満・同弟高田太郎の名がある。また、『吾妻鏡』養和元年（治承五、一一八一）二月十二日条、平知盛が美濃で討取った源氏方の首級をひっさげて上洛した記事に、小河兵衛尉重清、葦敷三郎重義の名がある。これは系図の小河又三郎重清、葦敷三郎重能と一致する。一族が以仁王の令旨を奉じて起ち敗死したことが知られる。次いで『吉記』寿永二年（一一八三）七月三十日条によれば、木曽義仲の軍勢が京に乱入した際、院宣を蒙って京中守護に当たった者の中に、高田四郎重家・泉次郎重忠・葦敷太郎重隆の名がある（延慶本『平家物語』にもみえ、重隆を重澄につくる）。浅香年木氏[4]はこの重忠をわが山田重忠に同定されたが、従うべきであろう。重家は系図の「高田三郎重宗」と同一人（「家」と「宗」の紛れか）、また、重隆は系図の「葦敷二郎」重高であろう。すなわち内乱勃発の際平家と美濃の本拠地で戦った一族は、そののち後白河院政の下で京の治安維持に当たっていた[5]。

重隆はその功によって佐渡守に任官したが（『玉葉』寿永二年閏十月二十三日）、義仲のクーデターによって解官された（『吉記』十二月三日）。義仲没落後は頼朝に属し、平家征討にも従軍したらしいが（同元暦元年十月十三日）、合戦終了後の鎌倉殿の覚えは決してめでたくなかった。

『吾妻鏡』建久元年（一一九〇）四月二日条に、美濃国の地頭・佐渡前司重隆が公領に妨げをしたことについて、頼朝が権中納言経房に送った書状がある。また同年六月二十九日条に、諸国の地頭の太神宮役夫工米対捍について朝廷に進めた請文があるが、その中で頼朝は「尾張国の住人重家・重忠等の所課の事、法に任せて御沙汰あるべく候也」と、冷たく突き放している。重隆《（高）》、重家《（宗）》は右の横妨・対捍によって常陸と土佐に配流されることになったが、彼等はすなおに配所に赴かなかったので、頼朝は謀反を警戒して在京の大江広元に書状を送っている（『吾妻鏡』八月十三日、十一月二日）。この時重忠は流罪になったとは知られないが、それは若年の故に免れたのか、『吾妻鏡』の脱漏ないしは誤記であろう。

ともかくも重忠の同族は、鎌倉の御家人体制に組込まれるに至らず、むしろ頼朝の意向に背く所業が多かった。おそらく彼等は京に近い美濃・尾張の地理的位置と院政政権との関わりの深さから、坂東の武士のように幕府主流を構成しにくい外様的立場にあったのであろう。重忠が後鳥羽院に召使われるに至った由来もここにあると考えられる。

『明月記』建保元年（一二一三）四月二十六日条に、法勝寺九重塔供養の盛儀に寺の諸門を守護した武士の交名が収められている。乱直前の後鳥羽院親衛隊の全容をうかがうべき好史料であるが、(6)この時山田次郎重忠は南面の東脇門を固めている。他の武士二十数名がすべて衛門尉などを帯しているのに、重忠だけは「山田次郎」である。最も官職に恵まれなかったこの重忠が最も勇戦奮闘したところに、彼のいさぎよさを見ることができる。したがって、「大臆病の君」にだまされて死ぬのは口惜しいなどという未練がましい悪口雑言はこのいさぎよい武士のものではあるまいと、前に私は述べたのである。

4 重忠と無住

無住の『沙石集』巻九に、一つの逸話が記されている。重忠の所領内にいる山寺法師が八重つつじの名木を持っていた。重忠はほしいと思いながら、法師の愛している物を気の毒なと思ってさし控えていた。ところが法師に大きな罪過があったので、侍を遣して七疋四丈の絹を弁償するか八重つつじをよこすかと告げたら、法師は絹を差出しますといった。侍は主重忠の執心を知っているので、なだめすかして八重つつじを奉らせたという。無住は重忠・侍・法師三者それぞれの心根に感じ入り、重忠は「弓箭ノ道、人ニユルサレ、心モタケク、器量モ人ニ勝レタリケル者也。心ヤサシクシテ、民ノ煩ヲモ知り、ヨロズ優ナル人ナリケリ」と絶讃している。

実は無住の住した尾張国の長母寺は、(7)重忠が母の菩提のため創建した寺と伝え、後世まで山田氏を外護者としていた。(8)『張州府志』『尾張志』『尾張国名所図会』『東春日井郡志』などには、他にも重忠を開基と伝える数ヵ寺が記されているが、いま詳述する余裕がない。無住は梶原景時の後裔といわれるが、景時は鎌倉御家人のうち最も都ぶりを心得、頼朝の死後身の窮するや、上洛して後鳥羽院を頼ろうとして討たれた人であった。無住が開基檀那の山田重忠に寄せた追慕には、そうした祖先景時の末路への哀惜もかさなっていたのであろうか。

注

（1）なお重貞の子仲重(A)は実宗の子(B)と重貞・実宗の兄弟(C)と三ヵ所にみえ、それぞれの子孫の名も似通っている。また重貞の兄弟時成は名に「重」の一字を含まないうえ、その子孫は右側の佐渡式部大夫重成系・重頼(A)系とほとんど重複している。

（2）内閣文庫蔵写本による。なお、『水左記』『百錬抄』『扶桑略記』参照。

（3）一族の名乗りとなった地名をみると、小河・木田荘が尾張国に、足助荘が三河国に、小島・高田荘が美濃国に入るが、距離はきわめて近い。

（4）浅香年木『治承・寿永の内乱論序説』。

（5）『吾妻鏡』寿永元年三月五日条には、山田太郎重澄が「日来《ひごろ》朝夕祗候し、殊に慇懃《いんぎん》の志を竭《つく》す」によって、頼朝から一村の地頭職を賜わったとある。これが系図の葦敷二郎重高の前名「重澄」とすれば、彼は木曽義仲上洛の前年すでに鎌倉に仕えていたことになるが、果してどうであったか。

（6）石井進「平氏・鎌倉政権下の安芸国衙」『歴史学研究』二五七。

（7）『長母寺文書』（史料編纂所影写本）に、嘉元三年（一三〇五）の住持道暁（無住）の譲状がある。

（8）重忠の孫兼継は乱の時十四歳、越後国に配流されたが、七年後赦免され出家した。舎弟重親が家督を継いで衛府に仕え、その子重泰は関東に奉公したと尻付にみえる。彼等はみな重忠の天晴な武者ぶりの余沢を受けたようである。

隠岐における後鳥羽院

大学に申し上げておきました主題は、「隠岐における後鳥羽院」ということです。私は数年来、後鳥羽上皇に関心を持っていますが、はじめに、なぜ関心をもったかという理由から申し上げねばなりません。まずお手もとの史料（一）をご覧下さい。

史料（一）

西行はおもしろくて、しかもこころもことに深くあはれなる、ありがたく出来がたきかたも、ともに相兼ねて見ゆ。生得の歌人とおぼゆ。おぼろげの人のまねびなどすべき歌にあらず。不可説の上手なり。

（『遠島御抄』「列聖全集」所収）

これは隠岐国で執筆された後鳥羽院の歌論です。もっとも、これが隠岐に流されてからのものか、それ以前のものかは問題でありまして、承久の乱直前に書かれたものではないかという説も出ております。[1] 私はその方に従うべきではないかと思っていますが、それはともかくとして、これは陣頭指揮で『新古今集』を勅撰した後鳥羽院が、周囲に集まった歌人を忌憚なく批評した歌論です。その中で、西行を評して「生得の歌人」すなわち天才で、凡人が真似などできないというので、これは最高級の讃辞です。私は西行について調べたことがありますが、[2] 彼が後世有名になったのは、何といっても『新古今集』最大の歌人と評価された栄誉がきっかけになったものと思います。そこで、これほどまで西行に心酔した後鳥羽院について少し考えてみようとしたのが、関心を抱いたきっかけです。

1　史上における後鳥羽院論の振幅

後鳥羽院に関心を抱いて痛感したのは、院に対する歴史上の評価には両極端のものがあるということです。「棺を蓋ひて後、事定まる」という言葉がありますが、歴史上の人物にはしばしば棺を蓋うても評価の定まらないことがある、その中でも後鳥羽院はその動揺の振幅が最も大きい人物の一人ではないだろうか、そう思っております。それを最初にたどってみますと、史料（二）に挙げたのは『六代勝事記』です。

史料（二）

隠岐《（後鳥羽）》院天皇は高倉三子。御母七条院《（殖子）》贈左府藤原信隆女。也。安徳の後をつげり。寿永二年八月廿日御年四歳にして位につき給へり。御宇十五年。芸能二をまなぶなかに、文章に疎にして弓馬に長じ給へり。国の老父ひそかに、文を左にして武を右にするに、帝徳のかけたるをうれふる事は、彼呉王剣客をこのみしかば天下に疵をかぶるもの多く、楚王細腰をこのみしかば宮中にうへてしぬる者おほかりき。そのきずとうへとは世のいとふ所なれども、上のこのむに下のしたがふゆへに、国のあやうからん事をかなしぶ也。

（『六代勝事記』「群書類従」所収）

この書は、貞応年号の時にある世捨人が書いたと冒頭にありまして、乱の直後に書かれた前後六代の通史です。この中で後鳥羽院に対して、「芸能二をまなぶなかに、文章に疎にして弓馬に長じ給へり」というふうにいうのです。この場合の「文章」は漢詩文を意味すると考えれば分からないこともありませんが、『新古今集』の勅撰など歴史に稀な文事を残された方に対して「文章に疎にして」というのはかなり酷でしょう。「文を左にして武を右にするに、帝徳のかけたるをうれふ」とも書き、また「上のこのむに下のしたがふゆへに、国のあやうからん事をかなしぶ也」

と、真向から非難しているわけであります。この著者が何者かは分かりませんが、(3)承久の乱後にこのような痛烈な非難が直ちにあらわれたのです。『承久記』諸本をはじめその後のさまざまな論評をすべて申し上げることはできませんが、たとえば『神皇正統記』なども後鳥羽院に好意的な書き方はしていないのです。ご存知と思いますが、頼朝あるいは泰時という者がなければ、日本国の人民はどうなったかわからない、それなのに「一往ノイハレバカリニテ追討セラレンハ、上ノ御トガトヤ申ベキ」と非難しています。またたとえば『大日本史』も列伝でも論賛でも、後鳥羽院の政治行動をきびしく非難しました。(4)それから新井白石の『読史余論』。これは『神皇正統記』を多く引用していることはご承知と思いますが、後鳥羽院は「天下の君たらせ給ふべき器にあらず、ともに徳政を語るべからず」としております。要するに朱子学的な政道論から批判しますと、後鳥羽院の政治は否定されざるを得なかったのです。そういうきびしい批判が、中世・近世を通じて後鳥羽院論の主流を形成したように思います。

このような見方と正反対と考えてよいものもあり、その代表は『増鏡』です。「おどろのした」と「新島守」、この最初の二章は、特に後鳥羽院政と乱後の悲劇的な運命をくわしく語って、院のために万斛の涙を流しているわけです。『増鏡』の著者は二条良基ではないかという説が有力ですが、この良基は連歌に深いかかわりがあります。それかあらぬか、連歌師たちは後鳥羽院を敬慕しまして、(5)最も顕著な例は、宗祇が後鳥羽院を祀った水無瀬の御影堂に参詣したことです。水無瀬は後鳥羽院のこよなく愛した淀川のほとりの離宮で、隠岐に流される時ここで藤原信実に肖像を画かせ、母の七条院に形見として残されたのですが、それを祀ったのが水無瀬の御影堂です。現在の水無瀬神宮ですが、この御影堂で宗祇は後鳥羽院の名歌を本歌とした発句を詠み、弟子の宗長と牡丹花肖柏の三人で、「水無瀬三吟」という、連歌史にのこる百韻を奉納したのです。(6)

もう一つ顕著な例を申しますと、寛永十六年(一六三九)が後鳥羽院の四百回忌にあたります。水無瀬の御影堂では、五〇年毎にねんごろに後鳥羽院の年忌供養をいとなんでまいりましたが、四百回忌はたまたま後水尾院在世の時であります。後水尾院はご承知のように徳川幕府に憤りを発して譲位した天皇ですが、四百回忌はあたかも譲位の直後にあたっております。したがって、幕府を討とうとした四百年前の後鳥羽院を回顧する心情が特に強かったのは当然でしょう。(7)さらに、ご存知の芭蕉の書き残した文章に「柴門の辞」というものがあります。その中に芭蕉は後鳥羽上皇の「御言葉を力として、その細きひとすじをたどり失ふることなかれ」といい、自分の風雅は後鳥羽院の精神を受け継ぐことだと申しました。これは西行への傾倒から、おのずと後鳥羽院に思いを致したものでしょうか。それからまた、本居宣長は『玉鉾百首』という和歌を詠み、歴史に対する思いをうたっていますが、その中で北条氏を罵るとともに、後鳥羽院に対する鎮魂の気持を詠みあげております。こういうふうに、連歌・俳諧や国学、こういった系統には後鳥羽院に対して極めて深い同情と痛恨がずっとつづいておりました。中世・近世の後鳥羽院論は、院の二つの事蹟のうち、政道と文事の両者に正反対の評価を与えたと思います。

近代に入りますと、文芸評論家の保田與重郎が日本文芸の伝統を回顧して『後鳥羽院』という評論集をつくったことはご存知と思います。それから同じく戦争中ですが、俳人の加藤楸邨が単独で隠岐に渡りまして、後鳥羽院を偲んで「雪後の天」二〇〇句ほどをつくり、『隠岐』という一巻の紀行を編みました。(8)こうした二、三の異色の仕事はあったものの、近代の文学史的評価は、同時代の定家や西行に比べましても十分に公平ではなかったと思います。

これと対照的に明治維新を画期として、後鳥羽院政と承久の乱に対する見方は、江戸時代までと一変して急上昇します。つまり、明治維新の精神を溯りますと建武の中興に、さらに溯ると承久の乱に至る、尊王論はそう考えましたから、そうなりますと承久の討幕は「聖挙」であったというわけです。(9)この体制的な讃仰は昭和二十年の敗戦までずっと続き、昭和十四年の七百回忌には隠岐神社の立派な社殿が造営されるに至りました。この無条件の讃仰は、しかし一面では、後鳥羽院という歴史上の人物の巨大で複雑な人間像を、かえって見えにくくしました。つまり承久の乱が聖挙であるというならば、後鳥羽上皇は完全無欠の聖帝でなければならない。そのため、隠れた史実とか豊かな人間性といったものを実証的に明らかにするということが、なくなってしまいました。いわば敬して遠ざけられたように思われます。

昭和二十年の敗戦を期として、世の中がまた一変します。そしてそれまで信仰的に讃仰された後鳥羽院観も吹き飛んでしまったわけです。言ってみれば後鳥羽院は再び遠流にあい、戦後の歴史学から完全に姿を消してしまった観があります。実は私は数年前に隠岐に渡りました。ここに地図を持って参りましたが、隠岐は小さいながら一国です。国府の置かれたのは島後ですが、後鳥羽院の行在所は島前の中ノ島の阿摩《あま》郡苅田《かつた》郷、いま海士町《あまちよう》という所です。最も不便な、船から上陸するとその船は明日の同じ時刻まで迎えに来てくれないというような所です。ここに参りましたら、私を案内してくれました郷土史家、海士町の町史を独力でつくった田村二枝氏という老人が、感慨深げに「戦後、歴史の研究者が後鳥羽院の調査にみえたのは、初めてです」と言っておられました。つまりは戦後、後鳥羽院は再び遠流に処せられたという感を深くしたわけです。

2　隠岐の配所の生活

古今東西の歴史をかえりみますと、歴史上の評価というものは必ずしも時代を通じて不変ではありませんが、後鳥羽院ほど大きな振幅の評価を受けて現在に至っている存在も珍しいのではないかと思うのです。そこで関係史料を検討してみるのが必要ではないかと考えました。いま、承久の乱以前のことまで申しますと切りがありませんので、乱後の一九年の隠岐の生活と心事だけをかい摘まんでお話します。史料の（三）をご覧いただきます。

史料（三）

法皇隠岐国にて崩御、夢とのみ承《うけたまわる》のち程へて、守護左衛門尉泰清はもとより（かカ）、年来あひたてまつりし御所は目の前の煙と成はてゝ、露の命とまりかたく侍し人々をさそひ（具）くして、都へをくり（送）たてまつりし心のうち、心なき海士の袖まて朽《くち》ぬへくみえ侍しよし、くはしく申送て侍し返事の次《ついで》に、あまた書付《かきつけ》侍し中に

たちのほる煙と成し別路《わかれじ》に　ゆくもとまるもさそまよひけん
なれ〳〵ておきつ島もりいかはかり　君もなきさ（渚）に袖ぬらすらん
世中になきをゝくりし御幸《みゆき》こそ　かへるもつらき都成けれ
此世には数ならぬ身のことの葉を　いさめし道も又絶にけり

返し　　泰清

たちのほる煙のゝちのわかれちを　見しはまよひの夢かうつゝか
世中になきなからかへる御幸には　あらぬ衣の袖もはつれき
島守もむなしき舟のうかひいてゝ　のこるなきさのすむかひそなき
わかのうらの道の心をおほせけん　君のみ跡はさそしのふへき

（『隆祐朝臣集』「私家集大成」所収）

これは『隆祐朝臣集』という私家集です。藤原隆祐は後鳥羽院に最も忠実に仕えた藤原家隆、かの定家と並び称せられた大歌人家隆の子です。後鳥羽院が崩じた時に、隠岐の守護・佐々木左衛門尉泰清から便りが来て、崩御の様を細々と知らせてくれた、それにつけて隆祐と泰清の間に交わされた和歌ですが、院の隠岐の生活を生々しく伝えていると思います。隠岐の守護というのは、後鳥羽院を護送して厳重に監視した当事者です。それが院の崩じた時に、切

に亡き院を悼んだ和歌を贈って来たのですから、守護佐々木氏の心事を推察できます。佐々木氏は近江源氏で、承久の乱には一族が院方と鎌倉方に分かれて戦いました。この泰清の父義清が戦場に出たか否かはまだ突き止めていませんが、ともかく佐々木義清が守護をつとめる隠岐国を、鎌倉幕府は配流の地と定めたわけです。以後、佐々木父子は後鳥羽院の監視に当たったことは当然ですが、内実は院に心をこめて奉仕したようであります。このことは、別の方からも私は納得したのですが、それは中ノ島に渡って町役場で最初に耳にした、「ここは隠岐の中でも一番暮らしやすいところでしてなあ」という言葉でありました。隠岐は日本海の真中にありますから、北方の島後は雪もかなり降る。ところが道前特に中ノ島は、その西北の西ノ島に国賀《くにが》という観光名所になっている断崖絶壁があります。シベリアからの寒風はこの高さ三〇〇メートルの絶壁にさえぎられ、中ノ島は温暖で、しかも入り江が深いので海はきわめて穏やかです。私が参りました時も、波一つない穏やかな海でした。なんとなく『増鏡』の、「われこそは新島守よ隠岐の海の　荒き波風心して吹け」という有名な御製が頭にこびりついていて、院は荒海のほとりで艱難な生活に終始したようにしか考えないのですが、実際は実によい場所を選んで御所がつくられているのです。何者がここを選んで御所を構えたか、それは守護佐々木氏とその旨を受けて後鳥羽院を守護したと思われる村上氏という在地の土豪であったと思われます。この村上家は後鳥羽院の崩後「火葬塚」を守って明治に至っているのですが、江戸時代の後半には隠岐が西廻海運の要地になったため大きな富を積み、江戸時代の諸国長者番付の上位にランクされている豪族です(10)。そういう佐々木氏あるいは村上氏が後鳥羽院に対して、『隆祐朝臣集』にあらわれたような心境で奉仕をしたのですから、院はまさしく貴種流離を地でいったことになります。

いま「火葬塚」という名が出たついでに申し上げますと、それは現在も宮内庁によって維持されていますが、正式な御陵はご存知のように京都の大原にあります。崩後、遺骨は西蓮（後述）の胸に抱かれて海を渡り、大原に葬られました。しかし、明治政府は発足直後に、武家のために無念の涙を呑んで遠流に処せられた御霊を正式に都にお迎えすべきであると考えて、わざわざ神霊の奉還を実行するのです。(11) 明治六年（一八七三）に隠岐、佐渡、阿波に勅使が遣わされます。方法は江戸幕府が諸国に派遣した巡見使と同じで、こういう使が行きますと現地では接待を万事地元持ちでやらなくてはならない。当然の如く、隠岐でもそうしたようです。それはまあ宜しいとして、神霊がお帰りになったのだから、もうこの場所はからっぽである、だから取り壊せと政府は命ずるのです。七〇〇年近くも後鳥羽院の神霊を護っていた村上氏もやむをえず、直前に隠岐を吹きまくった廃仏毀釈の嵐で退転した源福寺境内の火葬塚を取り壊しますが、『海士町史』の中に戸長村尾さんという方のメモが採録されています。(12) それによりますと、建物を壊し、次にお墓を掘り起こしたわけです。掘り起こしたら、三重に埋められた瓶が見付かった。その一番上の瓶は素焼ですでに壊れておりました。中に銅銭が入っていて、六道銭でしょう。その下には青色の瓶があり、中には土が入っていましたが、明らかに周囲の土と色が違う。もしこれが火葬の灰だとするならば、その下の、一番下の瓶には何が入っているのか……。ここで人々は顔色を変えて埋め戻し、これを県へ報告しました。ところが、そのまま暫く捨ておかれ、明治の中頃になって漸く修復が政府の手で行われました。今日のように御陵のかたちを整えるのは明治末年です。つまり、承久の乱が「聖挙」として讃仰された明治年間に、かえって後鳥羽院の本当の山陵は隠岐の人々によって細々と守られてきたわけです。私はありし日の後鳥羽院への隠岐びとの奉仕のさまがそこからも想像されると思うのであります。

しからば、その一九年間の配流の生活はどのようだったのでしょうか。まずその間に後鳥羽院の身辺に侍した人、あるいは島を訪れた人はどういう人々かと申しますと、史料（四）をご覧ください。

史料（四）

院御逆修人々進物注文自建保三年五月廿四日始之、
（覲子内親王）
宣陽門院
法服八具、赤地錦横彼（被）八、付銀蓮打枝、文大唐花、縁、紺地、
水晶念珠八連付銀樒打枝、
五月廿四日被進之、
（藤原殖子）
七条院御分参河・越前
（以下品名・月日を適宜略す）
（藤原重子）
脩明門院御分備中国
（道助法親王）
仁和寺宮
（尊快法親王）
梶井宮
小御所女房御中
西御方
二倍織物単重八領色々
赤地錦袋物八各納長絹十疋、二藍打袋以泥彩色、以広長薄平組結左右中、
民部卿殿
大夫殿
美濃殿
丹波殿

伊予殿
美作殿
丹後殿
讃岐殿
亀菊殿
種々唐薬八枝付銀松枝、茶碗壺入薬、其上以薄様裂之、入透袋、

（「後鳥羽上皇逆修進物注文」『鎌倉遺文』二一六二号）

これは後鳥羽院が建保三年（一二一五）に逆修を行った時の、後白河皇女宣陽門院、母后七条院、后脩明門院以下の人たちが奉った進物の注文ですが、中に「小御所女房」という院の寵愛を受けた女性たちの交名がみえます。その中の「西御方」、これは「坊門局」とも申しまして、後鳥羽院とゆかり深い坊門家出身の女性です。もう一人「亀菊殿」、これは『承久記』によってよく名の知られている遊女亀菊です。才色兼備で「伊賀局」と呼ばれて寵愛され、亀菊のために地頭の押妨をおさえよという院宣を義時が拒否したのが承久の乱の発端と、『承久記』には記されました。孤島で終始供奉したのはこの西御方と亀菊と、それから北面・西面の伊王能茂です。能茂はおそらく院の「寵童」で、鳥羽の離宮で後鳥羽院と共に出家して西蓮と称します。その他には聖と医師など若干の者が従って行ったようです[13]。また二〇年近い間には、折々隠岐に往復する者がいました。戦後体制に密着している者は、定家のごとく後鳥羽院には近付きません。もっとも定家は承久の乱の直前に勅勘を被って閉門を仰せ付かっているので、近付くべくもなかったのですが、鎌倉と親しい九条家や西園寺家の恩を受けているので、隠岐と音信も交わしておりません。その事が『新勅撰集』の勅撰を担当するに当たって、政治と文化の狭間で定家を四苦八苦させることになるのですが、それはしばらく別の問題です[14]。

これに対して先程申しました家隆は、きわめて密接に隠岐と音信を交しておりました[15]。その有様は、あとで『遠島歌合』を例として申し上げることにしまして、ここでは他の一例、賀茂氏のことをお話します。史料（五）をご覧ください。

史料（五）

清寂参上以後、付世間出世有種々事等、依難黙止粗注之。

一参上ノ即（ママ）ハ、大聖文殊力ラ有テ、一念ノ才学頻振テ、経文釈文誦シ懸テ益ナゲナリキ。而以短才、不審両三条令二問答一之処、一々以巻レ舌了。其後支度相違ゲニ思テ本ノ気色頗改。仍漸実相真如大意語レ之。仍一々以平礼、於二于今一者、前一念ト自称ス。

一渡海日大風、雖二順風一、天性臆病ノ者、失二東西一之。蹔ハ輪打テ、高声ノ念仏申テ、ユユシク見ケル程ニ、心地違乱之後ハ、不レ及二臨終行義一。三時許ニ直着二此島一。其時始テ目見アゲテ、戌剋許参上。面気色不レ及二左右一。翌日参二御前一。薄墨染衣袴、白袈裟、袴ギハユ、シカリキ。不二見習一姿、僧綱クビノ体、未曾有ナリキ。其後相語。当国ノ下女乍二洗濯衣一、即之着テ参二持仏堂一。奉仕礼時、行道時、衣ノ寸法甚短小ニテ、満座含レ咲。寂仏カ大キニユ、シカリシヲ見習タル国ノ下女、無下ニ小僧ト見テ、計過シテ如レ此云云。

一将棋ハ、今小路殿ノ御所中ニハ、一ノマチノ上手也。然而程ニ過タル手穴セク差バ、一ノマチノ末座也云云。自讃以外、蓮家ニハ桂馬ナドニテハ安可レ勝ト、信説ニハ歩兵一枚得テ差セドモ安平也云云。如レ此令レ申レバ、実ニ昔ヨリハカサアガリタルカト思ヘバ、聊モ昔ニ不レ替也。西蓮最下品ノ将棋ニテアルニ、事外ニ劣テ見ル也。（以下欠）

（『賀茂神主松下家旧蔵宸翰』「列聖全集」所収）

これは上賀茂社の神官松下家に伝わった後鳥羽院の宸翰の一通で、「列聖全集」に翻刻されています。賀茂社は後鳥羽院と浅からぬ関係があり、承久の乱には上賀茂・下賀茂の神主は兵を率いて戦いました。上賀茂の神主能久は筑紫に流され、そこで果てますが[16]、この能久の子にされていた氏王（のち氏久）という少年は、後鳥羽院の御落胤であったようです。この少年をなんとかして隠岐に連れて来られないものかと繰り返し述べた宸翰も残っていて、豊かな人間味があふれているのですが[17]、戦前の後鳥羽院に対する観方では、どうもあまり詮索すべきことではないというようなことでしょうか、閑却されています。そのような宸翰の一通がここに出した史料（五）で、出羽前司清房入道清寂という側近が隠岐に参上したことについて、都の何者かに宛てられた手紙です。院が関心を深めている仏教についていろいろ質問したが、彼は全然これに答えられず、かえって院の宗教的教養の深さに舌を巻いた、というふうに書かれています。それから大風が吹いて海が荒れたので、あの「臆病者」が高声に念仏を申していたそうだとか、今小路御所で将棋が一番強いというものだから、指させてみたところが昔に変わらず、島で一番下手な西蓮よりもまだ弱かったなどとあります。院がはるかに離れた都の何者かに、ユーモラスに親しみをこめて珍客の到着を報じている様子がよく窺われるのであります。権力の座を追われた晩年の院のむき出しの人間性が、私にはまことになつかしく思われます。その人間性は、次に述べる隠岐の歌道にも仏道にもゆたかにあらわれています。

3　隠岐における和歌と信仰

隠岐一九年間の院の文化的いとなみに話を進めます。一言で申しますなら、和歌と信仰です。乱前の後鳥羽院はあらゆる文化領域に超凡の指導力を発揮していました。君主とか臣下とかの別を超えて、史上まれな多力者であったと思います[18]。例えば、和歌・連歌、管弦とくに琵琶、流鏑馬・笠懸・相撲・刀剣あるいは蹴鞠、さらには儀式・年中行事です。若年の順徳院が『禁秘抄』という有職故実書を著わしたことはご承知のとおりですが、あのすぐれた書物の背後には、父後鳥羽院の存在があったと考えられます。こういう儀式・年中行事などの「習礼」を、承久の乱の直前数年間は殊に熱心に励行しています。こういう、文化全般に亙って自他ともに第一人者と許した存在が、いま隠岐に流されてそれら総てと切り離されてしまったわけです。琵琶や鞠は持参されたと想像されますが、史料として後世に伝えられたものは、和歌と信仰の二つだけです。まず和歌のことですが、史料（六）に抄出したのは『遠島御百首』です。

史料（六）

Ⓐ かぎりあれば垣根の草も春にあひぬ　つれなきものは苔深き袖

Ⓑ 故郷をわかれ路におふる葛の葉の　風は吹けどもかへるよもなし

Ⓒ しほ風に心もいとゞみだれ蘆の　ほに出でてなけどとふ人もなし

Ⓓ とはるるもうれしくもなしこの海を　渡らぬ人のなげの情は

Ⓔ われこそは新島守よおきのうみの　あらき波風こころして吹け

Ⓕ おなじよにまたすみの江の月や見む　けふこそよその沖《にイ》津島守（『遠島御百首』「列聖全集」所収）（抄）

私は和歌を史料としてよく利用します。それは現在の史家が捨ててかえりみないその作者名や詞書中の人名が意外に良質な史料であると信ずるからで、したがって訓詁・注釈あるいは評価は専門外です。しかし少なくとも『遠島御百首』という作品は、日本の詩歌の歴史上比較するものの多くない秀作ではないかと考えています。なぜならそこには当時の歌人が絶えて詠わなかった絶海の孤島の実生活が率直に詠われ、これが第一に珍しい。当時の歌人は都におりまして、架空のイメージだけで遠くの土地を詠っていたのです。これに対して後鳥羽院は隠岐の実景を詠い、しかも事敗れて流された悲憤やるかたなき心情が、切々と詠われているのであります。例えば最初のⒶには「苔深き袖」という言葉があります。墨染めの衣に身をやつした自分を「春」に逢い得ない「つれなきもの」と観じています。Ⓑの歌では、葛の葉に風は吹いているけれども、その風に乗って帰る時もないというのです。Ⓒは全く訪う人もないという孤独を詠い上げ、Ⓓの歌はさらに痛切でありまして、手紙くらい貰っても嬉しくない、この荒海を渡って来てくれない人のなまじっかな同情など嬉しくないという、実に深刻な嘆きです。これがⒺ・Ⓕの、かの『増鏡』によって有名な二首を呼び起すのです。後鳥羽院は推敲の名手ですから、『遠島御百首』にもそのために生じたと思われる多くの異本がありますが、詠まれたのは流されて間もない頃と思われます。[19]

隠岐に於ける和歌の仕事として、もう一つ二つふれなければならないことがあります。まず院が手許に携えた『新古今集』に容赦なく削除を加えた事です。『新古今集』が後鳥羽院自身の陣頭指揮によって完成されたのは元久二年（一二〇五）で、急ぎに急いで、摂政九条良経に命じた序文もまだ出来上がらないにもかかわらず、竟宴を行っているのです。こんな例はないと、定家は『明月記』に非難の言葉を書き付け、つむじを曲げてこの宴に欠席しました。しかし後鳥羽院が急いで完成したことには深い意味があったと思うので、それは何かと申しますと、延喜五年（九〇五）に『古今和歌集』が勅撰されてから、元久二年はちょうど三〇〇年にあたるわけです。そして、この歌集は『新古今』と命名されました。つまり、王朝貴族の理想と仰ぐ延喜の「聖代」よもう一度という後鳥羽院の悲願が、「新古今」という命名と元久二年の完成に、明白にあらわれているのです。[20]その拙速を是正するために、院は竟宴の後「切り継ぎ」すなわち補訂を飽くことなく行いますが、それは更に隠岐でも続行されたのです。もっとも、遠島の後鳥羽院には増補する術がない。したがって専ら気に入らない歌を削除することが完成への作業であったのです。[21]しかもその中で何を最も多く削ったかと申しますと、みずからの作品です。このあたりが、非常におもしろい、あるいは感動的なところであって、帝王におもねって撰者たちがさしたる出来栄えでもない作を採ったのではないかと、厳しい自己批判をしているのです。[22] きわめて純粋な詩魂のあらわれと言わねばならないでしょう。

もう一つ隠岐の歌道で申し上げたいのは、『時代不同歌合』という試みです。これは、柿本人麻呂以下の昔今の歌人百人を左右に分けて、時代を溯る者五〇人を左に、院政期の大納言経信以下の院自身をも含む五〇人を右に配列して、勝負を競わせたものです。つまり、摂関期までの数百年間の歌人と院政期以後とくにいわゆる新古今当時の歌人を競わせる歌合を作ったということは、自らの指導した新古今時代を、優に万葉・古今の時代に匹敵するものと自己評価したもので、王者の強烈な自負がこういう構成をとらせたと、私は考えています。ご存知の定家の『小倉百人一首』は、恐らくこの『時代不同歌合』選定を耳にした定家が、これと張り合うような意味で作ったのですが、両者を対照すれば、国文学の立場だけでなくて歴史学の立場からもいろいろな事実が汲み取れると私は思います。[23]

もう一つ、史料（七）の『遠島御歌合』というのは、嘉禎二年（一二三六）つまり隠岐の生活の終りに近い頃のものです。

史料（七）

七十三番　山家

左勝　女房

軒はあれて誰れかみなせの宿の月　過ぎにしままの色や淋しき

右　家隆

淋しさはまだ見ぬ島の山里を　思ひやるにも住むここちして

左右ともに、おもひやりたる山の家に侍るを、いまだ見ぬを思ひやらむよりは、とし久しくて見ておもひ出でむは、今すこし心ざしもふかかるべければ、相構へて一番は左の勝と申すべし。

（『遠島御歌合』嘉禎二年七月「列聖全集」所収）

後鳥羽院は絶えず音信を通じて来る忠臣の家隆を相手として、親しかった歌人たちの作品を集めさせ、これらを合わせて院みずから判をし、その判詞を書いたのが、『遠島御歌合』です。抄出したのは七十三番です。「山家」という題は西行の『山家集』のあの山家で、山里ということです。左歌の「女房」というのは実は後鳥羽院自身のことで、かつてこよなく愛した水無瀬離宮の荒廃を思いやった歌です。これに対して右の家隆の歌は、まだ隠岐の島を訪ねておりませんが、想像しますとそこに住んでいるような気持がしますという、同情の作です。院の判詞がおもしろい。まだこの島に渡って来ないで想像するよりは、長い年月愛したあの水無瀬の離宮を思い出している我が心の方が痛切であると思うので、この歌は自分の勝ちだ、こう言っているわけです。実はこの歌合の中で、後鳥羽院は第一人者の家隆だけと自歌を合わせていますが、敬意を表して他のところは皆家隆の勝ちか引き分けにしています。それだけに、ただ一首だけ自作を勝ちとした七十三番の判詞は、院の孤独な心情をよく表わしていると思うのであります。

最後に申し上げたいと思うのは、信仰です。後鳥羽院は隠岐の約二十年間に次第に仏道への心を深めましたが、その中心は浄土信仰です。ただ、浄土の法門と後鳥羽院には、密接かつ複雑な因果がありました。と申しますのは、院が治天の君として君臨した時に、ご存知の法然の門流に対する弾圧が下りました。「承元の法難」と言われるものです。

史料（八）

太上天皇（後鳥羽）諱尊成

今上（土御門）諱為仁聖暦承元丁卯歳仲春上旬之候、主上臣下背レ法違レ義成レ忿結レ怨。因レ茲真宗興隆大祖源空法師幷門徒数輩不レ考二罪科一猥坐二死罪一、或改二僧儀一賜二姓名一処二遠流一。予其一也。尒者已非レ僧、非レ俗。是故以二禿字一為レ姓。

（『教行信証』化身土巻「日本思想大系」所収）

この『教行信証』の一節は、後鳥羽院とその家臣が法に背き義に違うて法然上人の教えを弾圧し、門徒は死罪や遠流に処せられた、自分もその一人である、こういう風に憤りをこめて書いているわけです。『教行信証』はご承知のように、多くの経論の中から親鸞が重要と考える個所を抜粋したもので、彼自身の肉声はほとんど伝わって来ない書物ですが、ここでは例外的に憤りを真っ向から洩らしたのです。よく知られておりますように、法然の弟子の安楽房ほか何名かが先程の史料（四）の「小御所」へ院の不在の間に招かれ、しかも宿泊して女房たちに法を説いたわけです。いかに仏法のためと申しましても、君主の逆鱗に触れるのは時と場所から当然で、いわば風紀上の問題から起こった事件です。(24) この前年すでに貞慶の浄土門弾圧要請の奏状などが出ているのですが、後鳥羽院はこれを直ぐに取り上げたわけではありません。院自身はむしろ浄土門に深い関心を持っていて、『古今著聞集』によれば、隠岐に流される前に聖覚法印に、法然の教義に於ける「一念多念」の問題について質問をしています。聖覚は入道信西の孫で、その父澄憲と二代つづいての唱導の名人でありました。しかも法然の弟子で、法然は自分の教義を最も良く理解している者は聖覚であると言っておりますし、親鸞も聖覚の『唯信抄』を師説を最もよく伝える書と尊重して、幾度も書き写して東国の弟子たちに送り、その注釈も書いています。(25) 後鳥羽院は隠岐に流されてからも、都の聖覚に使を遣わして法を聞いたようです。(26) このようにして浄土信仰を深めていったことが最も明らかに窺われるのは、次の史料（九）『無常講式』(27)です。

史料（九）

Ⓐ 凡無レ墓者人始中終、如レ幻者一朝過程也、三界無常也、自レ古未レ聞レ有二万歳人身一、一生易レ過、在レ今誰保二百

年形体一、実我前人前、不レ知二今日一不レ知二明日一、後先人繁二本滴末露一、

Ⓑ　今面見二乱世一、実仏外馮レ誰、昔清涼紫宸金扉菜女並レ腕巻二玉簾一、今民《ミン》熅《エン》蓬《フウ》茎《カウ》葦軒海人垂レ鉤僅成レ語、月卿雲客身、切二生頸於他郷之雲一、槐門棘路人、落二紅涙於征路之月一

（「無常講式」『大日本史料』五―十二、延応元年二月二十二日）

無常を説いた名文は貞慶の『愚迷発心集』など、この時代にはたくさん現われますが、私はその中の最も優れたものが『無常講式』だと思います。仁和寺の秘庫に伝わったものが和田英松氏によって見出され、『大日本史料』にも採られております。抄出したⒷから先ず見ますと、過ぎし栄華の日々と今の敗残の身の上を比べ、また乱の首謀者とされて東海道筋で非業の最期を遂げた藤原光親以下の侍臣たちを切に偲んだのであります。次にⒶの部分を見ますと、これはどこかで見たことがあるという方もおられると思いますが、蓮如の『御文』の一節そのままです。『御文』の中に「紅顔白骨の御文」と呼ばれるもので、真宗門徒の葬式に、坊さんがこの御文を読んで会葬者を泣かせるあれですが、実は蓮如はその中に『無常講式』のⒶの部分をそっくり頂戴しているのです。彼はおそらく直接に『無常講式』を見たのではなく、南北朝の頃本願寺に存覚という人が出ましたが、その著『存覚法語』に引用されたものを孫引きしたと思われます。(28) ともあれ、蓮如の巧妙な孫引きによって、この一節は津々浦々まで浸透したわけです。それは院の預り知らぬ事でしたが、ともあれ、後鳥羽院の信仰の帰着は浄土門と見るべきであります。

時間がもう少なくなりましたが、最後の史料（十）にまいります。

史料（十）

我は法華経にみちひかれまいらせて、生死をはいかにもいて《(出)》んする也。たゝし百千に一、この世のまうねん《(妄念)》にかゝはられて、まえん《(魔縁)》ともなりたる事あらは、このよ《(世)》のため、さはり《(障)》なす事あらんすらん。千万に一我子孫世を

とる事あらは、一かう、わかちから《(力)》と思へし。それは我身にある善根功徳をみな悪道に廻向してこそ、さほとの事をはせんする時に、身にと丶まる善根もなくなりて、いよ〳〵悪道にふかくいら《(入)》むする也。この事の返々かなしきなり。さる事もあらんには、我子孫のよ《(世)》をしらせ給はんは、又二こと神事仏事ゆめ〳〵おこなはるまし。た丶我菩提を一かうにとふらはれんそ、なに事にもすき《(過)》たる御いのりにてあるへき。このやうは後白川法皇われにおほせられし事也。それをふかく《(不覚)》のいたりふかくもも《(用)》ちゐす、その事となきいの《(祈)》り物もうて《(詣)》にて、か丶るよになりにき。ましてわかちからをもて、よをしらせ給はん君、我菩提のほかの事をおこなはれんは、一こに御見の《(ママ)》た丶りとなるへきなと也。（後略）

（嘉禎三年八月二十五日御置文案　水無瀬神宮文書）

この文書は、水無瀬御影堂に伝わった置文の写しです。宸筆に御手印の鮮かに押された崩御直前の置文よりも二年前、嘉禎三年（一二三七）に認められたものですが、非常に凄まじい内容が書いてあります。特にはじめの三行をお読みいただくと分かりますが、法華経の功徳によって成仏しようとは望むけれども、なお「妄念」によって「魔縁」となり、世の障りとなるやも知れない、万一にもわが子孫が皇位に即くようなことがあったら、それは「わが力」であるぞ、といった趣旨です。かつて崇徳院が呪いのお経を血書で書き、その怨霊が源平合戦を引き起こしたとして都の人々が恐れ戦いたのですが、同様な「妄念」がここに書かれているわけです。これを『無常講式』によってうかがわれる晩年の透徹した浄土信仰と対比しますと、極めて深刻な問題をはらんだ置文といわなければなりません。何故かと申しますと、後鳥羽院が崩じた後に、西蓮・亀菊[29]などの側近や御影堂を護持した水無瀬氏らをめぐって、故院の怨霊による霊託がしばしば起こって世の中を騒がせますが、その『後鳥羽院御霊託記』[30]という史料の中に、この置文も収められているのです。

いまこの置文を仔細に検討は出来ませんが、果たしてこれがかの御手印の置文と同様な史料価値を認められるか否かには、再考の余地があろうかと思います。と申しますのは、後鳥羽院崩御の直後に十一歳の四条天皇が不慮の事故によって崩じ、乱後擁立された後高倉院（後鳥羽院の兄）の系統にはもはや皇位継承者がいない。そこで、故土御門上皇の皇子か佐渡になお存命の順徳上皇の皇子か、いずれかを位に即けようということになり、主戦論者であった順徳院の皇子は鎌倉幕府がこれを拒否し、土御門上皇の皇子後嵯峨天皇の践祚となったのです。いずれにせよ後鳥羽院の子孫ですから、この置文に書かれた「千万に一我子孫世をとる事あらは」云々という事態は、後鳥羽院の崩後図らずも実現したわけです。偶然かも知れませんが、こういう事実があってみれば、果たしてこの置文がこれと無関係か否かということは検討に値するのです。もとより写しとはいえ宸翰として伝来したものですから、軽々しく偽文書視するわけには参りません。しかし、院の晩年に到達した浄土信仰と、崩後に側近の人びとが唱え公家・武家を畏怖させた霊託との関係を考えますと、疑問が出て来ると思うのです。もし後鳥羽院に関心をお持ちになる方がありましたならば、一つ一つの史料について綿密に検討していただければ幸いであります。

注

（1）　田中裕「後鳥羽院御口伝について」（『国語と国文学』昭和五十二年一月号）。

（2）　拙著『西行の思想史的研究』。

（3）　『六代勝事記』の著者については、野村八良・和田英松・後藤丹治・平田俊春・外村久江・弓削繁その他諸氏の論文が多数あり、それぞれ信濃前司行長・藤原定経・同長兼・源光行・藤原隆忠等に比定しているが、なお定説を得るに至っていないようである。いまは深く立ち入らない。平田俊春氏の「六代勝事記をめぐる諸問題」（『金沢文庫研究』一二六〜一二九）に詳細な学説整理がある。

（4）　『大日本史』列伝第八十九冒頭に、「亦不レ可レ謂レ非下後鳥羽上皇不レ念二端レ本澄一レ源、軽佻用レ兵之所上致也」と言い、北条義時伝賛に「後鳥羽上皇肆二驕亢之志一、施二不善之政一、殆使三生霊墮二於塗炭二」と論ずるなど。

（5）　その原因は、後鳥羽院が連歌を愛好し、殊に『新古今集』の一往の完成をみた後、側近を「有心衆」「無心衆」（あるいは

「柿本衆」「栗本衆」に分って連歌の張行に熱中したことにある(『明月記』『後鳥羽院宸記』)。定家などはこの狂態に顰蹙・閉口しているが、島津忠夫氏(『連歌史の研究』)の指摘されたように、「この栗本衆の連歌が、実は短連歌以来の俳諧性を受けつぐものであり、この有心無心同座の連歌に見られる異常なまでの狂燥な雰囲気こそ、連歌といふ文芸につきまとふ本来の性格であったといへよう」。そして連歌師・俳諧師の院への敬慕は、基づく所院を同好の士と仰ぐ所にあったと思われる。後鳥羽院への敬慕が、同一ジャンルの歌人ではなく、ジャンルを異にする、そしてより庶民的な連歌・俳諧の徒に多くみられることは、文学史の事実としても注意すべきであろう。

(6) 「水無瀬三吟何人百韻」は、長享二年(一四八八)正月二十二日、水無瀬御影堂に法楽として奉納された。この年が後鳥羽院二百五十回忌に当たること、および二十二日が院の忌日に当たること、発句の「雪ながら山本かすむ夕べかな」が、院の「見わたせば山本霞む水無瀬川　夕べは秋と何思ひけむ」という「元久詩歌合」の秀歌を本歌としていることは、いずれも注意すべきである(『日本古典文学大系』『連歌集』等参照)。

(7) この折の後水尾院御製以下の和歌詠草は、水無瀬氏成を使として、隠岐の御廟に奉納された(『水無瀬神宮文書』)。

(8) 『加藤楸邨全集』第八巻所収。「雪後の天」は近代俳句史における旅吟の傑作と見るべきものであろう。

(9) たとえば龍肅「後鳥羽天皇を仰ぎ奉りて」「承久聖挙の遺響」(『鎌倉時代の研究』昭和十九年)。

(10) 田村二枝「隠岐の海運、豪族村上助九郎」(『海士町史』第三編第三章第七節)。

(11) 佐野和史「水無瀬神宮三帝神霊還遷の経緯—皇霊奉斎神社創立の一考察—」(『神道宗教』一〇〇)は佐渡について特に詳しいが、隠岐の場合についても言及がある。

(12) 『海士町史』所収「御瓶記」(故村尾輝一遺稿)」。

(13) 『明月記』寛喜元年六月十七日条に、西御方病気により帰京かとの風説を記すが、事実は崩御の時まで隠岐に留まったようである(同年八月十九日条参照)。聖としては、『後鳥羽院御口伝』群書類従本の奥書に、「教念上人所持御宸筆本」をもって書写した由がみえ、「件の教念上人は、彼院に遠所までつきまいらせて、いまはの御時まで候ける人とかや」と記されている。しかし教念上人なる者の素性は知られていない。医師は慈光寺本『承久記』に和気仲成の名がみえるが(『吾妻鏡』は「施薬院使長成入道」)、丹波基氏との異説もある(『武家年代記』)。聖・医師等は、一九年間に交替も当然あったろう。

(14) 『明月記』寛喜二年七月六日条参照。

(15)　久保田淳『藤原家隆集とその研究』。なお他に、かの伊王能茂（前出）を猶子とした北面歌人藤原秀能（如願法師）の動静も注意すべきである。山木幸一「藤原秀能の生活と表現」『東洋女子短期大学紀要』一二）参照。
(16)　小川寿一「賀茂県主能久の研究」（『歴史と国文学』二〇―一～五）。山田新一郎「賀茂能久小伝」（『神社協会雑誌』三六―一）。
(17)　『史徴墨宝』第二編（『列聖全集』所収）。中村直勝『天皇と国史の進展』第四「後鳥羽院」にこの宸翰への言及がある。
(18)　拙稿「後鳥羽院小伝―王朝の終焉―」（『芭蕉のうちなる西行』所収）。
(19)　樋口芳麻呂「後鳥羽院」（日本歌人講座『中世の歌人』Ⅱ所収）。小原幹雄『遠島御百首注釈』。なお、『後鳥羽院御集』（『列聖全集』等所収）に収める「詠五百首和歌」も樋口氏は隠岐での詠と見られ、悲愁の沈潜度よりみて「かなり後年の作」とされた（同著『後鳥羽院』）。
(20)　樋口芳麻呂『後鳥羽院』参照。
(21)　「隠岐本」の存在は、明治末年に鴻巣盛廣氏の『新古今集遠鏡』に指摘されたが、最も詳細に研究したのは小島吉雄氏の『新古今和歌集の研究』続編である。後藤重郎『新古今和歌集の基礎的研究』第八章「隠岐本」の第一節「隠岐本・同研究史概観」参照。
(22)　後鳥羽院の執筆とみるべき隠岐本の跋に、「そのうち身づからが歌をいれたる事、三十首にあまれり。みちにふけるおもひふかしといへども、いかでか集のやつれをかへりみざるべき。おほよそ玉のうてな風やはらかなりしむかしは、なを野べのくさしげきことはざもまぎれき。いさごの門月しづかなる今は、かへりてもりの梢ふかきいろをわきまへつべし」（三矢・折口・武田校訂『隠岐本新古今和歌集』）とあって、配流後の静澄な詩人的心境を察することができる。
(23)　樋口芳麻呂「時代不同歌合攷」（『国語と国文学』三二―八）、「時代不同歌合と百人一首」（『文学』一九七九年一月号）。
(24)　『愚管抄』巻六に、「院ノ小御所ノ女房、仁和寺ノ御ムロノ御母マジリニコレヲ信ジテ、ミソカニ安楽ナド云物ヨビヨセテキカントシケレバ、又グシテ行向ドウレイタチ出キナンドシテ、夜ルサヘトヾメナドスル事出キタリケリ。トカク云バカリナクテ、終ニ安楽・住蓮頸キラレニケリ。法然上人ナガシテ京ニアルマジニテヲハレニケリ」（日本古典文学大系本）。
(25)(26)　拙稿「美意識における無常」（『数奇と無常』所収）参照。
(27)　石崎達二「後鳥羽上皇御製無常講式の研究」（『立命館文学』四―三、五。宝田正直「後鳥羽上皇の御信仰」（『日本仏教史攷』所収）。

(28) 宝田正直氏の注(27)前掲書によれば、存覚以前にも浄土宗三条派祖了恵がその著『知恩伝』に『無常講式』を引用しており、「崩御後二、四十年のころに早くも浄土教徒の手に読まれ、かつ用いられていた」ようである。

(29)『岡屋関白記』建長元年三月二十七日条に、「依レ召午時許参レ院（後嵯峨）、前太政大臣（実氏）并余候二御前一、太相国密々申云、後鳥羽院御霊託事、伊賀局平生御愛物亀菊也、申、我没後必可レ行レ所レ思、如レ然之時、人定如二崇徳院一致二沙汰一歟、全非レ所レ願、可二申止一也云々、是令レ託二伊賀一給云々、而清房入道（清寂）伝二申相国一歟、如二此御霊託一者、立廟崇重之条、不レ可レ然之由有二沙汰一」。

(30)『続群書類従』雑部所収。なお霊託については龍氏の「承久聖挙の遺響」（注(9)前掲書、戦後改訂『鎌倉時代』下）に詳しい。

〔付記〕本稿は昭和六十三年六月三十日の皇学館大学史学会における講演に、補訂と脚注を加えたものである。当日の関係各位と、速記を整理された清水潔氏と大学院学生諸氏、および蕪稿を掲載された所功氏に感謝する。

Ⅳ　諸史料管見

青松・百術の色紙

坂本太郎先生が文化勲章を受けられた際、祝賀会に集った二百人余りに、先生は肉筆の色紙一枚ずつを賜わった。大量の揮毫は相当な体力と気力を必要とするものなので、一同はかつは喜びかつは感激した。わずか数年後に難病のため世を去られようとは、だれが想像したであろう。

私がいただいたのは、「青松之下必有清風　壬戌文化之日　太郎」というのである。奥様と広沢伸彦氏に伺いを立てたら色紙は二種で、他の一種は「百術不如一清」というのであった。

「青松之下」の色紙を、私は応接間に掲げている。すると殺風景な、書斎をはみだした本ばかりが幅をきかせている部屋に一陣の清風が吹き透る心地がして、まことに有難い。しかし、毎日のように先生の遺墨に感銘しながら、怠惰な私はその出典を確かめることをしなかった。月報を命じられた機会に、昔の学生に戻った気持ちで六国史演習の下調べをしてみようと思う。

「青松之下」の出典は、『類聚国史』巻六十六の、天長二年（八二五）六月辛巳、散位従四位上勲七等紀朝臣長田麻呂の卒伝である。

史伝に渉《わた》らず多く少伎を兼ぬ。自ら清貧に安んじ名利を営まず。青松の下《もと》必らず清風有りと謂ふべきものなり。

とある。長田麻呂は卒年七十一というから、天平勝宝七年（七五五）生れで、光仁・桓武朝頃から官人として活動していたであろう。勲位を帯びているから、蝦夷征討あたりに従ったのかも知れない。しかし、『続日本紀』や系図の類にその名は見出せなかった。のちに良吏とうたわれた紀夏井・同今守を出す紀氏に、これより先もうひとり清貧の吏が出たことを知るにとどまる。「青松」の語は『文選』や李白の詩などにみえ、変ることなき節操を象徴する。『類聚国史』のその個所には、前後に紀氏が三人も並んでいるのだから、昔「人物叢書」に貫之を伝した際に眼を留めたはずだが、「青松の下」のような名句には気付かなかったのである。

「百術不如一清」の出典は、『三代実録』仁和三年（八八七）六月八日庚戌、従四位下行信濃守橘朝臣良基の卒伝である。

　良基五国の受領の吏を経歴す。秩罷めて帰る毎に、資粮を載せず。子孫に教ふるに身を潔くするを以ってす。子男十一人有り。第六子在公、嘗て治国の道を問ふ。良基答へて曰く、百術有りと雖も、一清に如かずと。其の率性の清白なること此の如し。

これもまた清廉潔白の良吏の名言、しかもその子に与えた庭訓であった。呆れた事に、私はかつてこの橘良基についても立ち入って調べた経験がありながら、ついに「百術」云々の名句を心に留めていなかった。それは坂本先生のご推薦で日本学士院紀要に載せていただいた、「在原業平の歌人的形成」（のち『平安文化史論』所収）という論文の中で、業平の兄中納言行平が剛直な良吏タイプで、王氏を率いてさしもの基経の権勢を憚らなかったことを指摘した際、その剛直の例として良基の横死にふれたのである。

良基は諸国の受領を歴任した良二千石である。卒伝は「良基の治、大いに紀今守の体に帰放《なら》ひ、農耕を勧督し、其の租課を軽くし、（中略）時人循良《じゅんりょう》を以って相許す」と特筆している。しかし半面、良基は性狷介かつ激越であった。彼は橘奈良麻呂の孫なる参議常主を祖父とするが、奈良麻呂も常主も平坦な生涯ではなかった。有名な奈良麻呂の変はしばらく措く。常主は天長三年（八二六）六月二日卒したが、『公卿補任』には、「世に云ふ、件の常主薪を積み、其の上に居りて焼死す。勅使問はるること有り。年四十」の頭書がある。この異様な記事は、あるいは『日本後紀』の逸文ではないかと思うが、怪死の事情はまったく分らない。焼身往生は往生伝に多くみえるものの、それらは後世流行の宗教現象である。常主は時めく皇太后橘嘉智子のいとこで、嘉智子の同胞氏公よりも先んじて公卿に昇進していた。『弘仁格』の編纂に加わり、天長元年には勘解由使の復活という重大事を奏言した（『類聚三代格』）。そのような有能な人物の異状な死は、何らかの政治的事情に激発されたもののように臆測される。ともかくも奈良麻呂・常主・良基には、非業の死を招く隔世遺伝的資質が潜んでいたようである。

良基は若い時、大宰少監として赴任することを拒み、文徳天皇の逆鱗にふれたこともある。晩年信濃守の時、国人某が家口数人を怨家のため焼き殺されたと太政官に直訴した。詔使が派遣されて犯人を捕えたのに、いかなる理由か良基は詔使に対捍し、ことさらに犯人を釈放してしまった。ここに良基は召還されて刑部省に引渡されたが、下獄一年半の後、いまだ推鞫を竟《おわ》らずして獄死したのである。

私がかつてこの卒伝に感銘したのは、そこに、「良基、雅素清貧、家に寸儲《すんちょ》無し。中納言在原朝臣行平賻《おく》るに絹布を以つてし、乃《すなわ》ち殯葬《ひんそう》を得たり」と記されていたからである。受領良基と国人土豪の対立において、理非がいずれにあったかは分らない。しかし結果的には、良基は葬儀にも事欠く清貧の士であり、行平はその窮状を哀れみ、官の罪人たるを意に介せず敢えて葬儀を援助したのである。「循良を以つて相許した」両者の出会い、これは歴史の佳話というべきであろう。

坂本先生が一同に賜わった色紙の名句は、二種とも国史にその出典があり、しかも清貧の良吏の生き方にかかわるものであった。無味乾燥と思われている国史の中にこうした名句を発見されたのは、「六国史で、歴史を研究する前に、六国史を、研究する段階が必要」（『六国史』序）と喝破された先生の学問の深さを示すものであるが、ひいてはその学問が先生の人格を貫くに至ったことを忘れることはできない。密葬の際に令息が、「父は私どもに身をもって生き方を教えてくれました」という意味の挨拶をされた。私はしみじみとこの美しい言葉を傾聴したが、色紙の由来する所は正にここにあったと知るのである。

阿衡問題の周辺

昭和十六年（一九四一）四月国史学科に入学して、すぐに「国史大系」の購読者になった。どなたに勧められたかも今では思い出せないが、いやしくも国史の研究者を志すからには必備の本だそうだからとにかく買っておけといった、ひどく不見識の動機だったにちがいない。大系はその前年に再版の発行がはじまっていたので、何冊かが一括してドサリと手許に来た。それで実は、『日本紀略』が新訂増補国史大系の第一回配本であり、その原稿は外遊直後の黒板勝美教授がみずから手掛けられたなどという消息は、『日本歴史』昨年十一月号の沿革座談会の坂本先生のお話をうかがうまで知らなかった。

『紀略』はなぜ第一回配本に選ばれたのであろう。旧輯本に用いられなかった久邇宮家旧蔵本宇多天皇紀によって「学界の渇望」をいやすなどの理由もあったろうが、『紀略』が神代から平安末期までの長期にわたる、古代史のもっとも簡略な通史であるということも一つの理由ではなかったかと、私は勝手に想像している。

通史は通史ながら、六国史の厳として存する部分では、哀しいかな『紀略』の影ははなはだ薄い。しかし「前篇」でいえば、ひとたび『日本後紀』の散逸部分や宇多天皇紀などになると、『紀略』はかけがえのない史料としての面目を発揮する。戦後の古代史学はいわば『続日本紀』全盛時代であったが、これからは『紀略』もちょっとした小スターになれるかも知れない。中でも『後紀』の散逸部分には『類聚国史』というパートナーがいるが、宇多天皇紀には、『紀略』以外はだれも語ってくれない史実が数々存在する。

試みに『大日本史料』一―一から、『紀略』だけに基づいて掲出された事実を拾い上げてみたら、仁和三年（践祚以後）19、同四年29、寛平元年29、同二年20、同三年36、同四年23、同五年19、同六年25、同七年20、同八年19、同九年（禅位まで）7という数字になった。ただしこの中には天文・地災・怪異や諸神叙位のような紋切型の記事が一〇三ばかりあって、その比率は46パーセントくらいにもなる。しかし一方、仁和四年（八八八）正月廿七日から二月七日までの間に、参議左大弁橘広相・蔵人頭藤原高経・中務大輔十世王・弾正大弼平維範らが、それぞれ数条あるいは十数条の意見封事を奉った記事や、寛平五年（八九三）五月廿二日大宰府飛駅使が新羅賊の肥前国松浦郡への来寇を報じて以来、翌年・翌々年にわたって点々とみえる新羅関係記事などは、注意すべきものであろう。

とくに宇多天皇における、政治的情熱と風流的または求道的情熱とが交錯する異様に振幅の大きい性格に、かねて興味を抱いている私は、即位直後の再三の意見封事の記載には無関心たりえない。気鋭の天皇が治政のスタート・ラインに立って、何を考え何を目指したか――もしそれらの意見が、たとえ三善清行の封事のごとく完全には存していなくとも、『紀略』によって一行でも要点を伝えられていたら、どんなに好都合かと思う。

しかしこの一件だけでなく、『紀略』の記事の簡略ぶりは、まことに『紀略』の名にふさわしい。試みに新訂増補国史大系本『本朝世紀』巻末に附載する、『御産部類記』所引の敦仁親王立太子の記事などと比較してみよう。『紀略』には、寛平五年四月二日条に、

庚午、詔㆓敦仁親王㆒為㆓皇太子㆒、即任㆓坊官等㆒、太子年始九歳、

とだけ記し、そのくせ「或云、十四日壬午、冊立」と蛇足をつけている。これに対して『本朝世紀』は宣命を載せて、「頃年五穀不登爾志天百姓疲弊多留爾依天、可㆑有㆑煩支事波不㆓行賜㆒志止思賜憚賜度毛」云々と、宇多天皇の心事をくわしく伝え、さらに坊官の交名も録している。つまりそれは国史の記事と同種・同程度の本格的記述である。姓名不詳の

『紀略』著者も、当然同じ史料を閲したにちがいないが、彼はすげなくその大部分を捨てた。惜しいことである。六国史の後を書き継ごうとする試みが、『大日本史料』の編纂にいたるまで、手を替え品を替え執拗に絶えなかった理由は、この一つの比較によっても実感をもって納得させられる。

私は『紀略』から受ける恩恵をこの一文に書くつもりなのだが、筆は意に反して『紀略』を責め立てる方向へ逸れたようである。そのついでにいえば、『紀略』には先の引用にみられる「或云、十四日壬午、冊立」式の本文の乱れも多い。たとえば寛平八年六月卅日条に、

　女御従四位下藤原朝臣胤子卒、皇太子妣也、或云、九年六月廿九日卒、

とあって、さらに七月二日条に、

　辛巳、東宮御息所俄卒、

とあるのは、諸書を参照して前者の本文の記述が正しい。また仁和四年十月九日条に、

　今日、更衣藤温子為二女御一、

とあるのに、さらに同月十三日条に、

　是日、藤原温子為二女御一、御記曰、九日以二温子一為二女御一云々、

とあるのは、『一代要記』を参照すれば九日が正しく、『大日本史料』もこれを採っている。また寛平七年十二月十六日条に「従三位藤原栄子薨」とあるのに、八年十一月七日条にも同文がある。これは大系本頭注にも後者を「此恐衍」としている。しかしいま引用した前二者には別段の注意がない。『紀略』を読むばあいにはこの種の錯乱に対する注意が必要で、戦後史学による校訂作業が望まれる典籍の一であろう。

とくに温子の女御冊立の日付は、いわゆる阿衡問題の大詰めの時点であり、広相の詔書作製を誤った罪に対する明

法家の勘文は、正に十月十三日をもって提出を命じられたのであった（『紀略』）。もっともこの日付も『政事要略』所収勘文には十五日とし、しかも「件勘文未レ進之前、有ニ 恩詔一被レ免、仍不レ進レ之」とあるから、この数日の間に、危機は基経の豹変によって急転直下解決したのである。その豹変の原因が通説のように女温子の女御冊立によるものとすれば、事件の大詰めの九日・十三日のわずか四日間の差は軽視できまい。

さて今阿衡一件についてちょっと触れたが、宇多朝の出端を挫いたあの有名な事件については、もし幸いに『政事要略』が詳細な史料を遺してくれなかったら、真相はほとんど雲をつかむような塩梅にちがいない。『紀略』にはおおよそ次の数ヵ条しか載っていないからである。

(1) 仁和三年十一月廿一日庚寅、（中略）時皇詔、万機巨細、百官惣己、関ニ白於太政大臣一、然後奏下、

(2) 同年閏十一月廿七日丙寅、勅ニ答太政大臣表一曰、宜下以ニ阿衡之任一、為中卿之任上云々、

(3) 仁和四年五月十五日辛亥、（中略）太政大臣上ニ書五个条一、

(4) 同年六月六日壬申、詔曰、去年十一月廿一日詔書云、万機巨細、皆関ニ白於太政大臣一、然後奏下、而上表固執ニ閑退之志一、而奉レ旨作ニ勅答一之人広相引ニ阿衡一、已乖ニ朕之本意一、太政大臣、自今以後、衆務乎輔行、百官ヲ総統、

(5) 同年十月十三日丁丑、召ニ大判事惟宗直宗、明法博士凡直春宗等一、令レ勘下申参議左大弁橘朝臣広相作ニ誤詔書一所当之罪上、

これだけでは、阿衡の勅答以後の朝政の混迷も、五月十五日の基経上書のあの居直ったようなふてぶてしさも、六月晦の大祓に対する公卿のボイコットも、火花を散らした広相対諸道学者の論争の内容も全くわからず、さらには結末も尻切れとんぼで、明法家勘申の結果はどこかへ消えている。『紀略』を利用するたびに起こるのは、このような隔靴掻痒の恨みである。

けれどもその恨みごとを記すために私はこの随想を書いているわけではなかった。『紀略』にはやはり間々珠玉の記事がある。たとえば、仁和三年八月廿八日条には、つまりそれは光孝天皇崩御の二日後のことであるが、

　太政大臣直廬有二詫宣事一、其言深秘、

という記事がみえる。例によって簡略な書きぶりで、「其言深秘」に至っては、思わせぶりとでも評したいくらいだが、『扶桑略記』同日条に、「太政大臣奉レ勅、令三左大弁橘朝臣広相、左中弁藤有穂、左近衛中将時平、左衛門佐藤高経等侍二殿上一」とあるのを参照すれば、輔佐の侍臣の人選に関する宇多天皇の卒直な希望が、「深秘」な言の少なくとも主要部分をなしていたのではあるまいか。そしてここに有穂が入っているのは、前朝の蔵人頭として新任の頭時平・高経に引き継ぎをなすためであろうし、基経の子と弟なる時平・高経の果すべき役割についても言うまでもなかろうから、「深秘」の言の焦点は、宇多天皇が「朕ノ博士」と呼ぶほどの信頼を寄せている橘広相を、殿上に侍せしめる要請であったと察せられる。それは必ずや基経の厭うところであった。とすれば不日勃発する阿衡問題の伏線は、すでにここに引かれたと見られないであろうか。

　宇多天皇と基経の関係についてもう一つ興味を引くのは、天皇が即位後も引きつづいて「東宮」を居所とし、内裏に入った形跡がないことである。すなわち『紀略』仁和三年八月廿七日戊辰条に「皇太子移二御東宮一」とみえ、九月二日には「式部省率二百官一、於二紫宸殿前一挙哀、公卿及侍臣已下於二東宮一挙哀」し（内膳司が大行皇帝の御膳を誤って東宮に供する大失態を演じた）、十一月十七日には、辰一剋鳳輦東宮の南門を出て大極殿で即位の儀があり、申刻東宮に還った。下って寛平元年正月十六日には「於二東宮一有二踏歌一」とみえ、九月十七日には「天皇於二東宮雅院一、賀二従三位採子女王不惑之算一」とみえるから、この間引きつづいて東宮に常住したことはほぼ疑いの余地がない。

　『紀略』寛平三年二月十九日条に、

己亥、帝従二東宮一遷二御禁中清涼殿一、公卿帯二衛府一者、三个日間、不レ解二弓箭一、

とあるのは、基経が堀河第に薨じた一ヵ月後である。基経が病篤くなって太政官直廬から私第に退いたのは、前年十月前後かと思われるが（『紀略』『菅家文草』）、宇多朝のはじめからここに至る三年有余、天皇は一見皇太子のごとく、大内裏の主は天皇にあらずして基経であった。風流人宇多は居所に特別の好尚をもち、禅位の後、朱雀院・亭子院・仁和寺をはじめ諸所を移動したことは、柳宏吉氏の研究（「宇多上皇の御在所の変遷」『日本上古史研究』三―五）があるが（拙稿「宇多上皇の院と国政」本書所収参照）、それとこれとは事情がおのずから異なる。宇多天皇が基経をいかに憚っていたか、この久しい東宮居住は如実に語ってくれるのではあるまいか。

そしてその東宮の殿上には、依然として腹心の橘広相がいた。『扶桑略記』寛平元年十一月廿八日条に、

乙酉、時平朝臣之母、送二書尚侍（藤原淑子）一曰、左大臣（源融）奉レ勅、時平位記已造二正下一、而広相朝臣、主上所レ命、称レ非二正下一、而已毀二其位記一云々、

とある。時平はすでに仁和二年正月二日元服して正五位下を授けられていたから（『三代実録』）、これは寛平二年二月十三日元服する仲平の誤りであろう。しかし『紀略』はこのトラブルについて何も語らず、仲平は二月十三日宇多天皇の宸筆によって正五位下の位記を授けられているのだから、しばしばうがちすぎの記事を掲げる『扶桑略記』だけを盲信するわけにはいかないが、阿衡一件の落着後も、宇多天皇・広相と基経の間には相当なわだかまりと、あるいは危機さえ潜んでいたのであろう。

基経の死に先立つこと半年、寛平二年五月十六日広相が世を去った。翌日天皇は勅使を広相第に遣わして、中納言従三位を追贈し、また穀倉院の絹布等を喪家に給わった（『紀略』）。まことに至れり尽せりの厚遇である。折しも二十三日、致仕大納言藤原冬緒が薨じた。冬緒は貞観・元慶の間に長らく大宰大弐・民部卿として治績をあげ、かの良吏

紀今守・弘宗王らと並ぶ嘖々たる名声があったが（『三代実録』貞観四年十二月二十七日）、『紀略』は遣使も賻物も特記していない。つまり広相の場合が破格なのであって、天皇の広相への哀惜と基経への意地が眼にみえるようである。しかし、広相の死によって、事態はおそらく小康を得たのであった。そして最後にもう一つ『紀略』の示す興味ある記事を掲げると、寛平三年正月九日条に、

　己未、天皇為レ労二問太政大臣病一、欲レ幸二堀河第一、然而卒然有レ勅、停二止之一、

とある。なぜ天皇は卒然として垂死の基経を見舞うことを止めたのであろうか。天皇の心理、周囲の事情——小説家ならばここに、どのようにも生彩ある脚色をすることができそうである。しかし無器用な歴史家は、ここでもまた『紀略』の省略を恨みかこつ以外に術もないのである。

基経の母

坂本太郎先生から『日本三代実録』を読んでいただいたのは、古い昔のことである。学徒出陣後の学問空白期で、演習のメンバーも四、五人しかいなかった。大学院の山中裕氏と二人きりのことも多く、ある時とうとう私一人という日ができた。先生もさすがに気の毒に思われたとみえて、交る交る御自分も読んで下さったが、こういう風景は、今日のマスプロ教育を引き合いに出さずとも、昔も滅多にみられた図ではあるまい。情無いことに、そういうありがたい徒弟的訓練を受けたにもかかわらず、その後の有為転変の中で不勉強を極めたので、『三代実録』について立派な事が何も書けないのである。それで『三代実録』にちなむ失敗の楽屋裏を話して責をふさぐことにする。

二、三年前、僧正遍照と光孝天皇の関係について調べていて、次の史料に逢着した。

仁和のみかどのみこにおはしましける時に、御をばのやそぢの賀にしろがねをつゑにつくれりけるをみて、かの御をばにかはりてよみける　僧正へんぜう

ちはやぶる神やきりけんつくからに　ちとせのさかもこえぬべら也　(古今集巻七賀歌)

この「御をば」は一体だれか。『古今集』の注釈書は、「誰とも分らぬ」(窪田空穂「古今和歌集評釈」)としているので、改めて考えてみた。「をば」は伯叔母を意味する。もっとももし「おば」ならば祖母となるが、少なくとも流布の定家本系統の諸本はみな「をば」である。さて伯叔母には父方と母方のそれがあるわけだが、前者は仁明天皇の姉妹で、『本朝皇胤紹運録』には内親王一二名、源賜姓一五名の大勢がみえる。この詮索はここではとても述べ切れな

いので省くとして、大抵は異母、それに早く次々に亡くなっていて、どうも該当者はいそうにもない。

母方はどうか。さすがに契沖は『古今余材抄』で、「御をばは贈皇太后（沢子）の姉妹の間なるべし」と見当をつけている。ところが光孝天皇の母藤原総継の女沢子の姉妹には、藤原長良に嫁して基経らを生んだ乙春しかいないのである（『尊卑分脈』二末茂孫）。乙春の夫長良は延暦二十一年（八〇二）生れとみられるから（『公卿補任』）、乙春がほぼ同年とすれば、その八十賀は元慶五年（八八一）ごろとなり、辛うじて「仁和のみかどのみこにおはしましける」末期に間に合う。もっとも『尊卑分脈』（嵯峨源氏）には、源融の子湛に註して「母贈太政大臣総直女」とあり、これは「新訂増補国史大系」頭註に従って直はまさに継に作るべく、するともう一人の叔母がいることになる。しかしその夫の融が弘仁十三年（八二二）の生れだから、湛の母は到底元慶までに八十歳には達しまい。

「誰とも分らぬ」中から基経の母が浮び上ってきたのは、予想外であった。もし基経の母乙春が時康親王によって八十の算賀を催されたとすれば、これは『三代実録』などの秘して語らぬ光孝天皇擁立の隠れたる理由の一つを、推定する材料となる。基経がわが女佳珠子の所生なる貞辰親王をさしおいて時康親王を立てたのは、古来その心事の公明を称揚されているが、二人の従兄弟という血縁に加えて、こういう親交があったことも大いに考慮に入れるべきであろう。

私は大いに興味を催し、かつ気をよくしかけたが、しかしこの推定によれば、乙春は基経（承和三年〔八三六〕生れ）を、若くみても三十五歳くらいで生んだことになる。これでは何となく落ち着かぬ。そこで念のため、もし「御をば」を「御おば」で祖母としたらどうだろうか。父方の祖母は皇后橘嘉智子だからこれは問題外として、母方の祖母は沢子の母藤原数子である。女御沢子は仁明天皇の「寵愛之隆、独冠㆓後宮㆒」といわれたが、承和六年（八三九）六月己卯、俄かに病んで卒した（『続日本後紀』）。その同じ日にその母無位数子は従五位下に叙せられたが、後に正五位下に昇ったらしい（『三代実録』元慶八年三月十三日）。三男一女を生んで急死した沢子の年齢を、当時三十歳の仁明天皇と同年と仮定すれば、弘仁元年（八一〇）の生れとなるから、その母数子はおよそ二〇年くらい前の延暦十年（七九一）前後には生れているだろう。すると八十賀は貞観十二年（八七〇）あたりとなる。あたかもそのころ遍照は叡山における密教修行を終って、験者として宮廷へ招かれはじめていた。八十賀に出席して歌を詠むことも、まことにあってしかるべき状況である。こう考えると、どうも数子の方が旗色がよさそうに思われた。しかし『古今集』の本文を勝手にいじるのが、方法的によろしくない。伝本をただちに調査する暇もないままに、私はなお乙春に未練を残して作業を打ち切った。

ところがしばらくして『三代実録』を漫然とめくっていたら、元慶元年正月の左の一条が眼に入った。

　廿九日辛丑、詔曰（A）、外祖父故中納言従二位藤原朝臣（B）、外祖母藤原氏（C）、宜レ従ニ子貴一、外祖父可ニ左大臣正一位一、外祖母可ニ正一位一、死而有レ知、嘉ニ茲哀贈一

詔は都良香の作で、『都氏文集』には（A）（B）（C）の個所に美辞麗句が並べてあるのだが、そんなことはどうでもいい。陽成天皇の外祖母、皇太夫人高子の母つまり基経の母乙春は、すでに元慶以前に鬼籍に入っていたのである。こう決定的証拠が出てはどうしようもない。積木細工がガラガラと崩れた塩梅で、よんどころ無く私はひとりでニヤニヤした。それにしても正史『三代実録』は罪な書物である。官府の記録を忠実に採録して、「外記番記」と異称されるほど精到である反面、貴族の私事や女性の去就にはほとんど筆を費さない。大権力者基経の身辺についても、その母者の死をさへ日に係けて記してくれないから、「死んでるんじゃないのかなあ」などと頭の隅っこで考えながらも、つい贈位記事を閑却していたのはお粗末すぎた。

すでに乙春でなく、また本文を勝手に変改して数子とするのも慎むべきだとすれば、所詮「御をば」は後人に尻尾

をつかませない他の何びとかに違いない。考えてみると、『本朝皇胤紹運録』にせよ『尊卑分脈』にせよ、係累のすべてを尽しているとはいえないし、註の正確度も問題である。何ごとも軽々しく推定を下すことは禁物であると、肝に銘じておいた。

近頃たまたま角田文衛氏の近著『紫式部とその時代』所収の論文「尚侍藤原淑子」を読んでいたら、次の記述があった。

> 『菅家文草』（第十二）には、元慶八年四月十日に道真が草した『為二藤太夫先妣追福一願文』が収められている。この願文によると、『藤太夫』とは、従五位上藤原朝臣高経のことである。この『高経』と基経の実弟の高経が同一人であることは、元慶八年における官位の上からも明らかである。願文には、高経が元慶七年四月二十二日に母を失ったことが記されている。つまり基経、遠経、高経、高子たちの母・藤原乙春は、その時に長逝したことが知られるのである。

いかなること、これでは乙春がまた生き返ってしまう！『菅家文草』は手許にないので、土田直鎮氏を煩わして史料編纂所で版本を見せてもらった。いかにも願文は元慶八年四月十日の作である。文中には、「去四年春出為二外史一」り、その際老母を任地に伴わんとして果さず、心を残して再会を期していたこと、去年の春母病むの家書を得て昼夜兼行帰京したが間に合わなかったこと、「今月二十二日」が忌日に当たることが記されている。なるほどこれで、高経の母が元慶七年四月に亡くなったことは確かである。またこの高経が基経の弟であることも、角田説のとおりであろう。

しかし、この母が「基経、遠経、高経、高子たちの母・藤原乙春」であったという見解は、前引の『三代実録』の記事と完全に矛盾する。そこでもう一度『三代実録』を読んでみると、前引贈位記事の直前の二条、廿七日己亥の

「去年亢旱、京師及畿内諸国飢饉（下略）」と、廿八日庚子の藤原敏行・伴春雄を売常平所米使とした記事は、翌二年同月同日にも同文があって、元年の方は明かに衍である。何故ならば元慶元年の前年貞観十八年は旱どころか、「是月霖雨、至﹂此未﹂止」（『三代実録』貞観十八年五月廿九日）、「風吹気冷、宛然似﹂秋」（同六月三日）などと記される年であった。旱は翌元慶元年で、その六月には祈雨の記事が頻出する（『三代実録』）。ゆえに元年正月二十七、二十八日の二条が衍であることは間違いなく、『類聚国史』（巻八十、常平倉）も二年条だけを録している。「新訂増補国史大系」の元年の二条は削るべきものである。

この衍文が原本にすでにあったか転写の間に生じたかは即断できないが、こういうお客様がお隣にいては、問題の贈位記事も後年の記事の錯簡かと疑える道理であるが、しかしおそらくそうではあるまい。外祖父母への贈位は即位の後ただちに行われる例であって、仁明天皇の田口氏における（『続日本後紀』天長十年三月乙卯）、文徳天皇の尚侍藤原美都子における（『文徳実録』嘉祥三年四月甲午）、清和天皇の源潔姫における（『三代実録』天安二年十一月二十六日）、光孝天皇の藤原数子における（同元慶八年三月十三日）、みな然りである。

『三代実録』の本文をこのように再確認してからもう一度願文を顧りみた。するともし高経の母が時めく基経・高子の母と同一人ならば、高経はこれを任地へ伴うことはよもや考えなかったであろう。かれの母は明らかに乙春とは別人なのであって、これを同一人とした角田氏の記述は訂正を必要とする。角田氏は『尊卑分脈』によって同母としたのだから、つまり『尊卑分脈』の記載が誤っていることになる。

実は月報の原稿を命じられて、以上のようなことを書こうと思ったのだが、考えてみると『古今集』の歌一首に長いことかかずらった末、大山鳴動して鼠一匹、『三代実録』の衍文二条と『尊卑分脈』の誤記一ヵ所を発見しただけで終るのもつまらない。思い立って『古今集』の諸本に当たってみた。ところが驚いたことに、定家本・俊成本・清輔本などみな「御をは」で量的には圧倒的に優勢にみえるが、元永本（筋切も）・雅経本には正に「おは」とあるではないか。いうまでもなく、元永本は完本としては最古の写本であり、雅経本はこれに次ぐ善本である（西下経一『古今集の伝本の研究』、久曽神昇『古今和歌集成立論』）。質よりすれば、それらは他の群小本文にはるかに優越する。『古今集』の伝本系統ははなはだ複雑ではあるが、この場合「御をは」は原「おは」であったに相違ない。こうなれば祖母すなわち数子に比定してほぼ誤りはあるまい。何のことはない、最初にすべき作業を怠けて、えらい廻り道をしたものである。

ところで、もしも数子が沢子の母であるだけでなく、乙春の母でもあったと仮定すれば、その八十賀には孫の基経も必ず出席したであろうから、冒頭の歌はやはり光孝と基経の親密な関係をうかがうべき史料となるわけだが、残念ながら『尊卑分脈』にもまして『三代実録』にも、乙春の母が何びとかは記されていない。記されていたとしても、『尊卑分脈』だけでは上述の例のようにいささか頼りない。改めて『三代実録』が女性の消息に無関心なることを嘆じて、このよたよたの楽屋裏話を終ることにする。

仁寿殿と清涼殿

『うつほ物語』についての石母田正氏の有名な論文が出てから何十年も経つのに、この興味深い史料を歴史研究者は全くと言っていい程利用していないようである。いや今不用意に「利用」などと言ったが、作品の中に浸り切ろうとせずに、手早く頁を繰って役立ちそうな記事を鵜の目鷹の目で漁るのは末流史家の通弊で、私などはその代表みたいなものだと痛感している。野口元大氏から宇津保物語研究会で何か喋るように命ぜられた時、身の程知らずにうかうかと承諾した腹の底には、こういう窮地に陥らねばこの長編を通読する機会はまだ当分無かろうと思ったからであった。しかしそんな虫の良い動機だから、勢い時間に追い掛けられてとても熟読できるはずもなく、しかも書中に頻出する三条殿を筆頭とする宮殿第宅についての記述が当面の仕事と関係深いために特に眼にちらつき、結局は「利用」の手掛りに読んだ様なことになってしまった。そこで拠ん所なく内裏・離宮などについて徒らに羅列的なお話を申し上げて御退屈様という仕儀になった。そういう迷惑を再び会報でお掛けするのは恐縮に堪えない。

ただ当日いろいろ伺った所では、たとえば仁寿殿に女御が住んでいたり、春宮女御となったあて宮が藤壺に居たりする点については、物語の専門家も私同様首を傾げておられるようであった。また河野多麻氏の「日本古典文学大系」注釈の補注を見ても、仁寿殿・清涼殿のどちらが常御殿であったかといった「これほど重要な問題が今に解決されていないことは遺憾である」(二の五三一頁)といい、また春宮妃の藤壺居住から、「すると帝の御殿はどこかという問題」が残り、それを清涼殿と考えれば「春宮の住居が不明だということになる」(同五二二頁)と記されている。

私は『うつほ物語』の記述自体に立入ることはできないが、ともかく仁寿・清涼両殿の用いられざまに就いて史料を追って素描し、うつほ研究者の労を省く少しばかりのお助けをしたい。と言っても、淳和朝末までは『日本後紀』の散逸によってまことに朧気である。室町初期の著作とおぼしき『禁腋秘抄』には、清涼殿について「常ニワタラセ給御殿ナリ。中殿トモ云。昔ハ仁寿殿ヲ御殿ニシツラハレタルトキモアリ」とするが、その「昔」については限定していない。仁寿殿の初見は『日本紀略』天長元年（八二四）十月辛丑条に「皇太子謁二見後宮一、便於二仁寿殿東檻下一聊設二酒肴一」云々とある記事である。この後宮の主は淳和天皇の皇后正子内親王であるが、正子内親王はこの時仁寿殿にあったのであろうか。必ずしも居所とは言えないが、少なくとも仁寿殿が後宮の行事に用いられたことは確かである。『うつほ物語』の作者は「嵯峨院」を登場人物の名称に用いた点からしても嵯峨朝に関心を寄せていたと思われるから、あるいはこうした事実を承知していたのかも知れない。しかし『日本紀略』には仁寿殿が淳和天皇によって使用された記事もみえ、もとより皇妃の御殿と決っていたとは認められない。

これより先弘仁九年（八一八）四月庚辰、内裏の諸殿舎と諸門の名称が唐風の雅名に改められ額が掲げられたのは（『日本紀略』）、有名な事実である。『紀略』は一々の名称を記載していないが、門の旧称が大化前代に宮門警衛に当たった諸氏族の名であったことは、『弘仁式』『拾芥抄』によって知られる。そして殿舎については、『石清水文書』所収の少納言入道信西の久安四年（一一四八）閏六月二十一日の勘文に、「謹案二日本後紀一、弘仁九年四月、有レ制、改二殿閣及諸門之号一、寝殿名二仁寿殿一、次南名二紫震《(ママ)》殿一云々」とみえる。仁寿殿が嵯峨朝の正寝であったことは、これによって明らかである。そもそも紫宸・仁寿両殿の南北の配置は正殿・正寝としてふさわしく、また『公事根源』に「うちうちの節会」と説かれた内宴が常に仁寿殿で催される例であったことも、弘仁天長の頃に仁寿殿が天皇の常御殿であった由来を示すものであろう。

しかし清涼殿の出現もまた決して時代を下るものではない。初見は『類聚国史』弘仁四年九月癸酉条の「宴二皇太弟於清涼殿一、具物用二漢法一」である。『類聚国史』は『日本後紀』の本文を忠実に引いているのであるが（坂本太郎『日本古代史の基礎的研究』上）、そこに「清涼殿」とみえるのが例の弘仁九年の殿舎門号に唐風の雅名を付す以前であったことは、注目すべきことである。そこには当日唐風の舗設が行われたことも記されているが、『経国集』巻十四の嵯峨太上天皇と菅原清公の応酬をみても、その壁は唐風の山水画によって飾られていたようである。ゆえに清涼殿は、当初から内部を唐風にしつらえ唐風の雅名を命じた休息所的宮殿として、嵯峨天皇によって新設されたものではあるまいか。しかし位置からしても対屋《たいのや》的であるこの新殿舎は、朝廷の行事すべてに正格が尊重された嵯峨淳和朝では、仁寿殿に替って常御殿とされることはおそらく無かったと推察される。

清涼殿を常御殿としたのは、次の仁明天皇である。このことは『続日本後紀』によって詳細明瞭に推定できるが、今詳述することは省く。しかしその後代々引き続いて清涼殿が常御殿となったかと言えば、そうではない。むしろ意外なほどの曲折がある。まず次の文徳清和両天皇はともに全く清涼殿を用いなかった。すなわち文徳天皇は在位の前半は大内裏の東宮雅院、後半は大内裏を去って冷然院に居住した。また清和天皇も元服後約二年間東宮雅院にいて、その後ようやく内裏に入り、仁寿殿に約十年間住んだ（「文徳・清和両天皇の御在所をめぐって」本書所収参照）。譲位の前年に弘徽殿・綾綺殿と移ったが、きわめて短期間である。次に陽成天皇は仁寿・弘徽・清涼・常寧・綾綺各殿をめまぐるしく移転し、それはそのまま陽成朝の不安定な政情を示す。これと対照的に、陽成廃立後擁立された光孝天皇は終始仁寿殿に住んだ。

ここに至るまでを大観すれば、光孝朝までは仁寿殿が常御殿と考えられていたようである。変則的状態が余りにも多いが、この間を縫うように仁寿殿が正寝としての姿を現わすのである。ところがこの伝統を一変する契機は、次の宇多天皇にあった。宇多天皇も即位後関白基経の没するまで三年半も東宮雅院に住んだが、内裏に入ってからは終始清涼殿を用いた。そして次の醍醐天皇に至っては、昌泰・延喜・延長の三十余年間、これまた終始清涼殿を用いた。この事は村上天皇の常住と相俟って、清涼殿を永く常御殿として確定するに十分な既成事実をなしたと考えられる。いわゆる「延喜天暦の聖代」の先例である。

醍醐天皇譲位の原因となった清涼殿落雷後、殿舎は修理されたらしいが、次の朱雀天皇は飛香舎・常寧殿・綾綺殿と、母后穏子と同居して転々し、全く清涼殿を用いなかった。後宮五舎に天皇が居住するのは先例の無いことであった。しかし次の村上天皇はこうした変則を追うことなく、天暦二年（九四八）四月九日に新造の清涼殿に入り、天徳四年（九六〇）の内裏焼亡による約一年の冷泉院避難を除いて、終始清涼殿を用いてここに崩じたのである（『大日本史料』参照）。

さて前引河野多麻氏の補注には、「後には帝の常御殿が清涼殿となっているが、延喜時代にはまだ仁寿殿であったことが今昔物語によって知られる」といい、それならば『うつほ物語』の「殿上」も「仁寿殿だと考えて差仕ない」が『うつほ』にはまた清涼殿が常御殿であったらしい叙述もあるので、「今昔物語の延喜の二十二年（九二二）から村上帝治世の末、康保四年（九六七）まで四、五十年の間は、常御殿が両殿のいずれとも定まら」なかったかと疑っておられる。私は『今昔物語』のそうした記事を承知しなかったので急いで心当たりを捜索してみたが、まだ見付けていない。たとえば巻二十七、仁寿殿ノ台代ノ御灯油取リニ物来レル語第十は延喜時代の話だが、別に天皇の常住を示すものではない。『今昔物語』の記事については改めて御教示を得たいが、ともあれそうした後世の史料にどうみえようとも、仁寿殿と清涼殿の沿革はほぼ縷説したとおりであって、延喜から天暦にかけて常御殿が両者いずれとも定まらなかったような事実はない。『うつほ物語』を読むためにそれほど「重要な問題」かどうか、私はもとより判断する力を持たないが、会報の余白を埋めさせて頂くために両殿について冗漫な概観を試みたのである。諸家の御批判を得られれば望外の幸いである。

〔付記〕　信西勘文の所在について辻彦三郎氏（史料編纂所）の御教示を得たことを感謝する。

相模の国司

『神奈川県史』資料編1には、古代における国司の任免記事が数多くみえる。『続日本紀』では天平十九年（七四七）外従五位下葛井連諸会の任相模守を初見とするが、『文徳実録』にみえる介吉田連宜がこれより少し早いようである。もっともこの人は渡来した医家で、本官図書頭で内薬正も兼ねていたから、おそらく遙任であろう。こうした人々にはじまって、九世紀末までの六国史の時期だけに限っても、正史と『公卿補任』その他から拾える正・権の守・介の補任記事はほぼ一六〇項もあり、これは当該時期の採録史料四三二項の三七パーセントに当たる。相模国古代史料としての比重は、量的にはきわめて大きいと言わざるを得ない。

しかし、これらが古代相模国の実態の解明にどの程度役立つかは別問題である。遙任あるいはごく短期間の在任にすぎない人が大部分で、在地の空気を吸い、在地の人と交わり、治績をのこした形跡ある者がきわめて乏しいからである。

もっとも、奈良時代には地方行政は活発に機能していた。天平十九年の守葛井諸会、宝亀十年（七七九）の介佐太味村はともに外位の官人だから、勇んで赴任したと思われるし、宝字五年（七六一）の守紀伊保、同八年の守粟田人成なども、内外官を転々した能吏だから同様か。宝字五年の介御杖祖足は本性を河内絵師といい、ながらく造東大寺司に勤めた後赴任したものと思われるが、同じく特技をもつ氏族ながら、前述の介宜の後裔らしい介吉田斐太麻呂（宝亀十一年）は、内薬正・侍医の兼任だから遙任であろう。宝字八年の守牡鹿嶋足と宝亀九年の介（翌年守）紀乙麻呂も、それぞれ本官は授刀少将・左衛士員外佐で、同様に遙任と思われる（天平九年の守中臣益人は、史料に問題があるので、しばらくおく）。

こう見ると、赴任した者と然らざる者との数は伯仲するが、少なくとも名門優遇のための兼官は、まだ顕著にはあらわれていない。のちに内大臣良継となる守藤原宿奈麻呂（勝宝四）も防人部領使として（『万葉集』）、その自署ある解をのこし（早稲田大学所蔵文書）、たしかに国務に携わっていた。碩学の守石上宅嗣も宝字八年より三ヵ年間は在地に赴いたようにみえる。もっとも、景雲二年（七六八）の守多治比土作（左大臣嶋の孫）は参議だから、これは優遇の兼官の早い例となろうか。同じく名門の守大伴家持（宝亀五）は、三月に任じられ九月には早や左京大夫に転じているから、赴任したか否かを問うまでもなく任国との縁は薄い。

宝亀十一年（七八〇）伊治公呰麻呂の離反にはじまる蝦夷征討の期間、相模国は征討の重要な一拠点となったから、国司の人事も忽《ゆるが》せにはできなかったと思う。この形勢が一変するのは、桓武朝後半から弘仁・承和の太平の時期である。延暦十四年（七九五）の守和家麿は桓武天皇の外戚、本官治部大輔で間もなく相府に入ってなお国守を帯した。延暦二十年（八〇一）の守菅野真道は桓武天皇の腹心で、時に左衛士督のち参議に進む。同二十二年の守藤原園人は時に大蔵卿、のち嵯峨朝の廟堂を主宰して右大臣に進む。大同五年（弘仁元、八一〇）の守多入鹿は山陽道観察使の要務にあり、間もなく薬子の変で失脚する。これら桓武・平城朝の要人が遙任であったことは論を要しない。

弘仁年間（嵯峨朝）では、元年の守直世王、七年の守春原五百枝、九年の守紀百継、天長年間（淳和朝）では三年の守大伴国道・同藤原綱継、七年の守三原春上、九年の権守橘峯継、十一年の守藤原常嗣、承和年間（仁明朝）では八年の守源融、九年の守百済王勝義、十年の権守藤原長良などは、いずれも外戚・賜姓王氏・藤原氏主流といった名門で、優遇による兼任である。他の諸国の場合をも検討しないと的確なことはいえないが、同じ東国の常陸・上野・上総が親王任国とされたように、相模国ももっぱら収取の対象とされたもので、人材登用や民生安定などを顧みない便宜主義的任免であった。「格式法による政治の開幕期ともいうべき、大同・弘仁のころから、（中略）国司の遙任が増加してくる」という新野直吉氏（『日本古代地方制度の研究』）の指摘は、相模国にも確実に当てはまる。

もっともこの間にも、大同元年（八〇六）の守紀田上が「秩満入京」し、卒伝に「至二於従一レ政、不レ失二民心一」（『類聚国史』）と称揚された例、弘仁四年（八一三）の介路年継が「政声著聞」して守に転じた例（同上）、あるいは承和十一年（八四四）の介橘永範が、俸料稲一万束をもって「救急院」を造立し、空閑地を開発して得た地子稲を「運二進調庸一百姓之尤窮幷貧不レ能二自存一者」一千余人に班給した例（『類聚三代格』）のような、いわゆる「良吏」の活動もみられぬことはない。これらの良吏（あるいはこれと表裏の酷吏）の治績を具体的に伝える史料がせめて何点かあれば、国司任免記事も県史史料としての価値を主張しうるのだが、残念なことに皆無である。

大勢は次の文徳・清和・陽成・光孝朝でも変わりはない。ことに目立つのは賜姓源氏優遇としての補任である。嵯峨源氏の興（天安元）・勤（貞観元）・生（同九）・直（同十七）・至（元慶元）など、みなこの例。貞観五年（八六三）の守源啓（嵯峨皇子）のごときは散位からの補任だったにもかかわらず、卒伝に「累歴二相模・越前守一、並不レ之レ任」と明記され、一世源氏が現地で苦労することはなかったのである。仁明源氏の光（貞観十四権介、元慶五守）や平城系の在原業平（元慶二権守）なども同様であろう。

中小氏族にも遙任が多くなり、またおおむね短期間で交替した。たとえば文室巻雄の卒伝に、「（元慶）六年二月為二因播守一、後月遷二相模守一、先後不レ之レ任、巻雄奏下請被レ罷二相模守一任中男一人外吏上、詔依レ請」云々とあるなどは、外官が支配層によっていかに安易に扱われていたかを示す。またたとえば、山田古嗣は卒伝に、阿波介として灌漑用水を整備し「政績有レ声」と特筆された人であるが、仁寿三年（八五三）七月相模権介となってわずか半年後に卒した。

相模国での治績はない。

——こういうわけで、本稿はいたずらに不毛な人名羅列に終わってしまった。実はこの結果は当然予想されたことだが、それでも私としては相模国に真に足跡をのこした国司を一人でも取り上げたかった。たとえば天禄二年（九七二）権介、貞元元年（九七六）権守となって、「こゆるぎの磯」の歌枕化に一役買った源重之（拙著『平安文化史論』）や、寛仁四年（一〇二〇）の守大江公資の妻として夫に同行し、後にその名も「相模」と呼ばれた女流歌人に匹敵する存在を、もっと早い時期に探り出したかった。後者については福田以久生氏の詳しい研究があるが（『日本歴史』三三四）、『相模集』に「心にもあらで東路へくだりしに」云々とあるのは、単にこの一女性だけではなく、都人士すべての本音であったろう。そう嘆きながらも「かかるついでにゆかしき所見む」と志して「箱根百首」などをのこした歌人相模はまだしも例外で、その程度の足跡さえ他には見られない。古代の地方史料の何という貧しさ。

都と鄙、畿内と外国との落差は、想像を絶するほど大きかったようで、これを前提としてはじめて、次代に興起する東国武士の心情と活動を切実に理解することができるのであろう。それにしてもこんな不毛な報告を書くと、何となく、古代国家が地方を極端にないがしろにしたことの余波を、千年もたってから神奈川県民ともどもモロに引きかぶったような、おかしな被害妄想にとらわれるのである。

『寛平御遺誡』の逸文一条

『寛平御遺誡』は、いうまでもなく宇多上皇が譲位の際起草して、新帝の醍醐天皇に与えた訓戒である。それは抽象的・道徳的な教訓ではなく、現存のきわめて不完全な残欠（『群書類従』雑部）だけを見ても、内容ははなはだ具体的で多岐にわたり、新帝とその政府に対して強い拘束力を備えていた。貴族たちが上皇の権威をいかに憚ったかは、寛平九年の譲位の詔で藤原時平と菅原道真を指名して奏請宣行を命じたために、他の公卿一同が両名に非ざれば公事を勤むべからざるものと解釈し、一時は外記政にも参入しなくなった事実（『菅家文草』巻九、奏状）をもってしても、容易に推察することができる。若年の醍醐天皇の親政の背後には、宇多上皇の家父長的権威が隠然として重きをなしていた。ゆえに、この権威を成文法化したともいうべき『寛平御遺誡』は、律令格式にも准ずる法的効力を発揮したといっても過言ではあるまい。

『寛平御遺誡』はそうした拘束力を失った後世になっても、帝王学の古典として長く尊重された。『大槐秘抄』『貫首秘抄』『源氏物語』などその徴証は多く、中でも『禁秘抄』には、若き順徳天皇が『寛平御遺誡』を精読し参照した跡が随所にうかがわれる。和田英松氏の『国書逸文』がこれを巻頭に配列し、『国書逸文研究』創刊号の冒頭に所功氏の校訂・拾遺があるのは、その逸文を殊に貴重と認められたからであろう。

先日たまたま学生の卒業論文の相談に乗っていたところ、『鎌倉遺文』第五巻二七二九号「藤原道家願文案」に、逸文一条を見出した。それは、

寛平遺誡云、別嗟㆔外戚無㆓大器之可㆑寄㆑事云々、（返点目崎）

というものである。

九条道家のこの願文は、承久の乱直前の承久三年（一二二一）三月九日の日付を持つ。道家はこの頃、「初夏可㆑有㆓譲位㆒之由、近日遍以謳歌云々」という情報を得ていた。順徳天皇の、四歳の皇太子（仲恭天皇）への譲位の噂であるが、この皇太子は道家の妹立子（順徳中宮）の所生で、外舅の道家は現に皇太子傅として傅育に当たっていた。ところが、「謀臣之構」によって外戚たる自身が新帝の摂政にされず、政敵の関白近衛家実の政権が継続するという怖れが生じたらしく、そこでこの願文を作ったのである。

文中には、まず祖父兼実・父良経の両故人の功業に触れ、さらに良房以来外祖外舅をさしおいて「他人」が幼君を輔導した例は一度もないことを述べた。そして『寛平御遺誡』（前引逸文）を支証として挙示しつつ、「可㆑輔㆓政道㆒、必在㆓戚里㆒之趣、已以炳焉」と外戚の重要性を強調している。これを見れば、『寛平御遺誡』は鎌倉時代になってもなお生ける古典であった。この願文がどの寺社に納められたかは定かでないが、「抑累代之長者、未㆔曾詣㆓此地㆒」という文からすると、氏神の春日社ではない。「我氏之始祖留㆓跡於此所㆒」という文からして、おそらく多武峯であろう。

九条道家が政権獲得に執念を抱いていたことは、その日記『玉蘂』の承久二年五月二十三日条の、「今暁女房見㆓最吉夢㆒、博陸《(家実)》有㆑事、予可㆑昇㆓大位㆒趣也、仰可㆑信㆑之」という記事などでも明らかである。そしてこの願文の意趣は達せられ、四月二十日、「新帝外舅」（『公卿補任』）たるによって首尾よく摂政・氏長者となった。しかし、禍福はあざなえる縄の如し、たちまち起った承久の乱によって、仲恭天皇の廃立と自身の被免の厄に遭ったのである。

道家の浮沈にはこれ以上立入らないとして、右の逸文は宇多・醍醐朝の政治史における注目すべき事実をも示している。文は宇多上皇が外戚の中に事を寄すべき大器のないことを嘆じたものである。ただし、この場合「外戚」とは、宇多上皇自身の外戚であろうか、それとも醍醐天皇のそれであろうか。前者ならば母后班子女王の所生なる是忠・是貞両親王あたりを指したことになるが、多力者の上皇が今さら自身の兄弟の無力を云々する心境にあったとは思われない。譲位に際して上皇が嗟嘆したのは、必ずや新帝の肉親に人材を欠くことだったに相違なく、「外戚」とは新帝の生母なる女御胤子の里方、すなわち勧修寺流藤原氏の人々を指すとしなければならない。

　この一流には六十歳の外祖父高藤（中納言のち内大臣）がいたが、政治力には全く欠けていた（拙著『紀貫之』参照）。その長男定国は仁和以来蔵人として宇多天皇に近侍し、新帝の受禅と共に蔵人頭に登用された。彼は『三条右大臣集』の歌人たる弟定方よりはまだしも政治的資質が豊かであったが、『寛平御遺誡』が時平・道真・平季長・紀長谷雄ら有能な人々の名を挙げて新帝に推薦した中には入っていない。『寛平御遺誡』には「定国朝臣姉妹近親之中、可㆑堪㆓其事㆒者一両人」を至難な後宮の運営に当たらせよと指示しているが、それら女性はともかくとして男性の方はそろって上皇のお眼鏡に叶わなかったようである。この事実と前引の逸文を併せ考えると、宇多上皇が新帝の外戚勧修寺家の政治的無能力を痛嘆した心事は、推察に難くないであろう。

　きわめて危機的な状況の中であえて譲位を断行した宇多上皇が、新帝の外戚に信任を寄せることができないため、腹心の道真ひとりに過重な任務を負わせざるを得ず、それが結局彼を失脚に追いこむに至った政治史の機微を、このわずか一一字の逸文はまことに雄弁に語っている。

道長をめぐる能書

1

左大臣藤原道長（九六六〜一〇二七）の長女彰子は、一条天皇の中宮として敦成親王（のちの後一条天皇）を道長の土御門第で生み、その五十日《いか》の儀も無事了った寛弘五年（一〇〇八）十一月十七日、里内裏一条院に帰還した。道長の日記『御堂関白記』によれば、中宮は輿、若宮は金造《こがねづくり》の車に乗り、別当以下を従えて一条院に到着し盛大な宴があった。供奉の一同が退出した後、天皇の仰せによって若宮が祖父道長に抱かれて御前に参上した。それは父子の初対面であり、外祖父の感激思うべしといった場面である。

さて彰子が一条院に還るに当たって、道長は心をこめたプレゼントを彰子に与えた。『御堂関白記』には、「参り給はんと欲する間、御櫛筥一雙、手筥一雙を奉る。各物を入る」（原文は漢文）と簡略に記したに過ぎないが、幸いに『紫式部日記』には、品名のくわしい叙述がある。それによれば、手筥の上段に、

つくりたる御冊子ども、古今・後撰集・拾遺抄《(ママ)》。その部どもは五帖につくりつつ、侍従の中納言と延幹と、おのおの冊子ひとつに、四巻をあてつつ、書かせ給へり。

とある。すなわち当代の能書行成（九七二〜一〇二七）（侍従中納言）と延幹が分担執筆した新写の三勅撰集の、四巻ずつを一帖に整本した豪華な書跡であった。筥の下段には「能宣・元輔やうの、いにしへいまの歌よみどもの家々の

集」を「延幹と近澄の君と書きたる」ものが収められていた。

道長の土御門第では、恒例の年中行事の他にも算賀・加冠・裳着・産養など臨時の行事がしばしば催された。目出度い宴の折には、官人への「禄」、公卿殿上人への「引出物」に加えて、主賓にはかならず「送物《おくりもの》」があった。人心収攬に意を用いた道長は、日記に人と物を克明に書き留めるのを常とした。六位以下の官人や女房・伶人・僧侶等の禄には匹絹《ひつけん》、公卿殿上人には下襲《したがさね》・掛《うちぎ》・袴などが多く、引出物は専ら馬であるが、「御送物」には螺鈿蒔絵の調度や琴・笛・琵琶の楽器などに加えて、右の例のように書跡が注目を引く。それはもとより道長の書跡愛好によるもので、気宇壮大なこの権力者は名筆をよく集めよく散じた。その事が書跡の芸術的価値を高め、ひいては能書の社会的地位も定めたのである。大権力者道長はすなわち大文化指導者であった（「藤原道長における和歌」本書所収）。

2

右に出て来る能書行成・延幹・近澄のうち、行成については縷述するまでもない。ただ道長との関係だけを言うならば、万寿四年（一〇二七）十二月四日奇しくも同日に世を去る道長（六十二歳）と行成（五十六歳）は、政治的には切っても切れない盟友として終始した。道長は長徳元年（九九五）兄道隆・道兼の相次ぐ死後、甥伊周とはげしく政権を争ったが、勝利の決め手は姉の東三条院詮子すなわち一条天皇の生母を味方に付けたことにある。その頃行成は蔵人頭として天皇に近侍し、さらに東三条院別当として母后にも奉仕していたので、天皇・母后・道長三者の連絡に寧日なく奔走した。その日記『権記』には「内（内裏）に参る」「院に参る」「左府（道長）に詣づ」という記事のみえない日が無いほどである。道長の権力が彰子の立后によってようやく安定した時、彼が行成にむかって「汝が恩至れるなり（中略）必ず此の恩に報ゆべし」（『権記』長保元年（九九九）十二月七日）と感謝したのは、もっともなことと言わねばならない。藤原北家の嫡流ながら父義孝の夭折というハンデを負った行成であるが、以後の順調な官途は道長によって保証されたのである（黒板伸夫『藤原行成』）。

しかし事書道においては、道長の方が行成に脱帽し、心酔した。曽祖父忠平創建の法性寺の南大門に掲げる額を揮毫せねばならなくなった際、「もとより能書に非ず、度々不堪の由を示すと雖も、功徳に依る所と云ふ故に之を書く」（『御堂関白記』寛弘四年〔一〇〇七〕十二月十日）と渋ったのも、西門の額が行成の筆とあって一入閉口したものらしい。また行成が道長所持の『往生要集』を借り出して写し、その本を返却した所、道長はこれを気前よく行成に与え、行成新写の方を所望した（同二年九月十七日）。書人道長の心事を察するに足る挿話であろう。

行成と分担して三勅撰集を新写した延幹は、陽成上皇の子大納言源清蔭の孫である。陽成上皇の奔放な行状もわざわいして陽成源氏の官途は不振で、延幹の父兼房は上総介従五位下で終った。延幹は仏門に入って法隆寺別当となるが、むしろ能書として世に認められた。たとえば、一条天皇崩御に当たって七七忌の法会に、行成には法華経・開結経・弥陀・心経の所課があったので、彼はみずから法華経数巻と弥陀・心経を写し、他を僧俗五名の能書に分担させたが、その折にも延幹は法華経第八巻を担当している（『権記』寛弘八年八月十一日）。

延幹の子源兼行は、父以上に能書の名が高く、平等院鳳凰堂扉絵の色紙形や高野切（第二種）の筆者として作品を後世に遺した。その兼行の弟の外記安倍祐頼も、右大臣藤原実資のために上表文や色紙形を書くほどの能書であった（小松茂美『古筆の窓』「『手紙の歴史』拾遺」）。『尊卑分脈』に兼行の子とある兼任も書博士となったから、能書の血筋を伝えたようである。

なお道長の贈った手筥の下段に収められた私家集を延幹とともに執筆した近澄は、『尊卑分脈』に「従五位上右大史周防守」とみえる清原近澄であろうか。清原氏は明経道の家筋で太政官弁官局の局務を世襲し、近澄も右大史を経たから、相当な能書だったのであろう。

以上はすべて道長の眼鏡にかなった人々にちがいない。

3

長和二年（一〇一三）正月、三条天皇の中宮妍子（道長二女）は禎子内親王（のち後三条后、陽明門院）を懐妊したので、氏長者道長が伝領している東三条第へ退出した。ところが間もなく東三条第が焼亡して権大納言藤原斉信第に避難し、四月になって父母の住む土御門第へ移ることになった。その折に、送り出す斉信が贈物に苦労したさまは、『栄花物語』（つぼみ花）にみえている。

何事も珍しげなき世の御有様となりにためれば、中〳〵なりとて、村上の御時の日記を、大きなる冊子四つに絵にかゝせ給て、ことばゝ佐理の兵部卿のむすめの君と、延幹君とにかゝせ給て、麗しき筥一雙に入れさせ給て、さべき御手本など具して奉り給ひければ、宮はよろづの物に勝りて嬉しくおぼしめされけり。

斉信がありきたりの贈物にはすまいと趣向を凝らしたこの絵巻について、道長は単に「御送物三捧を献ず」と数だけを素気なく記したが、妍子が途中で姉の皇太后彰子を枇杷殿に表敬訪問し、「絃歌朗詠の事」が華やかに行われた際、彰子が妍子に贈った書跡については、

子の一刻御送物あり、貫之書の古今、文正書の後撰、紫檀地螺鈿の筥に入る。

と特筆した。紀貫之自筆の『古今集』と貫之の孫文正書の『後撰集』といえば飛び切りの珍品で、そのうえ彰子の後見をしている道長自身の収集した物だったからであろう。

ところで、「高野切」をはじめ伝貫之の仮名の名品は世に多いけれども、「伝」の盲信すべきでないのは現代の常識

である。しかし、古今勅撰から百年後の道長時代には確実な遺品がまだ伝わっていた。たとえば『栄花物語』（御裳着）によれば、治安三年（一〇二三）四月妍子の生んだ故三条天皇の皇女禎子内親王の裳着が土御門第で催された際、大宮彰子の用意した禎子への贈物は次のようであった。

二日の夜さり帰らせ給へば、一品の宮（禎子内親王）の御贈物に、銀・黄金の筥どもに、貫之が手づから書きたる古今二十巻、御子左の書き給へる後撰二十巻、道風が書きたる万葉集なんどを奉らせ給へる、世になくめでたき物なり。故円融院より一条院に渡りけるものどもなるべし。世に又類あるべき物どもならず。

この貫之・御子左（兼明親王）・小野道風の書は、右のように醍醐・村上天皇以来、皇室に伝来したもので、一条天皇の崩後は、彰子の管理に帰していた。このうち貫之筆の『古今集』は、清輔の『袋草紙』（巻二）に、「古今証本、陽明門院（禎子内親王）御本。貫之自筆。是延喜御本相伝也」とみえる貴重本に他ならないであろうが（西下経一『古今集の伝本の研究』）、前引『御堂関白記』の貫之自筆本はこれとは別物のようである。このように貫之自筆『古今集』が成立以来百年を経て数部も伝来していたのは、撰進当時の貫之の本務が「御書所預」だったことに由来するものと、私は考えている。

有職故実の古典『西宮記』によれば、御書所は内裏の西北角の「式乾門の東掖《わき》」にあり、所長である「預《あずかり》」の下に若干名の「書手《かきて》」がいて、「月奏」（官人出勤日数の天皇への報告）や法会の「呪願」（法会の趣旨を記した文書）の執筆に従事していた。つまり宮廷における書道のプロの仕事場である。ところが、さらに『西宮記』には名もよく似た「内御書所」という組織が併記されている。それは「承香殿の東片庇」にあり、「延喜の始め、勅に依りて仰せ事有り」て設置されたものだという。この記事からただちに想起されるのは、『貫之集』の詞書に「延喜の御時、倭歌知れる人を召して、むかし今の人の歌奉らせ給ひしに、承香殿の東なるところにて歌撰らせ給ふ」云々とある記事である。

つまり歌集勅撰の大事業がはじめて企画された際、御書所は内裏の片隅にあって不便なため、勅命によって紫宸殿や清涼殿に程近い内裏中心部（承香殿）に〝分室〟が置かれたものと解釈される（山口博論文『中古文学』8）。

分室で進められた勅撰作業は二段階に分れる。昔今の和歌を収集し、秀歌を選定し、分類・配列する編集作業と、二十巻一千首を美しい料紙に筆写し、装潢して奏上本その他数部を完成する造本作業である。前者の苦労や独創については、和歌史の諸研究がすでに詳細に究明しているが、後者の比重がこれに劣らず大きかったことは兎角閑却されて来たように思われる。しかし、当時は何分仮名そのものが未発達だから、おびただしい万葉仮名・草仮名から一定の方針の下に好字を選定し、その崩し方も当然工夫しなければならない。御書所のプロの「書手」たちは、衆智を尽くして事に当たったに相違なく、その大規模な試行錯誤は仮名の発達にとって画期的であったと想像される。そしてこの大事業を指揮したのは、「預」の貫之であった。『古今集』奏上本が部下の寄合書であっても、後世がそれを貫之自筆本と伝えたのは、きわめて自然であろう。

さらに推測をかさねることになるけれども、貫之は陣頭指揮で苦労する間に、仮名に習熟し又関心を深めたに相違ない。晩年『土佐日記』を著わした動機も和文への意欲だけでなく、仮名書への関心が大きかったからではなかろうか。その原本は紛うことなき貫之個人の自筆で、やがて蓮華王院の宝蔵に収められて鎌倉初期に及んだ。これを書写した藤原定家は偽筆の横行を憤って、老病のわななく手で末尾数行を臨摹し、その写本はいまに伝わっている。また定家の子為家が同じ貫之自筆本を忠実に再現した写本も近年出現し、小松茂美氏は「この為家本の出現によって、十世紀前半ころの仮名の姿を、まざまざととらえることができるのである。いま、この本によって、意外にも早く仮名の略体化が進んでいたことを思い知るのである」（前掲書「紀貫之自筆本『土佐日記』の再現」）と説かれた。この所説を私なりに敷衍すれば、それは上述の内御書所における勅撰事業の成果だったのであろう。

貫之の子紀時文も能書であった。道長時代の公卿源経頼の日記（『左経記』）によれば、侍従所（講書や宴などの場となる、公卿たちの控所）の「壁書」（規則を記した掲示）は紀貫之朝臣の書であり、その後破損した際、大膳大夫時文が「祖例」によって書き改めたという。祖例とはいえ時文が能書でなければ、大役を引き受けることはできなかったであろう。『夜鶴庭訓抄』に大嘗会の悠紀主基屏風を書いた人々として、朱雀・村上朝の道風、円融朝の佐理と並んで「冷泉時文」とみえるのも、時文が一代の能書だった証拠である。時文は天暦五年（九五一）『後撰集』勅撰のため内裏の梨壺に置かれた撰和歌所に、大中臣能宣・清原元輔・源順ら有力歌人に伍して出仕したが、歌才は無く家集の編まれた形跡も無いので親の七光視された（『古今著聞集』）。しかし、上述のように勅撰集では能書の役割が大きいので、抜擢されたのは不当ではなかったと思う。

時文の子文正も能書の血筋を伝えた。文正が父時文ゆかりの『後撰集』を書写した作品が道長の許に愛蔵されていて、行成がそれを借用して新写したことが『権記』（寛弘八年十二月十六日）にみえる。これを前述の、彰子が妹妍子に文正書の『後撰集』を贈ったことと考え合わせて、文正の名声を察することができる。前引『左経記』によれば、時文筆の侍従所壁書は長元七年（一〇三四）大風によって再び破られ、今度は源兼行が貫之・時文の「胤」ではないが能書の故に選に当たって、筆を執ることになったという。もし文正が存命なら、当然彼に下命があったはずであるが、その生没年は残念ながら不明である。

念のため付言すると、文正には紀氏の他に藤原文正という人物もいて、『夜鶴庭訓抄』はこれを「能書人々」に挙げた。『日本紀略』天徳二年四月八日条に、

今日、右大臣（師輔）於㆓杖座㆒仰㆓外記㆒、令㆔因幡介・広兼、図書允阿保懐之書㆓新銭文㆒、但被㆑用㆓懐之字様㆒、抑当時能書、木工頭道風朝臣、大内記藤原文正也、道風眼暗不㆑堪㆓細字㆒、文正觸穢、仍懐之書㆓銭文㆒（傍点目崎）

とあるのがその根拠なのであろう。しかし、『九暦』（大日本古記録本『九暦抄』）同日条を検すると、

八日、御灌仏、了後著座、召二因幡介長連広兼・図書允阿保懐之一、令レ書二銭文一、奏聞、当時能書者道風朝臣・文正等也、道風称二目暗由一、文正觸穢、仍定二件両人一奏聞、以二懐之一為レ勝、（傍点目崎）

とあり、文正の氏を記していない。両史料は前後ほぼ同文で、明らかに『日本紀略』は当日の陣定の上卿を勤めた師輔の日記『九暦』に依拠したと見られるから、「藤原」の二字は後人の傍注が本文に紛れ入ったと考えるべきであろう。藤原文正は受領の筋なので、私は重代の紀文正を「能書」と記した『尊卑分脈』に従いたい。

ともかくも「延喜聖代」の精華なる『古今集』と藤原氏の文雅の始まりなる『後撰集』の両勅撰に功績を樹てた紀氏は、また代々の能書の筋であるが、この事は道長のよく認識する所であった。

4

寛仁二年（一〇一八）十月十六日、太閤道長の三女威子が後一条天皇の中宮に立てられた。祝賀の盛宴に大酔した道長が、「此の世をば我が世とぞ思ふ望月の　虧けたる事も無しと思へば」と即興の和歌を詠んだ逸話（『小右記』）は有名である。越えて二十二日、太皇太后彰子・皇太后妍子・中宮威子の三姉妹が父母の土御門第に集まり、東泉渡殿で華かに「三后御対面」の儀があった。五十三歳の老父は一家繁栄の感激を、「言語に尽し難し。未曽有の事なり」と記した。さてその望月の栄華の頂点での贈物は、威子には「道風二巻、佐理書唱和集」、彰子には「侍従中納言（行成）書古今和歌二帙」、東宮（妍子所生の敦良親王、のちの後朱雀天皇）には「道風」の手本二巻であった。ここに奇しくも野跡・佐跡・権跡が一堂に揃ったのである。

この事は決して偶然ではなく、道長の周到な配慮の結果であろう。彼はこの生涯最高の場面において、ただに権勢

を誇示しただけではなく、文化遺産に対する卓越した見識を貴族一同に確と感銘させたのである。拙文冒頭に述べた大文化指導者道長の面目躍如たるところであり、ここに前代の道風・佐理と肩を並べて行成の地位が確立し、それが後世の書道史に与えた影響も決定的であった。近世中期の文化人・能書として有名な予楽院近衛家熙はその侍医山科道安に、「三跡」について「大事ノ故実アリ」として、次のように語ったという。

此三跡ノ字ハ、モト御堂殿へ渡御ノトキヨリ、初テ云習ハセシコト也、此トキ御堂殿ノ献上ニ、佐理ト道風ノ筆跡ノ巻物ヲ献セラレシカ、今一巻ヲ行成ニカヽセテ梅ノシモトニ付テ上《たてまつ》ラレシヨリ、世ニ此ヲ三跡ト云シコト、御記録ニアリ、

（『槐記』）

この談話は、摂関家嫡流の近衛家に伝来した『御堂関白記』の前引「三后御対面」の記事に拠ったものに相違あるまい。予楽院がいみじくも洞察したように、道風・佐理・行成を「三跡」と讃える中世以来の定評の淵源は、まさしく一代の権力者にして文化指導者たりし道長の領導にあったといえよう。

初出一覧

Ⅰ　平安初期の天皇・上皇

政治史上の嵯峨上皇（『日本歴史』二四八　一九六九年）
文徳・清和両天皇の御在所をめぐって―律令政治衰退過程の一分析―（『史元』一〇　一九七〇年）
光孝天皇の御事蹟について―千百年祭御進講草稿―（『聖心女子大学論叢』第七〇集　一九八七年）
宇多上皇の院と国政（『延喜天暦時代の研究』吉川弘文館　一九六九年）

Ⅱ　摂関期の貴族文化

道真和歌の虚実（『国文学』一〇月号　一九九二年）
円融上皇と宇多源氏（『続日本古代史論集』吉川弘文館　一九七二年）
藤原道長における和歌（山中裕編『摂関時代と古記録』吉川弘文館　一九九一年）
宇治大納言源隆国について（『古文研究シリーズ』九　尚学図書　一九七九年）

Ⅲ　鎌倉幕府と後鳥羽院

鎌倉幕府草創期の吏僚について（『三浦古文化』一五　一九七四年）
山田重忠とその一族（『姓氏と家紋』四五　一九八六年）
隠岐における後鳥羽院（『芸林』三八―四　一九八九年）

Ⅳ　諸史料管見

青松・百術の色紙（『坂本太郎著作集』第三巻付録　吉川弘文館　一九八八年）

阿衡問題の周辺（『新訂増補国史大系』第一〇巻付録　吉川弘文館　一九六五年）
基経の母（『新訂増補国史大系』第四巻付録　吉川弘文館　一九六六年）
仁寿殿と清涼殿（『宇津保物語研究会会報』三　一九七〇年）
相模の国司（『神奈川県史だより』通史編一　一九八一年）
『寛平御遺誡』の逸文一条（『日本歴史』四四一　一九八五年）
道長をめぐる能書（『水茎』一六　一九九四年）

あとがき

本書は、前著『平安文化史論』以後の二十数年間に執筆した論文一一篇と、業余成稿の短章七篇から成る。扱った対象は平安初期から鎌倉中期まで、ほぼ五百年間にわたっている。

平安京の宮廷と貴族社会がこの長い期間に完成させた多彩な文化は、以後の各時代に諸階層に継受され、国内の諸地域にあまねく伝播した。その深い浸透度から、日本のクラシックというにふさわしいであろう。本書の各論文は古典文化の具体的叙述もさることながら、担い手たる貴族社会の成立・発展・没落の様相を解明の中心に据えた。それによってこの繊細・優雅な文化を生み出した歴史的諸条件が明らかになるという問題意識からである。

各論文は一定の構想に従ったわけではないのでほぼ年代順に配列したが、編集部がⅠⅡⅢⅣの区分を便宜上付けて下さった。Ⅰ「平安初期の天皇・上皇」は、藤原氏の華麗な活動の陰に隠れがちな太上天皇の存在を追跡した一連の稿で、Ⅱに入れた「円融上皇と宇多源氏」もその続稿である。それは当然院政期の白河・鳥羽・後白河諸上皇に及ぶはずのところ、急に職を大学に奉じて鎌倉時代までを担当することになったため、執筆の機会を失った。

Ⅱ「摂関期の貴族文化」の分野では、前著以後久しく論文を作る機会が無かったが、山中裕氏の「道長」や黒板伸夫氏の「行成」の息長い研鑽の傍らで学恩を受けていた。近年、『延喜式』『栄花物語』や有職故実などの研究活況にも刺戟され、Ⅳの「道長をめぐる能書」も含めて二、三の論文を書くことができた。

Ⅲ「鎌倉幕府と後鳥羽院」は、前述の講義・演習の副産物として生れた。同じ時期に西行の伝記とその思想的背景に深入りして、『西行の思想史的研究』『数奇と無常』の二著を編んだので、それ以外の論文を収録した。

Ⅳ「諸史料管見」に至っては文字どおりの筆のすさびであるが、子供の頃購読の雑誌が届くと附録の方がうれしかったことなどを思い出し、御免蒙って添付した。

こういう次第で、本書は私の鶏肋にほかならない。せめても初稿成立後に公表された諸家の業績によって補訂すべきことは承知しているが、何分歳月を経たので、眼配りが中途半端に終ることを恐れて一切省略させていただき、文の生硬を筆削するに止めた。

この雑纂にもし小さな存在意義を記すことを許されるなら、それは現在の学界ではほとんど見捨てられている不幸な諸史料を活用しようと、一貫して試みたことであろうか。時の権力者による隠蔽や曲筆を含む六国史・『吾妻鏡』などの典籍、国文学の領域に属するとして天から除外されている勅撰・私撰の歌集群、虚構・捏造を疑われる物語・説話・系図の類を、私は年来好んで利用した。極度に史料の乏しい時代の社会・文化を扱うには、こうした代物をも史料批判によって生かすことが必要かつ有益ではないかという方法意識による。従来の考古・民俗資料から近年は絵画資料まで研究者の史料への視野は拡大したが、ひるがえって脚下を見れば、文献史料の未利用資源も豊富ではないかと思われる。尤も「ナニ独自の方法論どころか下手物好きに過ぎないのさ」と言われても、不服は無論申し立てないが、叶うことなら考証の一つ一つについて厳格な叱正を賜わりたい。頽齢に及んでこんな鶏肋を上梓するのも、卑見を新進気鋭の研究者諸氏に問いかけたいからである。

末筆ながら、年来の眷顧に加えて今回も私の願いを快く容れて下さった、斯界の耆宿吉川圭三氏に深い敬意と感謝を捧げる。また編集部の大岩由明・杉原珠海両氏、索引作成の得能壽美・佐々木美保両氏に厚く御礼を申し上げる。

平成六年初冬

目崎徳衛

貴族社会と古典文化（オンデマンド版）

Digital Publishing

2018年10月1日　発行

著　者　目《め》崎《ざき》徳《とく》衛《え》

発行者　吉川道郎

発行所　株式会社 吉川弘文館
〒113-0033 東京都文京区本郷7丁目2番8号
TEL 03(3813)9151(代表)
URL http://www.yoshikawa-k.co.jp/

印刷・製本　株式会社 デジタルパブリッシングサービス
URL http://www.d-pub.co.jp/

目崎徳衛（1921～2000）
ISBN978-4-642-72280-3

著者略歴

一九二一年　新潟県に生まれる
一九四五年　東京帝国大学文学部国史学科卒業
現　在　聖心女子大学名誉教授・文学博士

〔主要著書〕
紀貫之（一九六一年、吉川弘文館）
平安文化史論（一九六八年、桜楓社）
漂泊―日本思想史の底流―（一九七五年、角川書店）
西行の思想史的研究（一九七八年、吉川弘文館）
数奇と無常（一九八八年、吉川弘文館）
南城三餘集私抄（一九九四年、小沢書店）

貴族社会と古典文化

平成七年二月十日　第一刷発行

著者　目《め》崎《ざき》徳《とく》衛《え》

発行者　吉川圭三

発行所　株式会社　吉川弘文館
郵便番号一一三
東京都文京区本郷七丁目二番八号
電話〇三―三八一三―九一五一〈代〉
振替口座〇〇一〇〇―五―二四四番

印刷＝明和印刷・製本＝誠製本

索　　引

あ　行

か　行

さ　行

た　行

な　行

は　行

ま　行

や　行

ら　行

わ　行